普通物理学（第八版·上册）
同步辅导及习题全解

主　编　边生龙

中国水利水电出版社
www.waterpub.com.cn
·北京·

内 容 提 要

本书是与高等教育出版社出版，程守洙、江之永主编，高景、胡其图、王祖源、钟宏杰、孙逦疆修订的《普通物理学（第八版·上册）》一书配套的同步辅导和习题解答，全书共九章：运动和力、运动的守恒量和守恒定律、刚体和流体的运动、相对论基础、气体动理论、热力学基础、静止电荷的电场、恒定电流的磁场、电磁感应 电磁场理论。本书按教材内容安排全书结构，各章均包括本章知识要点、知识点归纳、复习思考题解答、习题全解四部分内容，思路清晰、逻辑性强，循序渐进地帮助读者分析并解决问题，内容详尽、简明易懂。

本书可作为高等院校学生学习《普通物理学（第八版·上册）》的辅导书，也可供考研人员复习备考和教师备课命题参考。

图书在版编目（CIP）数据

普通物理学（第八版·上册）同步辅导及习题全解 / 边生龙主编. -- 北京 : 中国水利水电出版社, 2025. 7. ISBN 978-7-5226-3554-5

Ⅰ. O4

中国国家版本馆 CIP 数据核字第 2025AX3778 号

责任编辑：张玉玲　　　　　　　　封面设计：李佳

书　名	普通物理学（第八版·上册）同步辅导及习题全解 PUTONG WULIXUE（DI-BA BAN · SHANGCE）TONGBU FUDAO JI XITI QUANJIE
作　者	主　编　边生龙
出版发行	中国水利水电出版社 （北京市海淀区玉渊潭南路 1 号 D 座　100038） 网址：www.waterpub.com.cn E-mail：mchannel@263.net（答疑） 　　　　sales@mwr.gov.cn 电话：（010）68545888（营销中心）、82562819（组稿）
经　售	北京科水图书销售有限公司 电话：（010）68545874、63202643 全国各地新华书店和相关出版物销售网点
排　版	北京万水电子信息有限公司
印　刷	三河市德贤弘印务有限公司
规　格	170mm×227mm　16 开本　16 印张　315 千字
版　次	2025 年 7 月第 1 版　2025 年 7 月第 1 次印刷
定　价	28.80 元

凡购买我社图书，如有缺页、倒页、脱页的，本社营销中心负责调换

版权所有·侵权必究

前 言

程守洙、江之永主编,高景、胡其图、王祖源、钟宏杰、孙迺疆修订的《普通物理学(第八版·上册)》以体系完整、结构严谨、层次清晰、深入浅出的特点成为这门课程的经典教材,被全国许多院校采用。为了帮助读者更好地学习"普通物理学"这门课程,掌握更多的知识,我们根据多年的教学经验编写了这本与此教材配套的辅导书,旨在帮助读者理解基本概念,掌握基本知识,学会基本解题方法与解题技巧,进而提高应试能力。

本书作为一种辅助性的教材,具有较强的针对性、启发性、指导性和补充性。考虑到"普通物理学"这门课程的特点,我们在内容上作了以下安排:

(1) 本章知识要点。对本章的重要知识点、计算公式、定理等进行总体归纳,让读者对本章的要点一目了然。

(2) 知识点归纳。对本章知识点进行简练概括,梳理各知识点之间的脉络联系,突出本章主要定理和重要公式,使读者在学习过程中目标明确、有的放矢。

(3) 复习思考题解答。对章后的复习思考题进行详细阐述,让读者更深刻地理解和掌握本章内容。

(4) 习题全解。对习题进行详尽解答,并明确指出解题过程中所用到的知识点,让读者充分了解习题的类型和考查的知识点。

编者

2025 年 3 月

目 录
contents

- 前言
- **第一章　运动和力** ... 1
  - 本章知识要点 ... 1
  - 知识点归纳 ... 1
  - 复习思考题解答 ... 6
  - 习题全解 ... 9
- **第二章　运动的守恒量和守恒定律** ... 39
  - 本章知识要点 ... 39
  - 知识点归纳 ... 39
  - 复习思考题解答 ... 41
  - 习题全解 ... 45
- **第三章　刚体和流体的运动** ... 76
  - 本章知识要点 ... 76
  - 知识点归纳 ... 76
  - 复习思考题解答 ... 78
  - 习题全解 ... 80
- **第四章　相对论基础** ... 94
  - 本章知识要点 ... 94
  - 知识点归纳 ... 94
  - 复习思考题解答 ... 97
  - 习题全解 ... 99
- **第五章　气体动理论** ... 107
  - 本章知识要点 ... 107
  - 知识点归纳 ... 107

目 录 contents

  复习思考题解答 ……………………………………………… 111
  习题全解 …………………………………………………… 116

第六章　热力学基础 …………………………………………… 125
  本章知识要点 ……………………………………………… 125
  知识点归纳 ………………………………………………… 125
  复习思考题解答 …………………………………………… 128
  习题全解 …………………………………………………… 132

第七章　静止电荷的电场 ……………………………………… 146
  本章知识要点 ……………………………………………… 146
  知识点归纳 ………………………………………………… 146
  复习思考题解答 …………………………………………… 150
  习题全解 …………………………………………………… 155

第八章　恒定电流的磁场 ……………………………………… 191
  本章知识要点 ……………………………………………… 191
  知识点归纳 ………………………………………………… 191
  复习思考题解答 …………………………………………… 195
  习题全解 …………………………………………………… 199

第九章　电磁感应　电磁场理论 ……………………………… 226
  本章知识要点 ……………………………………………… 226
  知识点归纳 ………………………………………………… 226
  复习思考题解答 …………………………………………… 231
  习题全解 …………………………………………………… 235

第一章

运动和力

本章知识要点

1. 质点、参考系、坐标系、空间、时间的概念.
2. 描述质点运动各物理量的表达式.
3. 圆周运动及一般曲线运动的描述.
4. 牛顿运动定律及其应用.
5. 伽利略相对性原理的内容及惯性力、非惯性力的概念.

知识点归纳

一、质点、参考系和坐标系

1. 质点

质点指只有质量而忽略其大小和形状的理想物体.

2. 参考系

参考系指描述物体运动时用作参考的其他物体.

3. 坐标系

坐标系指为定量描述物体的位置而在参考系中建立的固定物坐标系,最常用的坐标系是笛卡儿直角坐标系.

■ 二、空间和时间

1. 空间

空间反映物质的广延性,与物体的体积、位置变化联系在一起.

2. 时间

时间反映物理事件的顺序性和持续性.

■ 三、描述质点运动的物理量

1. 位矢

从原点指向质点所在位置的有向线段叫作质点的位置矢量,简称位矢,也叫径矢.

在直角坐标系中,位矢可表示为 $\boldsymbol{r} = x\boldsymbol{i} + y\boldsymbol{j} + z\boldsymbol{k}$

2. 运动方程

质点的位置随时间变化的函数关系式 $\boldsymbol{r} = \boldsymbol{r}(t)$ 称为质点的运动方程,也叫质点的运动函数.

在直角坐标系中,运动方程可表示为 $\boldsymbol{r}(t) = x(t)\boldsymbol{i} + y(t)\boldsymbol{j} + z(t)\boldsymbol{k}$

式中,$x(t)$、$y(t)$、$z(t)$ 表示质点在 x、y、z 轴方向的运动.

3. 位移

质点在一段时间内位置的改变叫作它在这一段时间内的位移,由质点的初始位置指向末位置的矢量来表示,即

$$\Delta \boldsymbol{r} = \boldsymbol{r}(t + \Delta t) - \boldsymbol{r}(t)$$

在直角坐标系中表示为

$$\Delta \boldsymbol{r} = \Delta x \boldsymbol{i} + \Delta y \boldsymbol{j} + \Delta z \boldsymbol{k}$$

4. 路程

路程指质点运动时沿轨迹实际通过的路径长度,用 s 表示,一般情况下,$|\Delta \boldsymbol{r}| \neq s$.

5. 速度

速度是质点位矢对时间的一阶导数,即 $\boldsymbol{v} = \dfrac{d\boldsymbol{r}}{dt}$

在直角坐标系中其可表示为

$$\boldsymbol{v} = v_x \boldsymbol{i} + v_y \boldsymbol{j} + v_z \boldsymbol{k} = \frac{dx}{dt}\boldsymbol{i} + \frac{dy}{dt}\boldsymbol{j} + \frac{dz}{dt}\boldsymbol{k}$$

速度的大小称为速率,速率是标量,并且

$$v = |\boldsymbol{v}| = \left|\frac{d\boldsymbol{r}}{dt}\right| = \left|\frac{ds}{dt}\right|$$

6. 加速度

加速度指质点运动速度对时间的一阶导数,即

$$a=\frac{dv}{dt}=\frac{d^2 r}{dt^2}$$

在直角坐标系中其可表示为

$$a=a_x i+a_y j+a_z k=\frac{dv_x}{dt}i+\frac{dv_y}{dt}j+\frac{dv_z}{dt}k=\frac{d^2 x}{dt^2}i+\frac{d^2 y}{dt^2}j+\frac{d^2 z}{dt^2}k$$

■ 四、圆周运动和一般曲线运动

1. 切向加速度和法向加速度

自然坐标系:一根坐标轴沿轨迹上任一点的切线方向,用单位矢量 e_t 表示,另一坐标轴沿该点轨迹的法线并指向曲线凹侧,相应单位矢量用 e_n 表示.

2. 加速度在自然坐标系中的表示

$$a=\frac{dv}{dt}e_t+\frac{v^2}{R}e_n$$

3. 圆周运动的角量描述

角位置 $\qquad \theta=\theta(t)$

角位移 $\qquad \Delta\theta=\theta(t+\Delta t)-\theta(t)$

角速度 $\qquad \omega=\dfrac{d\theta}{dt}=\dfrac{v}{R}$

角加速度 $\qquad \alpha=\dfrac{d\omega}{dt}=\dfrac{d^2\theta}{dt^2}$

法向(向心)加速度 $\qquad a_n=\dfrac{v^2}{R}=R\omega^2$ （指向圆心）

切向加速度 $\qquad a_t=\dfrac{dv}{dt}=R\alpha$ （沿切线方向）

■ 五、抛体运动的矢量描述

$$a_x=0, a_y=-g$$

$$v_x=v_0\cos\theta, v_y=v_0\sin\theta-gt$$

$$x=v_0\cos\theta\cdot t, y=v_0\sin\theta\cdot t-\frac{1}{2}gt^2$$

六、几种运动速度与加速度的特点

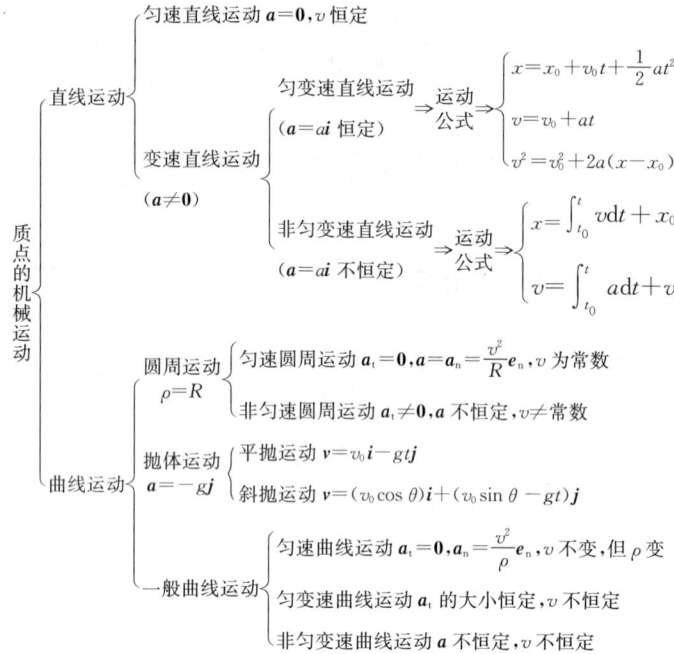

七、相对运动　常见力和基本力

1. 相对运动

伽利略坐标变换

$$r = R + r'$$

速度变换与加速度变换

$$v_{PK} = v_{PK'} + v_{K'K}, \quad a_{PK} = a_{PK'} + a_{K'K}$$

2. 常见力

重力　　　　　　　$F = mg$

弹力　　　　　　　$F = -kx$

摩擦力　　　　　　$F_s = \mu_s F_N, \quad F_k = \mu_k F_N$

万有引力　　　　　$F = G\dfrac{m_1 m_2}{r^2}$

3. 基本力

电磁力、强力、弱力.

八、牛顿运动定律

1. 牛顿第一定律

任何物体都保持静止或匀速直线运动状态,直到作用在物体上的力迫使它改变这种状态为止.

2. 牛顿第二定律

物体受到外力作用时,它获得的加速度大小与外力的大小成正比,与物体的质量成反比,加速度的方向与外力方向相同,即

$$F = ma$$

牛顿第二定律的微分形式为

$$F = \frac{d\boldsymbol{p}}{dt}, \boldsymbol{p} = m\boldsymbol{v}, \boldsymbol{F} dt = d\boldsymbol{p}$$

3. 牛顿第三定律

两物体间的作用力与反作用力在同一直线上,大小相等,方向相反.

作用力和反作用力同时出现,同时消失,性质相同,分别作用在两个物体上.

九、伽利略相对性原理 非惯性系 惯性力

1. 伽利略相对性原理

在一个惯性系的内部所做的任何力学实验都不能确定这一惯性系本身是静止的还是在做匀速直线运动.

2. 经典力学的时空观

$$a = a', F = ma, F' = ma'$$

3. 非惯性系

相对地面参考系做变速运动的参考系都是非惯性系.

4. 惯性力

$$F_{惯} = -ma$$

复习思考题解答

1-1-1 解题过程 (1)可能.例如物体上抛时,在顶点其速度为零,而加速度不为零.

(2)可能.速率是标量,速度是矢量,速度的变化是大小或方向变化,而速率仅表示速度的大小.例如做匀速圆周运动的物体,速率恒定,而速度是变化的.

(3)不可能.速度是矢量,包含大小与方向,速率是速度的大小,速度恒定,速率肯定不变.

(4)可能.做减速运动的物体.例如物体上抛时,加速度与速度方向相反.

(5)可能.例如物体上抛后,加速度大小恒为重力加速度,而速度的大小和方向都会发生改变.

1-1-2 解题过程 (1)位移是矢量,路程是标量,位移是物体初末位矢之差,是由起点指向末点的有向线段,而路程是物体位置改变中实际经过的路径.二者一般情况下不同,当物体做直线运动并且速度方向不发生改变时,位移和路程的大小相等.

(2)平均速度是位移与时间之比,即 $\vec{v} = \dfrac{\Delta \vec{r}}{\Delta t}$;而平均速率是路程与时间之比,即 $\bar{v} = \dfrac{\Delta s}{\Delta t}$,二者一般情况下不相等,只有当 $|\Delta \vec{r}| = \Delta s$,即位移与路程的大小相等时,平均速率和平均速度才在大小上相等.

瞬时速度定义为 $\vec{v} = \lim\limits_{\Delta t \to 0} \dfrac{\Delta \vec{r}}{\Delta t}$,描述了质点每一瞬间的运动状态,而平均速度是物体在一段时间内位矢的平均变化率,当物体做匀速直线运动时,二者大小相等.

瞬时速率定义为 $v = \dfrac{ds}{dt}$,平均速率 $\bar{v} = \dfrac{\Delta s}{\Delta t}$,瞬时速率是瞬时速度的大小,描述质点路程的瞬时变化率,它与平均速率的关系如同瞬时速度和平均速度的关系.

1-1-3 解题过程 (1)不对.加速度 $a = \dfrac{dv}{dt}$ 表示物体速度的变化率,与速度大小无关,加速度大,速度不一定大.例如刚开始启动的汽车比正在匀速行驶的汽车的加速度大,而此时速度小.

(2)不对.由 $a = \dfrac{dv}{dt}$ 知 $v = \int a dt$,只要速度与加速度方向相同,速度就会增大,否则速度会减小,加速度大小是用来衡量速度变化快慢的物理量.

(3)可能.速度是矢量,速度的值也就是速度的大小是标量,物体有加速度,速度就一定会改变,但是可以只改变速度方向而不改变其大小.例如做匀速圆周运动的物体,具有加速度,但是速度的大小即速度的值不变.

1-1-4 解题过程 第二种方法正确.因为 $\vec{v} = \dfrac{d\vec{r}}{dt} = \dfrac{dx}{dt}\vec{i} + \dfrac{dy}{dt}\vec{j}$,而 $\vec{a} = \dfrac{d\vec{v}}{dt} = \dfrac{d^2x}{dt^2}\vec{i} + \dfrac{d^2y}{dt^2}\vec{j}$,故 $v =$

$\sqrt{\left(\dfrac{\mathrm{d}x}{\mathrm{d}t}\right)^2+\left(\dfrac{\mathrm{d}y}{\mathrm{d}t}\right)^2}$,$a=\sqrt{\left(\dfrac{\mathrm{d}^2x}{\mathrm{d}t^2}\right)^2+\left(\dfrac{\mathrm{d}^2y}{\mathrm{d}t^2}\right)^2}$.

而第一种方法 r 是矢量这一个特性没有体现出来,仅把 r 作为标量来处理.

由 $v=\dfrac{\mathrm{d}\boldsymbol{r}}{\mathrm{d}t}=\dfrac{\mathrm{d}r\boldsymbol{e}_r}{\mathrm{d}t}=\dfrac{\mathrm{d}r}{\mathrm{d}t}\boldsymbol{e}_r+\dfrac{r\mathrm{d}\boldsymbol{e}_r}{\mathrm{d}t}$ 知第一种方法确实错了.

1-3-1 【解题过程】 (1)不一定.匀加速运动不一定是直线运动,当加速度方向与速度方向在一条直线上时,是直线运动;当两者方向不在一条直线上时,是曲线运动,如物体的平抛运动.

(2)不一定.圆周运动中 $\boldsymbol{a}=\boldsymbol{a}_n+\boldsymbol{a}_t$,$\boldsymbol{a}_n$ 是法向加速度指向圆心,而 $\boldsymbol{a}_t$ 是切向加速度垂直于半径方向.故当 a_t 不为零时,即圆周运动的速率改变时加速度方向不指向圆心,只有匀速圆周运动的加速度方向才指向圆心.

1-3-2 【解题过程】 (1)正确.由 $\boldsymbol{a}=\boldsymbol{a}_n+\boldsymbol{a}_t$ 知,切向加速度 $\boldsymbol{a}_t$ 是由物体速度大小改变引起的,而法向加速度 $\boldsymbol{a}_n$ 是由物体速度方向改变引起的,物体做曲线运动,速度方向改变,因此法向加速度 $\boldsymbol{a}_n$ 一定不等于零.

(2)不完全正确.物体做曲线运动,速度方向一定沿轨迹切线方向,法向分速度恒等于零,但是由 $a_n=\dfrac{v^2}{\rho}$ 知,法向加速度不为零(其中 ρ 指该点处的曲率半径).

1-3-3 【解题过程】 若 $\dfrac{\mathrm{d}\boldsymbol{r}}{\mathrm{d}t}\neq\boldsymbol{0}$,$\dfrac{\mathrm{d}r}{\mathrm{d}t}=0$,质点做圆周运动;若 $\dfrac{\mathrm{d}\boldsymbol{v}}{\mathrm{d}t}\neq\boldsymbol{0}$,$\dfrac{\mathrm{d}v}{\mathrm{d}t}=0$,质点做匀速率曲线运动,如匀速圆周运动.

1-3-4 【解题过程】 圆周运动中质点的加速度不一定与速度方向垂直.只有当质点做匀速圆周运动时,加速度才与速度方向垂直,如质点做变速圆周运动时,切向加速度和法向加速度均不为零,加速度不垂直于速度方向.

1-3-5 【解题过程】

各点情况	A	B	C	D	E	F	G
运动是否可能	可能	可能	可能	不可能	不可能	可能	不可能
速度将增大还是减小	增大	增大	减小			不变	
速度方向将变化否	不变	变化	变化			变化	

【分析】 现逐点分析各点的运动.由 $\boldsymbol{a}=\boldsymbol{a}_n+\boldsymbol{a}_t=\dfrac{v^2}{\rho}\boldsymbol{e}_n+\dfrac{\mathrm{d}v}{\mathrm{d}t}\boldsymbol{e}_t$ 知,A 点可能,质点由静止开始运动,此时 $\boldsymbol{a}_n=\boldsymbol{0}$,$\boldsymbol{a}_t\neq\boldsymbol{0}$.$B$ 点可能,并且 $\boldsymbol{a}_t$ 与 $\boldsymbol{v}$ 方向相同,速度增大,$\boldsymbol{a}_n\neq\boldsymbol{0}$,方向肯定变化.同理可得出 C 点的运动.而 D 点 $\boldsymbol{v}\neq\boldsymbol{0}$,所以 $\boldsymbol{a}_n\neq\boldsymbol{0}$.故加速度 $\boldsymbol{a}\neq\boldsymbol{0}$.对于 E 点,法向加速度 $\boldsymbol{a}_n$ 指向曲率半径的方向,而图中 $\boldsymbol{a}$ 的法向分量背离曲率半径,故不可能.对于 F 点,$\boldsymbol{a}$ 与 $\boldsymbol{v}$ 垂直,即表示 $\boldsymbol{a}_t=\boldsymbol{0}$,质点在这一瞬时做匀速率运动.$G$ 点不可能,由于 $\boldsymbol{v}=\boldsymbol{0}$,因此 $\boldsymbol{a}_n=\boldsymbol{0}$,加速度方向

1-4-1 解题过程 (1)当火车以恒定速度运动时,在小球抛出的瞬间,小球由于惯性,在水平方向上具有与火车相同的速度.这意味着在水平方向上,小球和火车的运动情况完全相同,经过相同的时间,小球和人在水平方向的位移相等.所以小球能落回到人的手中.

(2)当小球抛出时,小球在水平方向具有抛出瞬间火车的速度.火车在小球抛出后以恒定加速度前进,火车在水平方向做匀加速直线运动,其速度会不断增大.在小球上升和下落的过程中,相同时间内火车在水平方向的位移会大于小球在水平方向的位移.所以小球不会落回人的手中,会落在人的后方.

1-4-2 解题过程 以汽车为参考系,雨滴具有向下速度 v',汽车以速度 v 前进,雨滴相对汽车有一个水平向后的速度 v.雨滴相对汽车的水平速度 v 和竖直速度 v' 看作直角三角形的两个直角边.雨滴打击挡风玻璃的角度为 θ,三角函数关系有 $\tan\theta = \dfrac{v}{v'}$,则 $\theta = \arctan\left(\dfrac{v}{v'}\right)$.所以雨滴以与竖直方向成 $\arctan\left(\dfrac{v}{v'}\right)$ 的角度打击挡风玻璃.

1-5-1 解题过程 (1)不一定.物体的运动方向与速度方向相同,而合外力方向与加速度方向相同,二者不一定相同.例如物体的平抛、斜抛和圆周运动,物体的运动方向与合外力方向不同.

(2)不一定.如果合外力为零,则加速度为零.

(3)不一定.速率不变是指速度大小不变,但速度方向有可能变化.当速度变化时,物体就具有加速度,此时所受合外力不为零.

(4)不一定.合外力的大小决定了物体加速度的大小,而不是速度的大小.

1-5-2 解题过程 不一定.摩擦力的方向与相对运动方向或相对运动趋势相反,而非运动方向.例如,人走路时,人向前运动,摩擦力方向也是向前;卷扬机传送带上物体的摩擦力方向也与运动方向相同.

1-5-3 解题过程 这两种说法均不正确.物体在任何时刻都受到两个力的作用:重力、绳的拉力.当物体达到最高点时,这两个力都竖直向下,它们的合力提供物体做圆周运动的向心力.而离心力是虚拟的作用于物体上的力,不是真实的力,它与向心力大小相等,方向相反.

1-5-4 解题过程 绳的拉力和重力沿绳方向的分力,二者的合力提供小球做圆周运动的向心力,而 $F_n = m\dfrac{v^2}{R}$.当小球在最低点时,绳的拉力与重力方向相反,则 $F_T - mg = m\dfrac{v^2}{R}$,显然,此时拉力 F_T 最大.而当小球在最高点时,绳的拉力与重力方向相同,则 $F_T' + mg = m\dfrac{v^2}{R}$,此时拉力最小.

1-5-5 解题过程 如答 1-5-5 图所示.

(1)物体竖直静挂,则弹簧所受拉力 $F_T = mg$,弹簧测力计读数 $F = F_T = mg$.

(2)物体在一水平面内做匀速圆周运动,设测力计与竖直位置夹角为 θ,物体运动角速度为 ω,则 $\begin{cases} F'_T \cos\theta = mg \\ F'_T \sin\theta = m\omega^2 R \end{cases}$,所以得 $F' = F'_T > mg$,故 $F' > F$.

故两种情况下测力计读数不同,物体在水平面内做匀速圆周运动时读数较大.

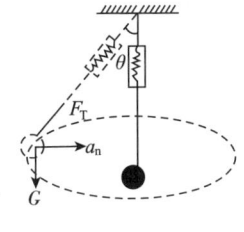

答 1-5-5 图

1-5-6 解题过程 前者对,而后者错.

小球受绳的拉力和重力的作用,二者的合力提供小球做匀速圆周运动的向心力,而向心力指向圆心,故在重力方向上分解各外力时有 $F_T \cos\theta - mg = 0$.

若沿绳的方向分解,则有 $F_T - mg\cos\theta = ma_n \sin\theta \neq 0$,故前者对,后者错.

习题全解

1-1 解题过程 如题 1-1 图解所示.

(1) $x = 5 + 3t^2 - t^3$.

$v = \dfrac{dx}{dt} = 6t - 3t^2$,当 $t=0$ 或 $t=2$ 时,$v=0$;当 $0<t<2$s 时,$v>0$;当 $t>2$s 时,$v<0$.

$a = \dfrac{dv}{dt} = 6 - 6t$,当 $t=1$ 时,$a=0$;当 $0<t<1$s 时,$a>0$;当 $t>1$s 时,$a<0$.

故当 $0<t<1$s 时,$a>0, v>0$,质点做正向加速运动;

当 $1<t<2$s 时,$a<0, v>0$,质点做正向减速运动;

当 $t>2$s 时,$a<0, v<0$,质点做负向加速运动.

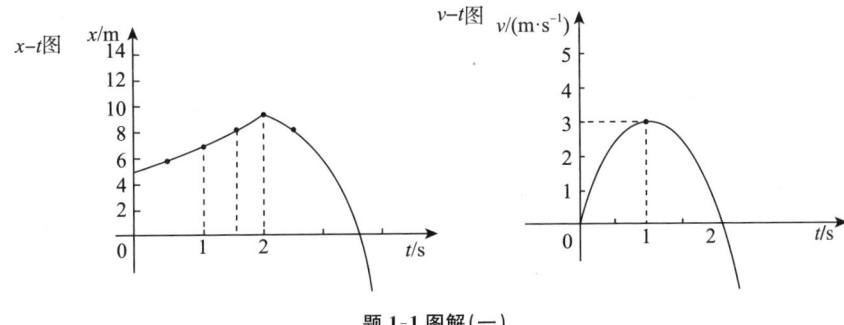

题 1-1 图解(一)

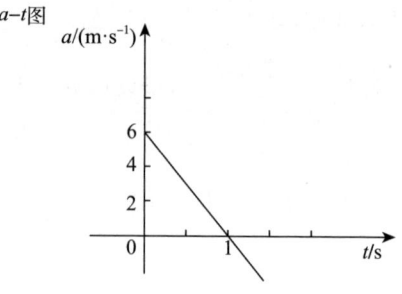

题 1-1 图解(二)

(2)平均速度=$\frac{位移}{时间}$,平均速率=$\frac{路程}{时间}$.

4s 内的位移可以通过速度的积分求得,即

$$x_1 = \int_0^4 (6t - 3t^2)\mathrm{d}t = (3t^2 - t^3)\Big|_0^4 = -16\mathrm{m}$$

故平均速度为

$$v = \frac{x_1}{t} = -4\mathrm{m/s}$$

4s 内的路程:

$$\begin{cases} t=0\ 时, x_2 = 5\mathrm{m} \\ t=2\ 时, x_3 = 9\mathrm{m} \\ t=4\ 时, x_4 = -11\mathrm{m} \end{cases}$$

故 4s 内的路程为

$$s_1 = 2\times(9-5) + 11 + 5 = 24\mathrm{m}$$

平均速率为

$$\bar{v} = \frac{s_1}{t} = \frac{24}{4} = 6\mathrm{m/s}$$

因此,最初 4s 内质点的平均速度为 $-4\mathrm{m/s}$,平均速率为 $6\mathrm{m/s}$.

(3)我们需要计算从 $t=1\mathrm{s}$ 到 $t=3\mathrm{s}$ 的平均加速度,并确定这个平均加速度是否可以用 $\bar{a} = \frac{a_1 + a_3}{2}$ 来计算.

因为 $a = 6 - 6t$,且 $a_1 = 6 - 6(1) = 0\mathrm{m/s^2}$,$a_3 = 6 - 6(3) = -12\mathrm{m/s^2}$.

又因为 $\bar{a} = \frac{a_3 - a_1}{3-1} = \frac{-12-0}{2} = -6\mathrm{m/s^2}$,$\frac{a_1+a_3}{2} = \frac{0+(-12)}{2} = -6\mathrm{m/s^2}$,所以比较两个结果可以发现:

$$\bar{a} = -6\mathrm{m/s^2}$$

$$\frac{a_1+a_3}{2}=-6\mathrm{m/s^2}$$

两个结果相同,因此平均加速度可以用 $\bar{a}=\dfrac{a_1+a_3}{2}$ 来计算.

1-2 解题过程 $\vec{r}=\left(3\cos\dfrac{\pi}{6}t\right)\vec{i}+\left(2\sin\dfrac{\pi}{6}t\right)\vec{j}$.

(1) $\begin{cases}x=3\cos\dfrac{\pi}{6}t\\ y=2\sin\dfrac{\pi}{6}t\end{cases}\xrightarrow{\text{消去}t}\left(\dfrac{x}{3}\right)^2+\left(\dfrac{y}{2}\right)^2=1$,质点的轨迹方程为 $\dfrac{x^2}{9}+\dfrac{y^2}{4}=1$,轨迹图如题 1-2 图解所示.

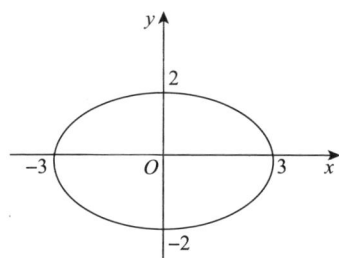

题 1-2 图解

(2) $\vec{r}_1=\dfrac{3}{2}\sqrt{3}\vec{i}+\vec{j}$, $\vec{r}_2=\dfrac{3}{2}\vec{i}+\sqrt{3}\vec{j}$, $\Delta\vec{r}=\vec{r}_2-\vec{r}_1=\dfrac{3}{2}(1-\sqrt{3})\vec{i}+(\sqrt{3}-1)\vec{j}$, $\Delta\vec{r}$ 的大小为 $\sqrt{\dfrac{9}{4}(1-\sqrt{3})^2+(\sqrt{3}-1)^2}=\sqrt{\dfrac{13}{4}(1-\sqrt{3})^2}\approx 1.32\mathrm{m}$,

方向为 $\tan\theta=\dfrac{y}{x}=\dfrac{\sqrt{3}-1}{\dfrac{3}{2}(1-\sqrt{3})}=\dfrac{-2}{3}$, $\theta=\arctan\left(-\dfrac{2}{3}\right)\approx 146.3°$.

$\Delta|\vec{r}|=|\vec{r}_2|-|\vec{r}_1|=\sqrt{\dfrac{9}{4}+3}-\sqrt{\dfrac{9}{4}\times 3+1}$

$=\dfrac{\sqrt{21}-\sqrt{31}}{2}\approx -0.49\mathrm{m}$

(3) $\vec{v}=\dfrac{\mathrm{d}\vec{r}}{\mathrm{d}t}=\left(-\dfrac{\pi}{2}\sin\dfrac{\pi}{6}t\right)\vec{i}+\left(\dfrac{\pi}{3}\cos\dfrac{\pi}{6}t\right)\vec{j}$

$\vec{a}=\dfrac{\mathrm{d}\vec{v}}{\mathrm{d}t}=\left(-\dfrac{\pi^2}{12}\cdot\cos\dfrac{\pi}{6}t\right)\vec{i}-\left(\dfrac{\pi^2}{18}\cdot\sin\dfrac{\pi}{6}t\right)\vec{j}$

在 $t=1\mathrm{s}$ 时,速度 $\vec{v}_1=-\dfrac{\pi}{4}\vec{i}+\dfrac{\sqrt{3}\pi}{6}\vec{j}$,大小为 $1.21\mathrm{m/s}$,方向为 $131°$;

加速度 $\vec{a}_1=-\dfrac{\sqrt{3}}{24}\pi^2\vec{i}-\dfrac{\pi^2}{36}\vec{j}$,大小为 $0.76\mathrm{m/s}$,方向为 $201°$.

在 $t=2$s 时,速度 $\vec{v}_2=-\dfrac{\sqrt{3}}{4}\pi\vec{i}+\dfrac{\pi}{6}\vec{j}$,大小为 1.46m/s,方向为 $159°$;

加速度 $\vec{a}_2=-\dfrac{\pi^2}{24}\vec{i}-\dfrac{\sqrt{3}}{36}\pi^2\vec{j}$,大小为 0.62m/s,方向为 $229°$.

(4)位矢与速度矢量垂直,即 $\vec{r}\cdot\vec{v}=0$,于是

$$-\dfrac{5}{6}\pi\cdot\sin\dfrac{\pi}{6}t\cdot\cos\dfrac{\pi}{6}t=0$$

$$-\dfrac{5}{12}\pi\cdot\sin\dfrac{\pi}{3}t=0$$

可得 $t=3k(k=0,1,2,\cdots)$,则 $\vec{r}=\left(3\cos\dfrac{\pi}{2}k\right)\vec{i}+\left(2\sin\dfrac{\pi}{2}k\right)\vec{j}$.

当 $k=0$ 时,$\vec{r}=3\vec{i}$,坐标 $(3,0)$;

当 $k=1$ 时,$\vec{r}=2\vec{j}$,坐标 $(0,2)$;

当 $k=2$ 时,$\vec{r}=-3\vec{i}$,坐标 $(-3,0)$;

当 $k=3$ 时,$\vec{r}=-2\vec{j}$,坐标 $(0,-2)$.

1-3 解题过程

由题设知:

$v_0=5\boldsymbol{j}$m/s,$\boldsymbol{a}=-\boldsymbol{i}-\boldsymbol{j}$m/s^2

速度向量 $\boldsymbol{v}(t)$ 可以表示为

$$\boldsymbol{v}(t)=\boldsymbol{v}_0+\boldsymbol{a}t=5\boldsymbol{j}+(-\boldsymbol{i}-\boldsymbol{j})t=-t\boldsymbol{i}+(5-t)\boldsymbol{j}$$

位置向量 $\boldsymbol{r}(t)$ 可以通过对速度向量积分得到:

$$\boldsymbol{r}(t)=\int\boldsymbol{v}(t)\mathrm{d}t=\int[-t\boldsymbol{i}+(5-t)\boldsymbol{j}]\mathrm{d}t=-\dfrac{t^2}{2}\boldsymbol{i}+\left(5t-\dfrac{t^2}{2}\right)\boldsymbol{j}+C$$

因为给定初始位置在原点,所以 $C=0$,则

$$\boldsymbol{r}(t)=-\dfrac{t^2}{2}\boldsymbol{i}+\left(5t-\dfrac{t^2}{2}\right)\boldsymbol{j}$$

y 坐标由下式给出:

$$y(t)=5t-\dfrac{t^2}{2}$$

为找出最大值,对 $y(t)$ 求导并令其为 0,即 $\dfrac{\mathrm{d}y}{\mathrm{d}t}=5-t=0$,所以 $t=5$s.

将 $t=5$s 代入速度向量:

$$\boldsymbol{v}(5)=-5\boldsymbol{i}+(5-5)\boldsymbol{j}=-5\boldsymbol{i}$$

速度大小为 $|\boldsymbol{v}(5)|=5$m/s.

将 $t=5$s 代入位置向量:

$$\boldsymbol{r}(5)=-\dfrac{5^2}{2}\boldsymbol{i}+\left(5\cdot 5-\dfrac{5^2}{2}\right)\boldsymbol{j}=-\dfrac{25}{2}\boldsymbol{i}+\dfrac{25}{2}\boldsymbol{j}$$

所以质点到达 y 坐标最大值时速度为 $-5i\mathrm{m/s}$,此时质点的位置为 $\left(-\dfrac{25}{2},\dfrac{25}{2}\right)$.

1-4 解题过程 因为 $a=\dfrac{\mathrm{d}v}{\mathrm{d}t}=-kv^2$,求解微分方程可得 $v=\dfrac{1}{kt+c_1}$.

当 $t=0$ 时,$v=v_0$,故 $c_1=\dfrac{1}{v_0}$.

所以速度方程为 $v=\dfrac{v_0}{kv_0t+1}$.

因为 $v=\dfrac{\mathrm{d}x}{\mathrm{d}t}=\dfrac{v_0}{kv_0t+1}$,求解微分方程可得 $x=\dfrac{1}{k}\ln(kv_0t+1)+c_2$.

当 $t=0$ 时,$x=0$,故 $c_2=0$.

所以运动学方程为 $x=\dfrac{1}{k}\ln(kv_0t+1)$.

1-5 解题过程 在 $0\sim 20\mathrm{s}$ 时,$a=\dfrac{1}{2}t$,由 $a=\dfrac{\mathrm{d}v}{\mathrm{d}t}$,$v=\dfrac{\mathrm{d}x}{\mathrm{d}t}$ 可得

$$v=\dfrac{1}{4}t^2,x=\dfrac{1}{12}t^3$$

在 $t=20\mathrm{s}$ 时,$v_1=100\mathrm{m/s}$,$x_1=\dfrac{2000}{3}\mathrm{m}$;

在 $20\sim 50\mathrm{s}$ 时,$a=\dfrac{20}{3}+\dfrac{1}{6}t$,由 $a=\dfrac{\mathrm{d}v}{\mathrm{d}t}$,$v=\dfrac{\mathrm{d}x}{\mathrm{d}t}$ 可得

$$v=\dfrac{20}{3}t+\dfrac{1}{12}t^2-\dfrac{200}{3}$$

$$x=\dfrac{10}{3}t^2+\dfrac{1}{36}t^3-\dfrac{200}{3}t+\dfrac{4000}{9}$$

在 $t=50\mathrm{s}$ 时,$v=475\mathrm{m/s}$,$x=8916.6\mathrm{m}\approx 8.92\times 10^3\mathrm{m}$.

所以在 $t=50\mathrm{s}$ 时,燃料用完那一瞬间所能到达的高度为 $8.92\times 10^3\mathrm{m}$,该时刻的速度为 $475\mathrm{m/s}$.

1-6 解题过程 取平面直角坐标系 Oxy,令 $t=0$ 时气球位于坐标原点(地面)$\Rightarrow y=v_0t$. 而

$$\dfrac{\mathrm{d}x}{\mathrm{d}t}=by=bv_0t \text{ 或 } \mathrm{d}x=bv_0t\mathrm{d}t$$

对上式两边取定积分,得

$$x=\dfrac{bv_0t^2}{2}$$

所以气球的轨迹方程为

$$\boldsymbol{r}=\dfrac{bv_0t^2}{2}\boldsymbol{i}+v_0t\boldsymbol{j}$$

1-7 解题过程　**解法一**：如题 1-7 图解所示，设人与船间绳长为 l，则

$$l^2 = s^2 + h^2$$

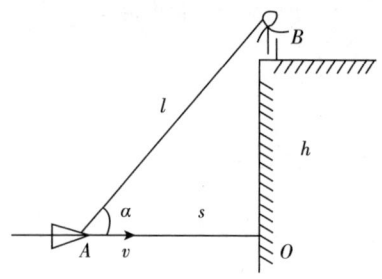

题 1-7 图解

上式两边同时对 t 求导，得

$$2l \frac{dl}{dt} = 2s \frac{ds}{dt}$$

则 $\dfrac{ds}{dt} = \dfrac{l}{s} \dfrac{dl}{dt}$，又 $v_0 = \dfrac{dl}{dt}$，得船速度 $v = \dfrac{l}{s} v_0$，所以

$$v = \frac{\sqrt{s^2+h^2}}{s} v_0$$

$$a = \frac{dv}{dt} = \left(\frac{1}{s} \frac{dl}{dt} - l \cdot \frac{1}{s^2} \frac{ds}{dt} \right) v_0 = \frac{v_0}{s^2}(sv_0 - lv)$$

$$= \frac{v_0}{s^3}(s^2 v_0 - l^2 v_0)$$

$$= \frac{v_0^2}{s^3}(s^2 - l^2) = -\frac{v_0^2}{s^3} h^2$$

解法二：如题 1-7 图解所示，设绳与水平面夹角为 α，船受水面约束，不能离开水面，同时受绳的约束，有

$$v \cos \alpha = v_0$$

又

$$\cos \alpha = \frac{s}{\sqrt{s^2+h^2}}$$

故

$$v = \frac{\sqrt{s^2+h^2}}{s} v_0$$

$$a = \frac{dv}{dt} = -\frac{v_0^2 h^2}{s^3}$$

*1-8 解题过程　如题 1-8 图解所示，设 $\angle ABO = \theta$，M 点的坐标为 (x, y)，则有

$$\begin{cases} x = a \cdot \cos \theta \\ y = b \cdot \sin \theta \end{cases}$$

故 M 点的轨迹方程为 $\dfrac{x^2}{a^2}+\dfrac{y^2}{b^2}=1(x>0,y>0)$.

M 点的位矢

$$\vec{OM}=\vec{r}=x\vec{i}+y\vec{j}=a\cdot\cos\theta\vec{i}+b\cdot\sin\theta\vec{j}$$

设杆的倾角随时间的变化为 $\theta=wt$,故

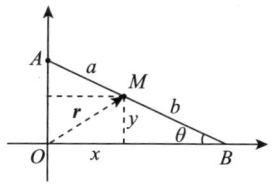

题 1-8 图解

$$\vec{r}=a\cdot\cos wt\vec{i}+b\cdot\sin wt\vec{j}, v=\sqrt{v_x^2+v_y^2}$$

$$=w\cdot\sqrt{a^2\sin^2 wt+b^2\cos^2 wt} \qquad ①$$

$$\begin{cases} v_x=\dfrac{\mathrm{d}x}{\mathrm{d}t}=-wa\cdot\sin wt \\ v_y=\dfrac{\mathrm{d}y}{\mathrm{d}t}=wb\cdot\cos wt \end{cases}$$

在 A 点时将 v_0 沿垂直杆方向分解,有

$$v_0/\cos\theta=w\cdot(a+b)$$

$$v_0=w\cdot(a+b)\cos\theta \qquad ②$$

将式②代入式①可得

$$v=\dfrac{v_0\sqrt{a^2\tan^2\theta+b^2}}{a+b}$$

1-9 **分析** 本题中,在 80m 内,若两车的速度均降为零,它们不会相撞,根据匀速直线运动与匀减速直线运动的方程进行求解.

解题过程 设两车最初相距 $L=80$m,卡车的初速率为 $v_{10}=90$km/h$=25$m/s,汽车的初速率为 $v_{20}=65$km/h$=18$m/s,在 0.7s 时间内两车都做匀速直线运动,于是

$$s_{10}+s_{20}=(v_{10}+v_{20})\Delta t_1=(25+18)\times 0.7=30\text{m}$$

据题意,两车制动后的加速度都是 $a=7.5\text{m/s}^2$,卡车的速率降为零时所行驶的路程为

$$s_1=\dfrac{v_{10}^2}{2a}=\dfrac{25^2}{2\times 7.5}=41.7\text{m}$$

汽车的速率降为零时所行驶的路程为

$$s_2=\dfrac{v_{20}^2}{2a}=\dfrac{18^2}{2\times 7.5}=21.6\text{m}$$

从发现险情到两车都安全停下,它们共需行驶的路程为

$$s=s_{10}+s_{20}+s_1+s_2=93.3\text{m}>L=80\text{m}$$

所以两车将发生碰撞.

设从制动起作用到两车发生碰撞的时间间隔为 Δt_2,有

$$L-(s_{10}+s_{20})=\left(v_{10}\Delta t_2-\frac{1}{2}a\Delta t_2^2\right)+\left(v_{20}\Delta t_2-\frac{1}{2}a\Delta t_2^2\right)$$

代入相应数据,可得方程
$$7.5\Delta t_2^2-43\Delta t_2+50=0$$

解得 $\Delta t_2=1.62\text{s}(\Delta t_2=4.11\text{s}$ 舍去$)$

所以,发生碰撞时卡车的速率为
$$v_1=v_{10}-a\Delta t_2=25-7.5\times1.62=12.9\text{m/s}=46\text{km/h}$$

1-10 解题过程 以地面为参考系,升降机和螺母的速度
$$v_0=at_0=0.2\times8\text{m/s}=1.6\text{m/s}(方向向上)$$

螺母相对地面的位移 $x_1=v_0t-\frac{1}{2}gt^2$ (取向上为正方向)

升降机相对地面做匀加速直线运动,位移 $x_2=v_0t+\frac{1}{2}at^2$

螺母落到升降机底板上

$x_2-x_1=h$,即 $\left(v_0t+\frac{1}{2}at^2\right)-\left(v_0t-\frac{1}{2}gt^2\right)=h$

将 $a=0.2\text{m/s}^2, g=10\text{m/s}^2, h=2.5\text{m}$ 代入,解得 $t\approx0.7\text{s}$

当 $t=0.7\text{s}$ 时,$x_1=-1.33\text{m}$(负号表示方向向下)

螺母上升的最大高度 $h_1=\frac{v^2-v_0^2}{-2g}=\frac{0-1.6^2}{-2\times10}\text{m}=0.128\text{m}$

从最高点下落的高度 $h_2=h_1+|x_1|=0.128+1.33=1.458\text{m}$

路程 $s=h_1+h_2=0.128+1.458=1.586\text{m}$

1-11 解题过程 一节车厢通过观察者时:
$$x_1=\frac{1}{2}at^2=\frac{1}{2}a(\Delta t_1)^2=8a$$

七节车厢通过观察者时:
$$x_7=\frac{1}{2}at_1^2=7x_1, t_1=\sqrt{112}\text{s}$$

八节车厢通过观察者时:
$$x_8=\frac{1}{2}at_2^2=8x_1, t_2=\sqrt{128}\text{s}$$

则第 8 节车厢通过观察时所经过的时间 $\Delta t'=t_2-t_1=\sqrt{128}-\sqrt{112}=0.735\text{s}$

1-12 解题过程 (1)根据竖直方向的速度—位移公式,有
$$v_y^2=2gh, g\text{ 取 }9.8\text{m/s}^2$$

所以 $h=1.9\text{m}$,竖直方向的最大高度为

$$H = h + 9.1 = 11\text{m}$$

(2)因为 $H = \dfrac{1}{2}gt^2, x = 2v_x t$,联立代入数据解得

$$x = 22.8\text{m}$$

(3)球从最高点落到地面,根据动能定理得

$$mgH = \dfrac{1}{2}mv^2 - \dfrac{1}{2}mv_x^2$$

代入数据得 $v = 16.5\text{m/s}$,且方向与水平方向夹角为 $-62.7°$.

1-13 分析 本题通过取坐标系列出乒乓球轨迹方程的表达式进行求解.

解题过程 建立坐标系,其中从桌面向右为 x 轴的正方向,以垂直于桌面向上为 y 轴的正方向,以球的发射处为坐标原点 O,可得乒乓球的轨迹方程:

$$y = x\tan\theta - \dfrac{g}{2} \cdot \left(\dfrac{x}{v_0\cos\theta}\right)^2 \quad ①$$

由题设可知,球的轨迹与桌面相切点的坐标值为 $y = 0, x = 2\text{m}$,代入式①,得

$$v_0 = \sqrt{\dfrac{g}{\cos\theta \cdot \sin\theta}} \quad ②$$

由题设可知,球的落地点坐标值为 $y = -1.0\text{m}, x = a + b = 2.50\text{m}$.

代入式①,得 $$v_0 = \dfrac{1}{\cos\theta} \cdot \sqrt{\dfrac{5g}{8}} \quad ③$$

联立式②和式③,得 $\tan\theta = \dfrac{8}{5}$

解得 $\theta = 58°, v_0 = 4.67\text{m/s}$

1-14 解题过程 两小球有相同的水平初速率 $v_x = v_0 \cdot \cos\theta$,竖直初速率为 $v_y = v_0 \cdot \sin\theta$,则相碰点必在两球水平距离中心,相碰时刻为

$$t = \dfrac{s}{2v_x} = \dfrac{s}{2v_0 \cdot \cos\theta}$$

此时,两小球经过的竖直距离为

$$y_1 = h - \left(v_y t + \dfrac{1}{2}gt^2\right)$$

$$y_2 = v_y t - \dfrac{1}{2}gt^2$$

由于 $v_y t = v_0 \cdot \sin\theta \cdot \dfrac{s}{2v_0 \cdot \cos\theta} = \dfrac{s}{2}\tan\theta = \dfrac{h}{2}$,因此 $y_1 = y_2$.

因为在 t 时刻,两小球水平和竖直坐标均相同,故二者能在空中相碰.

要求:

$$y_2 > 0, v_y t > \frac{1}{2} g t^2$$

$$\frac{s}{4} > \frac{1}{2} g \cdot \frac{s^2}{4 v_0^2 \cdot \cos^2 \theta}$$

$$2 v_0^2 \cdot \cos^2 \theta > g \cdot s$$

$$v_0^2 > \frac{gs}{2\cos^2 \theta}$$

$$v_0 > \sqrt{\frac{gs}{2\cos^2 \theta}}$$

$$v_0 > 11.07 \text{m/s}$$

要使两小球在空中相遇,v_0 至少为 11.07m/s.

1-15 解题过程 第一步:确定收尾速率.

收尾速率 v_t 是终端速度,此时净力为零,即 $mg = k v_t^2$. 解出 v_t:

$$v_t^2 = \frac{mg}{k}$$

$$v_t = \sqrt{\frac{mg}{k}}$$

代入给定值:

$$v_t = \sqrt{\frac{75 \times 10}{0.375}} = \sqrt{2000} \approx 44.7 \text{m/s}$$

第二步:确定开伞的最佳时间.

为了找到开伞的最佳时间,我们需要解微分方程 $m \dfrac{dv}{dt} = mg - k v^2$. 这是一个可分离变量的微分方程. 可以重写为

$$\frac{dv}{dt} = g - \frac{k}{m} v^2$$

分离变量并积分:

$$\int \frac{dv}{g - \dfrac{k}{m} v^2} = \int dt$$

设 $a = \sqrt{\dfrac{mg}{k}}$,则 $a = 44.7 \text{m/s}$. 微分方程变为

$$\int \frac{dv}{g - \dfrac{k}{m} v^2} = \int dt$$

$$\int \frac{dv}{g \left(1 - \dfrac{v^2}{a^2}\right)} = \int dt$$

$$\frac{1}{g}\int\frac{\mathrm{d}v}{1-\left(\frac{v}{a}\right)^2}=\int\mathrm{d}t$$

左侧是标准形式的积分,其解为

$$\frac{1}{g}\cdot\frac{a}{2}\ln\left|\frac{a+v}{a-v}\right|=t+C$$

使用初始条件 $v(0)=v_0=80\mathrm{m/s}$ 来找到常数 C:

$$\frac{1}{g}\cdot\frac{a}{2}\ln\left|\frac{a+80}{a-80}\right|=C$$

代入 $a=44.7$:

$$\frac{1}{10}\cdot\frac{44.7}{2}\ln\left|\frac{44.7+80}{44.7-80}\right|=C$$

$$C=2.235\ \ln\left|\frac{124.7}{-35.3}\right|$$

$$C=2.235\ \ln\ 3.535$$

$$C\approx2.235\times1.275\approx2.85$$

因此,方程变为

$$\frac{1}{10}\cdot\frac{44.7}{2}\ln\left|\frac{44.7+v}{44.7-v}\right|=t+2.85$$

为了找到速度最小值的时间,我们需要找到 v 关于 t 的表达式并找到最小值. 这通常通过数值方法完成,但我们可以分析函数的行为. 速度 v 将随着 t 的增加而减小,直到达到收尾速率 v_t.

第三步:数值解和绘图.

为了找到确切的最佳开伞时间,我们需要用数值求解微分方程并绘制 v-t 曲线. 这通常使用计算机程序完成,如 MATLAB 或 Python. 然而,我们可以估计最佳开伞时间在速度最小值附近,这发生在速度接近收尾速率时.

Python 程序如下:

```
import numpy as np
from scipy.integrate import solve_ivp
import matplotlib.pyplot as plt

# 参数定义
m=75  # 质量,单位:kg
g=10  # 重力加速度,单位:m/s^2
```

```python
k = 0.375  # 阻力系数,单位:kg/m
v0 = 80    # 初始速度,单位:m/s

# 微分方程
def velocity(t, v):
    return (g - (k/m) * v ** 2) / m

# 时间范围
t_span = (0, 60)  # 假设计算 60 秒内的速度变化
t_eval = np.linspace(0, 60, 1000)  # 时间点

# 初始条件
y0 = [v0]

# 解微分方程
sol = solve_ivp(velocity, t_span, y0, t_eval=t_eval, method='RK45')

# 绘制速度-时间曲线
plt.figure(figsize=(10, 6))
plt.plot(sol.t, sol.y[0], label='Velocity (v(t))')
plt.xlabel('Time (s)')
plt.ylabel('Velocity (m/s)')
plt.title('Velocity vs Time for Parachutist')
plt.axvline(x=sol.t[np.argmin(sol.y[0])], color='r', linestyle='--', label='Time of Minimum Velocity')
plt.legend()
plt.grid(True)
plt.show()

# 输出最佳开伞时间和对应的速度最小值
print(f"最佳开伞时间:{sol.t[np.argmin(sol.y[0])]:.2f} 秒")
print(f"对应的速度最小值:{sol.y[0][np.argmin(sol.y[0])]:.2f} m/s")
```

1-16 解题过程 由 $v=\dfrac{\mathrm{d}s}{\mathrm{d}t}$ 可得, $v=10-t=5.0\mathrm{m/s}$.

由 $a=\dfrac{\mathrm{d}v}{\mathrm{d}t}$ 可得,切向加速度 $a_\mathrm{t}=-1\mathrm{m/s^2}$,法向加速度 $a_\mathrm{n}=\dfrac{v_s^2}{R}=\dfrac{25}{50}=0.5\mathrm{m/s^2}$,总加速度 $a=\sqrt{a_\mathrm{t}^2+a_\mathrm{n}^2}=\sqrt{1.25}\approx 1.1\mathrm{m/s^2}$.

1-17 解题过程

$$\vec{r}=x\vec{i}+y\vec{j}=3t\vec{i}+(12-3t^2)\vec{j}$$

$$\vec{v}=\dfrac{\mathrm{d}\vec{r}}{\mathrm{d}t}=3\vec{i}-6t\vec{j}$$

$$\vec{a}=\dfrac{\mathrm{d}\vec{v}}{\mathrm{d}t}=-6\vec{j}$$

$$v=\sqrt{9+36t^2}$$

$$a_\mathrm{t}=\dfrac{1}{2}(9+36t^2)^{-\frac{1}{2}}\cdot 72t=\dfrac{36t}{\sqrt{9+36t^2}}$$

$t=1\mathrm{s}$ 时,电子的切向加速度 $a_\mathrm{t}=\dfrac{36}{\sqrt{45}}\approx 5.37\mathrm{m/s^2}$,

法向加速度 $a_\mathrm{n}=\sqrt{a^2-a_\mathrm{t}^2}=\sqrt{36-5.37^2}\approx 2.68\mathrm{m/s^2}$,

由 $a_\mathrm{n}=\dfrac{v_1^2}{R}$ 得 $R=\dfrac{v_1^2}{a_\mathrm{n}}=\dfrac{45}{2.68}=16.8\mathrm{m}$.

1-18 解题过程 (1) 速度的大小 $v=\sqrt{v_x^2+v_y^2}=\sqrt{(by)^2+v_0^2}$

切向加速度 $a_\tau=\dfrac{\mathrm{d}v}{\mathrm{d}t}=\dfrac{\mathrm{d}v}{\mathrm{d}y}\cdot\dfrac{\mathrm{d}y}{\mathrm{d}t}$

对 $v=\sqrt{b^2y^2+v_0^2}$ 求关于 y 的导数

令 $u=b^2y^2+v_0^2$,则 $v=\sqrt{u}$, $\dfrac{\mathrm{d}v}{\mathrm{d}u}=\dfrac{1}{2\sqrt{u}}$, $\dfrac{\mathrm{d}u}{\mathrm{d}y}=2b^2y$

则 $\dfrac{\mathrm{d}v}{\mathrm{d}y}=\dfrac{b^2y}{\sqrt{b^2y^2+v_0^2}}$

因为 $\dfrac{\mathrm{d}y}{\mathrm{d}t}=v_0$

则 $a_\tau=\dfrac{\mathrm{d}v}{\mathrm{d}t}=\dfrac{b^2y}{\sqrt{b^2y^2+v_0^2}}\cdot v_0=\dfrac{b^2v_0y}{\sqrt{b^2y^2+v_0^2}}$

(2) 加速度在水平方向 $a_x=\dfrac{\mathrm{d}v_x}{\mathrm{d}t}$

因为 $v_x=by$, $y=v_0t$,则 $v_x=bv_0t$,即 $a_x=bv_0$

竖直方向 $a_y=0$ ($v_y=v_0$ 为常量)

合加速度 $a=a_x=bv_0$

$$a_n = \sqrt{a^2 - a_\tau^2} = \sqrt{(bv_0)^2 - \left(\frac{b^2 v_0 y}{\sqrt{b^2 y^2 + v_0^2}}\right)^2} = \frac{bv_0^2}{\sqrt{b^2 y^2 + v_0^2}}$$

已知 $v = \sqrt{(by^2) + v_0^2}$, $a_n = \frac{bv_0^2}{\sqrt{b^2 y^2 + v_0^2}}$

$$\rho = \frac{v^2}{a_n} = \frac{(b^2 y^2 + v_0^2)^{\frac{3}{2}}}{bv_0^2}$$

1-19 解题过程 $v_x = \dfrac{dx}{dt} = u$,

$v_y = \dfrac{dy}{dt} = -2k \cdot x \cdot \dfrac{dx}{dt} = -2kx \cdot u$.

速率 $v = \sqrt{v_x^2 + v_y^2} = \sqrt{u^2 + 4k^2 x^2 u^2} = u \cdot \sqrt{1 + 4k^2 x^2}$,

切向加速度 $a_t = \dfrac{dv}{dt} = \dfrac{4k^2 x u^2}{\sqrt{1 + 4k^2 x^2}}$,

曲率半径 $\rho = \dfrac{(1 + y'^2)^{\frac{3}{2}}}{|y''|} = \dfrac{(1 + 4k^2 x^2)^{\frac{3}{2}}}{2k}$,

法向加速度 $a_n = \dfrac{v^2}{\rho} = \dfrac{u^2(1 + 4k^2 x^2) 2k}{(1 + 4k^2 x^2)^{\frac{3}{2}}} = \dfrac{2ku^2}{\sqrt{1 + 4k^2 x^2}}$,

加速度 $a = \sqrt{a_t^2 + a_n^2} = \dfrac{2ku \cdot \sqrt{4k^2 x^2 + u^2}}{\sqrt{1 + rk^2 x^2}}$.

*1-20 解题过程 (1)在 dt 时间内,激光头沿径向向外移动 dr,并读过音轨数 Ndr,相对光盘音轨移动长度 $vdt = 2\pi r N dr$,则对时间 t 积分得全部播放时间为

$$t = \int_0^T dt = \int_{R_1}^{R_2} \frac{2\pi r N dr}{v} = \frac{\pi N}{v}(R_2^2 - R_1^2)$$

$$= \frac{3.14 \times 650 \times 10^3}{1.3}[(5.6 \times 10^{-2})^2 - (2.2 \times 10^{-2})^2]$$

$$= 4.16 \times 10^3 \text{s} = 69.4 \text{min}$$

(2)由于速度的切向分量远大于径向分量,故可近似认为激光束相对音轨做圆周运动.在离盘心 $r = 5.0$cm 处时,角速度为

$$\omega \approx \frac{v}{r} = \frac{1.3}{5.0 \times 10^{-2}} = 26 \text{rad/s}$$

角加速度 $\alpha = \dfrac{d\omega}{dt} = \dfrac{d}{dt}\left(\dfrac{v}{r}\right) = -\dfrac{v}{r^2} \dfrac{dr}{dt}$

$$\frac{dr}{dt} = \frac{v}{2\pi r N}$$

所以,在离盘心 $r = 5.0$cm 处时,角加速度为

$$\alpha = -\frac{v^2}{2\pi N r^3}$$

$$= -\frac{1.3^2}{2 \times 3.14 \times 650 \times 10^3 \times (5.0 \times 10^{-2})^3}$$

$$= -3.31 \times 10^{-3} \text{rad/s}^2$$

1-21 解题过程　(1)由伽俐略坐标变换,有 $\begin{cases} x' = x - vt \\ y' = y \\ t' = t \end{cases}$

又　　　　　　　　$v = 5\text{m/s}$

得　　　　$\begin{cases} x' = -5t \\ y' = v_0 t - \dfrac{1}{2}gt^2 \end{cases}$

(2)在 $O'x'y'$ 坐标系中,由 $\begin{cases} x' = -5t \\ y' = v_0 t - \dfrac{1}{2}gt^2 \end{cases}$

得　　　　$y' = -\dfrac{v_0}{5}x' - \dfrac{g}{50}x'^2$

(3)车上观察者看:$a'_x = \dfrac{\mathrm{d}^2 x'}{\mathrm{d}t^2} = 0, a'_y = \dfrac{\mathrm{d}^2 y'}{\mathrm{d}t^2} = -g$

$\boldsymbol{a}' = -g\boldsymbol{j}$,方向竖直向下.

车站上观察者看:　$a_x = \dfrac{\mathrm{d}^2 x}{\mathrm{d}t^2} = 0, a_y = \dfrac{\mathrm{d}^2 y}{\mathrm{d}t^2} = -g$

$\boldsymbol{a} = -g\boldsymbol{j}$,方向竖直向下.

1-22 解题过程　如题 1-22 图解所示,设船对地的速度为 $\boldsymbol{v}''$,则

$$\boldsymbol{v}'' = \boldsymbol{v}' + \boldsymbol{v}$$

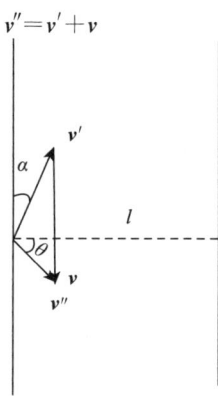

题 1-22 图解

(1) 由题 1-22 图解有 $\begin{cases} v'\cos\alpha + v''\sin\theta = v \\ v'\sin\alpha = v''\cos\theta \end{cases}$

代入数据得 $\begin{cases} 1.5\cos\alpha + v''\sin\theta = 2 \\ 1.5\sin\alpha = v''\cos\theta \end{cases}$

解得 $\theta = 54.84°$，$v'' = 0.674 \text{m/s}$，则

$$t = \frac{l}{v''\cos\theta} = \frac{l}{v'\sin\alpha} = 2576 \text{s}$$

$$s = v''\sin\theta \cdot t = l\tan\theta = 1419.7\text{m} = 1.42\text{km}$$

(2) 由 $t = \frac{l}{v''\cos\theta} = \frac{l}{v'\sin\alpha}$ 可知，当 $\alpha = \frac{\pi}{2}$ 时，$t_{\min} = \frac{l}{v'} = 667\text{s}$.

此时得 $\theta = 53.13°$，$s' = v''\sin\theta \cdot t = vt = 1.33\text{km}$.

(3) 船走的路程 $L = \frac{l}{\cos\theta}$，又 $\tan\theta = \frac{v - v'\cos\alpha}{v'\sin\alpha}$，要使 L 最小则 $\cos\theta$ 最大，即 θ 最小，于是 $\tan\theta$ 最小. 令

$$\frac{d(\tan\theta)}{d\alpha} = \frac{(v'\sin\alpha)^2 - v'\cos\alpha(v - v'\cos\alpha)}{(v'\sin\alpha)^2} = 0$$

得

$$v'^2 = vv'\cos\alpha$$

$$\cos\alpha = \frac{v'}{v} = 0.75$$

得 $\alpha = 41.4°$，于是

$$t = \frac{l}{v'\sin\alpha} = 1008\text{s}$$

$$s' = v''\sin\theta \cdot t = (v - v'\cos\alpha)t = 0.88\text{km}$$

1-23 解题过程

(1)　　$v_A = -22j \text{ km/h}$

$v_B = (40\cos 37°i + 40\sin 37°j) \text{ km/h}$
$= (31.9i + 24.1j) \text{ km/h}$

A 船相对于 B 船的速度为

$v_{AB} = v_A - v_B = (31.9i - 46.1j) \text{ km/h}$

(2) 由 $v_{AB} = \dfrac{dr_{AB}}{dt}$，得

$dr_{AB} = v_{AB}dt = (31.9i - 46.1j)dt$

将上式两边积分，得

$$\int_{r_{AB0}}^{r_{AB}} dr_{AB} = \int_0^t (31.9i - 46.1j)dt$$

$$r_{AB} - r_{AB0} = 31.9ti - 46.1tj$$

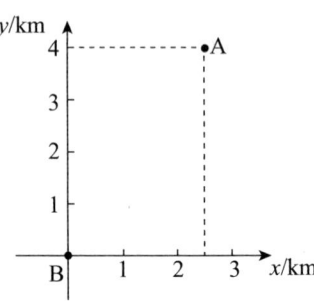

题 1-23 图解

$$r_{AB} = r_{ABO} + 31.9t\boldsymbol{i} - 46.1t\boldsymbol{j}$$

初始条件 $t=0$ 时,$r_{ABO} = 2.5\boldsymbol{i} + 4.0\boldsymbol{j}$,代入上式得

$$r_{AB} = [(31.9t + 2.5)\boldsymbol{i} - (46.1t - 4.0)\boldsymbol{j}]\text{km}$$

(3)两船的距离为

$$|r_{AB}| = \sqrt{(31.9t+2.5)^2 - (46.1t-4.0)^2}$$

当 $\dfrac{d|r_{AB}|}{dt} = \dfrac{2 \times 31.9 \times (31.9t+2.5) + 2 \times 46.1 \times (46.1t-4.0)}{2[(31.9t+2.5)^2 + (46.1t-4.0)^2]^{1/2}}$

即 $t = 0.033$h 时,两船相距最近.

(4)最近距离为 $|r_{AB}|_{\min} = \sqrt{(31.9 \times 0.033 + 2.5)^2 + (46.1 \times 0.033 - 4.0)^2}$
$= 4.3$km

1-24 解题过程 设飞机的速度向量为 $v_p = 135$km/h,方向为正北,即 $v_p = (0, 135)$.

设风的速度向量为 $v_w = (v_{wx}, v_{wy})$,其中 v_{wx} 和 v_{wy} 分别为风在东西和南北方向的分量.

由于飞机相对于地面的速度为正北,且速度为 135km/h,所以 $v_g = (0, 135)$.

根据相对速度的公式,有

$$v_g = v_p + v_w$$

代入已知的向量:

$$(0, 135) = (0, 135) + (v_{wx}, v_{wy})$$

由此可以得到

$$v_{wx} = 0 \text{ 和 } v_{wy} = 0$$

这表明风的东西分量为 0,而南北分量为 -70km/h(向南).

因此,风的方向为正南.

机头的指向可以通过三角函数计算得出. 设飞机的机头与正北的夹角为 θ,则

$$\sin\theta = \dfrac{v_{wy}}{v_p} = \dfrac{-70}{135}$$

计算得

$$\theta = \arcsin\left(\dfrac{-70}{135}\right) \approx -0.5236\text{rad} \approx -30°$$

这表示飞机的机头指向正北偏东 30°方向.

(1)风的方向为正南.

(2)飞机的轴线与公路间夹角为 30°.

1-25 分析 本题中选取不同的参数,利用速度变换原理求解.

解题过程 取河岸为参考系 K，河水为参考系 K'. 设河水相对河岸的流速为 $v_{水岸}$，甲相对河水的速度为 $v_{甲水}$，则甲相对岸的速度为

$$v_甲 = v_{甲水} + v_{水岸}$$

甲从码头 A 向码头 B 运动的速率为

$$v_{甲1} = v_{甲水} + v_{水岸} = 4+2 = 6 \text{km/h}$$

甲从码头 B 返回码头 A 的速率为

$$v_{甲2} = v_{甲水} - v_{水岸} = 4-2 = 2 \text{km/h}$$

乙相对岸的速率是 $v_乙 = 4 \text{km/h}$.

(1) 在甲、乙两人都从码头 B 返回码头 A 的过程中，乙相对甲的速率为

$$v_{乙甲} = v_{乙岸} - v_{甲岸} = v_乙 - v_{甲2} = 4-2 = 2 \text{km/h}$$

(2) 回到码头 A 时速度方向为从 B 到 A.

甲用时为

$$t_甲 = \frac{L}{v_{甲1}} + \frac{L}{v_{甲2}} = \frac{1}{6}\text{h} + \frac{1}{2}\text{h} = \frac{2}{3}\text{h} = 40\text{min}$$

乙用时为

$$t_乙 = \frac{2L}{v_乙} = \frac{2}{4}\text{h} = \frac{1}{2}\text{h} = 30\text{min}$$

所以乙比甲早 10min 回到码头 A.

1-26 解题过程 将力分解为分量.

① 正东方向的力：这个力已经是分量形式.

东向分量：$F_{1x} = 9.0\text{N}$

北向分量：$F_{1y} = 0\text{N}$

② 西偏北 62° 的力.

西向分量：$F_{2x} = -8.0\cos 62°$

北向分量：$F_{2y} = 8.0\sin 62°$

且 $\begin{cases} \sin 62° \approx 0.8829 \\ \cos 62° \approx 0.4695 \end{cases}$

所以 $\begin{cases} F_{2x} = -3.756\text{N} \\ F_{2y} = 7.0632\text{N} \end{cases}$

⇒ 合力的 x 分量：$F_x = F_{1x} + F_{2x} = 5.244\text{N}$

合力的 y 分量：$F_y = F_{1y} + F_{2y} = 7.0632\text{N}$

所以合力 $F = \sqrt{F_x^2 + F_y^2} = \sqrt{77.4} \approx 8.8\text{N}$.

由牛顿第二定律知 $F = ma$，所以

$$a = \frac{F}{m} = \frac{8.8}{3.0} \approx 2.93 \text{m/s}^2$$

故物体的加速度为 2.93m/s^2.

1-27 解题过程 (1) 由万有引力定律知

$$F=G\frac{m_1m_2}{r^2}$$

$$G=\frac{Fr^2}{m_1m_2}$$

所以 G 的单位为 $\frac{\text{kg}\cdot\text{m}^3}{\text{s}^2\cdot\text{kg}^2}=\frac{\text{m}^3}{\text{s}^2\cdot\text{kg}}$,$G$ 的量纲为 $L^3M^{-1}T^{-2}$.

(2)地球表面的引力加速度 $g=\frac{GM}{R^2}$,地球表面上方 h 的高度处引力加速度 $g'=\frac{GM}{(R+h)^2}$.

因为 $g=9.8=\frac{GM}{R^2}$,所以 $GM=9.8R^2$,将其代入 $g'=4.9=\frac{GM}{(R+h)^2}$ 中,且 $R\approx 6371\text{km}$,可求解出 $h\approx 2634\text{km}$.

1-28 解题过程 如题 1-28 图解所示.

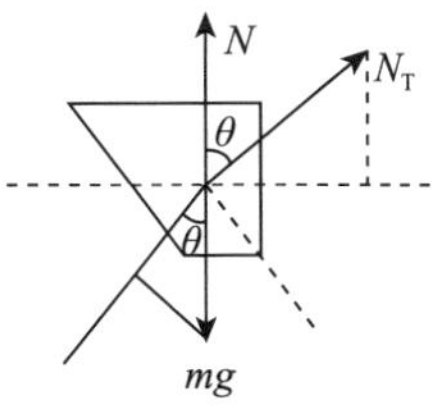

(1)水平力 F 作用在木块上,木块整体向右做匀加速运动,则

$$F=(m_1+m_2)a, a=\frac{F}{(m_1+m_2)}$$

对 m_2 进行受力分析,有

$$N_T\cdot\sin\theta=m_2a$$

$$N_T=\frac{m_2}{\sin\theta}\cdot\frac{F}{(m_1+m_2)}=\frac{m_2F}{(m_1+m_2)\sin\theta}$$

故两木块间的作用力为 $\frac{m_2F}{(m_1+m_2)\sin\theta}$.

(2)木块 2 开始上滑的条件为

$$N_T=\frac{m_2g}{\cos\theta}$$

$$\frac{m_2F}{(m_1+m_2)\sin\theta}=\frac{m_2g}{\cos\theta}$$

故 F 为 $(m_1+m_2)g\cdot\tan\theta$ 时,木块 2 开始上滑.

题 1-28 图解

1-29 解题过程 如题 1-29 图解所示.

(1)假设系统静止,设 A、B 对绳的拉力分别为 F_A、F_B,则

$$F_A=m_Ag\sin\alpha, F_B=m_Bg\sin\beta$$

得

$$F_A<F_B$$

则 B 下滑而 A 上滑,故系统向右运动.

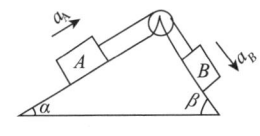

题 1-29 图解

(2)由于斜面静止,设 A、B 沿斜面的加速度为 a_A、a_B,绳的张力为 F_T,由绳的约束有 $a_A=a_B$,则

$$\begin{cases} F_T-m_A g\sin\alpha=m_A a_A \\ m_B g\sin\beta-F_T=m_B a_B \end{cases}$$

得 $$a_A=a_B=\frac{m_B g\sin\beta-m_A g\sin\alpha}{m_A+m_B}=0.12\text{m/s}^2$$

(3)由上面的方程得 $$F_T=\frac{m_A m_B g(\sin\alpha+\sin\beta)}{m_A+m_B}=502\text{N}$$

1-30 [分析] 本题对 m_1 和 m_2 作受力分析,根据牛顿运动方程求解.

[解题过程] 对 m_1 和 m_2 作受力分析,如题 1-30 图解所示,取 m_1 相对地面的加速度为 a_1,以向下为正方向,m_2 相对地面的加速度为 a_2,向上为正方向.设环相对绳的加速度大小为 a_2',与 a_2 的假定方向相反,"轻绳"的质量 m 为零,则

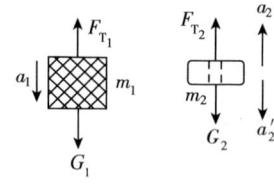

题 1-30 图解

$$m_1 g-F_{T_1}=m_1 a_1 \quad ①$$

$$F_{T_2}-m_2 g=m_2 a_2 \quad ②$$

对于"轻绳",有 $$F_{T_1}-F_{T_2}=0 \quad ③$$

m_2 与绳间摩擦力的大小等于绳的拉力,即

$$F_{T_2}=F_f \quad ④$$

加速度 a_1、a_2 和 a_2' 间的关系为

$$a_2=-a_2'+a_1 \quad ⑤$$

由式③和式④可知,对于"轻绳",有

$$F_{T_1}=F_{T_2}=F_f$$

联立式①、式②、式⑤,解得

$$a_1=\frac{(m_1-m_2)g+m_2 a_2'}{m_1+m_2}$$

$$a_2=\frac{(m_1-m_2)g-m_1 a_2'}{m_1+m_2}$$

$$F_f=\frac{m_1 m_2(2g-a_2')}{m_1+m_2}$$

1-31 [解题过程] 对于人—吊桶整体,由牛顿第二定律,有 $2F_T-mg=ma$,所以 $F_T=\frac{m(g+a)}{2}$.

(1)人匀速下降时,有 $a=0$. 所以

$$F_T=\frac{mg}{2}=\frac{75\times 9.8}{2}=368\text{N}$$

(2) $F'_T = 0.9 F_T = 0.9 \cdot \dfrac{mg}{2}$

$$a = \dfrac{mg - 2F'_T}{m} = \dfrac{(1-0.9)mg}{m} = 0.1g = 0.98 \text{m/s}^2$$

1-32 **解题过程** 设物体 A、B 的加速度分别为 a_A、a_B,绳的张力为 F_T,设 a_A、a_B 的方向如题 1-32 图解所示,如果 A、B 能被提起,则 $a_A > 0$,$a_B > 0$,并且

$$\begin{cases} F_T - m_A g = m_A a_A > 0 \\ F_T - m_B g = m_B a_B > 0 \end{cases}$$

又 $F = 2F_T$,所以 $a_A = \dfrac{F}{2m_A} - g$,$a_B = \dfrac{F}{2m_B} - g$.

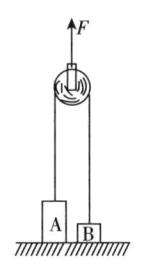 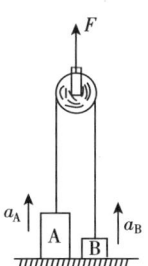

题 1-32 图解

(1) $F = 98\text{N}$ 时,$a_A = \left(\dfrac{98}{2 \times 20} - 9.8\right)\text{m/s}^2 < 0$,$a_B = \left(\dfrac{98}{2 \times 10} - 9.8\right)\text{m/s}^2 < 0$,故 A、B 根本没有被提起,$a_A = a_B = 0$,$F_T = \dfrac{F}{2} = 49\text{N}$.

(2) $F = 196\text{N}$ 时,$a_A = \left(\dfrac{196}{2 \times 20} - 9.8\right)\text{m/s}^2 < 0$,$a_B = \left(\dfrac{196}{2 \times 10} - 9.8\right)\text{m/s}^2 = 0$,此时 A、B 仍未被提起,$a_A = a_B = 0$,$F_T = \dfrac{F}{2} = 98\text{N}$.

(3) $F = 392\text{N}$ 时,$a_A = \left(\dfrac{392}{2 \times 20} - 9.8\right)\text{m/s}^2 = 0$,$a_B = \left(\dfrac{392}{2 \times 10} - 9.8\right)\text{m/s}^2 = 9.8\text{m/s}^2 > 0$,表示 A 不动,B 被提起. $a_A = 0$,$a_B = 9.8\text{m/s}^2$,$F_T = \dfrac{F}{2} = 196\text{N}$.

(4) $F = 784\text{N}$ 时,$a_A = \left(\dfrac{784}{2 \times 20} - 9.8\right)\text{m/s}^2 = 9.8\text{m/s}^2 > 0$,$a_B = \left(\dfrac{784}{2 \times 10} - 9.8\right)\text{m/s}^2 = 29.4\text{m/s}^2 > 0$,A、B 均被提起. $a_A = 9.8\text{m/s}^2$,$a_B = 29.4\text{m/s}^2$,$F_T = \dfrac{F}{2} = 392\text{N}$.

本题先假设 A、B 被提起,得出加速度的关系,然后分别计算每种情况,检验是否被提起,以确定最后状态,这是解决类似问题的有效方法.

1-33 **分析** 各物体的受力分析如题 1-33 图解所示. 设 m_3 相对滑轮 B 的加速度为 a_2,方向向上.

m_2 相对滑轮 B 的加速度也为 a_2,方向向下.

m_1 相对地的加速度为 a_1,方向向下.

m_2 相对地的加速度为 (a_2-a_1),方向如题 1-33 图解所示.

m_3 相对地的加速度为 (a_2+a_1),方向如题 1-33 图解所示.

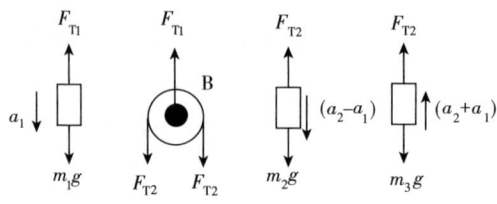

题 1-33 图解

解题过程 由牛顿第二定律,列方程组得

$$\begin{cases} m_1g - F_{T1} = m_1 a_1 \\ m_2 g - F_{T2} = m_2(a_2 - a_1) \\ F_{T2} - m_3 g = m_3(a_2 + a_1) \\ F_{T1} = 2F_{T2} \end{cases}$$

解得

$$a_1 = \frac{m_1 m_2 + m_1 m_3 - 4 m_2 m_3}{m_1 m_2 + m_1 m_3 + 4 m_2 m_3} g = 1.96 \text{m/s}^2$$

$$a_2 = \frac{2m_1(m_2 - m_3)}{m_1 m_2 + m_1 m_3 + 4 m_2 m_3} g = 3.92 \text{m/s}^2$$

m_2 相对地的加速度为 $(a_2 - a_1) = 1.96 \text{m/s}^2$,$m_3$ 相对地的加速度为 $(a_2 + a_1) = 5.88 \text{m/s}^2$.

$$F_{T1} = \frac{8 m_1 m_2 m_3}{m_1 m_2 + m_1 m_3 + 4 m_2 m_3} g = 1.57 \text{N}$$

$$F_{T2} = \frac{4 m_1 m_2 m_3}{m_1 m_2 + m_1 m_3 + 4 m_2 m_3} g = 0.785 \text{N}$$

小结 考查滑轮系统的受力分析及牛顿第二定律.

1-34 解题过程 (1)AB 与滑块相对静止,则以 ABC 为参考对象,有

$$F = (m_1 + m_2 + m')a$$

$$a = \frac{F}{m_1 + m_2 + m'}$$

B 与滑块相对静止,则 B 在竖直方向上受力平衡,故绳子拉力为

$$F_T = \sqrt{(m_2 g)^2 + (m_2 a)^2}$$

对 A:

$$F_T - F_f = m_1 a$$

$$F_f = F_T - m_1 a$$

若 A 与滑块平面间无摩擦,则

$$F_f = 0, \quad F_T = m_1 a$$

$$m_2^2 g^2 + m_2^2 a^2 = m_1^2 a^2$$

$$a^2 = \frac{m_2^2 g^2}{(m_1^2 - m_2^2)}$$

$$F = (m_1 + m_2 + m') \cdot \frac{m_2 g}{\sqrt{m_1^2 - m_2^2}}$$

(2)若 A 与滑块平面之间的摩擦因数 μ,则

$$a = \frac{F}{3m'}, \quad F_T = m' \cdot \sqrt{a^2 + g^2}$$

$$F_T - F_f = m'a$$

$$m'^2(a^2 + g^2) = (m'a + m'\mu g)^2$$

$$a^2 + g^2 = a^2 + 2\mu a g + \mu^2 g^2$$

$$a = \frac{1 - \mu^2}{2\mu} \cdot g$$

$$F = 3m'g \cdot \frac{1 - \mu^2}{2\mu}$$

1-35 **分析** 首先判断板从瓶下水平抽出时小瓶不落地的条件,然后根据牛顿运动方程求解.

解题过程 使木板能够从小瓶下面水平地抽出,板的加速度 a_1 应大于小瓶的加速度 a_2,而要使板在抽离桌面时小瓶仍留在桌面上,则还应使板的位移为 L 时小瓶的位移小于 $(L-l)$. 分别对小瓶和木板作受力分析,如题 1-35 图解所示. 根据牛顿运动方程,可对木板和小瓶列出下列方程:

$$F - F_1 - F_2 = m_1 a_1$$

$$F_{N_1} - F_{N_2} - m_1 g = 0$$

$$F_2' = m_2 a_2$$

$$F_{N_2}' - m_2 g = 0$$

$$L = \frac{1}{2} a_1 t^2$$

$$L - l \geqslant \frac{1}{2} a_2 t^2$$

$$a_1 > a_2$$

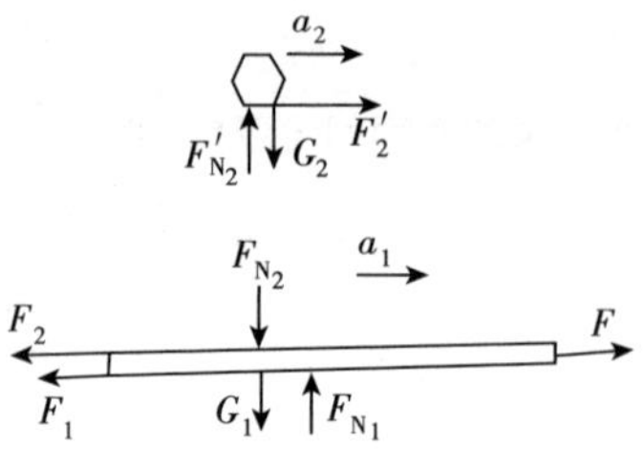

题 1-35 图解

又
$$F_1 = \mu F_{N_1} = \mu(m_1 + m_2)g$$
$$F_2 = F_2' = \mu F_{N_2}' = \mu F_{N_2} = \mu m_2 g$$

解上述方程,可得
$$F \geqslant 2\mu g\left[m_1 + m_2 + \frac{m_1 l}{2(L-l)}\right]$$

1-36 解题过程 设 m_1 相对 m_2 的加速度为 a'_{m_1},则
$$a'_{m_1 x} = a'_{m_1} \cdot \cos\theta, \quad a'_{m_1 y} = a'_{m_1} \cdot \sin\theta$$

在水平方向 $a'_{m_1 x} = a_{m_1 x} - a_{m_2 x}$,所以
$$a_{m_1 x} = a'_{m_1 x} + a_{m_2 x} = -a'_{m_1} \cdot \cos\theta + a_{m_2}$$

在竖直方向 $a'_{m_1 y} = a_{m_1 y}$,所以
$$a_{m_1 y} = a'_{m_1} \cdot \sin\theta$$

由牛顿运动定律得
$$-F_N \sin\theta = m_1 a_{m_1 x} = -m_1 a'_{m_1} \cdot \cos\theta + m_1 a_{m_2}$$
$$m_1 g - F_N \cdot \cos\theta = m_1 a_{m_1 y} = m_1 \cdot a'_{m_1} \cdot \sin\theta$$
$$F_N \cdot \sin\theta = m_2 a_{m_2}$$

解得
$$\begin{cases} a_{m_2} = \dfrac{m_1 g \cos\theta \cdot \sin\theta}{m_1 \sin^2\theta + m_2} \\ a'_{m_1} = \dfrac{(m_1 + m_2)g\sin\theta}{m_2 + m_1 \sin^2\theta} \end{cases}$$

$$a_{m_1} = \sqrt{a_{m_1 x}^2 + a_{m_1 y}^2} = \sqrt{[a_{m_2} - a'_{m_1} \cdot \cos\theta]^2 + [a'_{m_1} \cdot \sin\theta]^2}$$
$$= \frac{g\sin\theta}{m_1 \sin^2\theta + m_2}\sqrt{m_1^2 \sin^2\theta + 2m_1 m_2 \sin^2\theta + m_2^2}$$

1-37 解题过程 (1) $\theta = 0.30t^2$, $\omega = \dfrac{\mathrm{d}\theta}{\mathrm{d}t} = 0.60t$.

当 $t = 5.0$ s 时,$\omega = 3.0$ rad/s,

$v = R\omega = 10 \times 3 = 30$ m/s,

$a_t = \dfrac{\mathrm{d}v}{\mathrm{d}t} = R\dfrac{\mathrm{d}\omega}{\mathrm{d}t} = R \times 0.60 = 6.0$ m/s^2,

$$a_n = R\omega^2 = 10 \times 3^2 = 90 \text{m/s}^2.$$

(2) $a = \sqrt{a_t^2 + a_n^2} = \sqrt{8136} \approx 90.2 \text{m/s}^2$，且 $\dfrac{a}{g} = \dfrac{90.2}{9.8} \approx 9.2$.

所以航天员的总加速度为 90.2m/s²，这是重力加速度的大约 9.2 倍。

1-38 解题过程 为了使汽车不发生侧滑地转弯，最大静摩擦力必须等于向心力：

$$\mu_s mg = m\dfrac{v^2}{r}$$

$$v^2 = \mu_s gr$$

$$v = \sqrt{73.5} \approx 8.6 \text{m/s}$$

所以其转弯的速率最大值为 8.6m/s.

1-39 解题过程 如题 1-39 图解所示.

(1) 小物体沿球面运动，受到重力 G 和球面的支持力 F. 要使小物体被抛出后不与球面接触，则在顶点 P 时 $F = 0$. 重心提供向心力，得

$$mg = m\dfrac{v_0^2}{r}$$

所以 $v_0 = \sqrt{gr}$

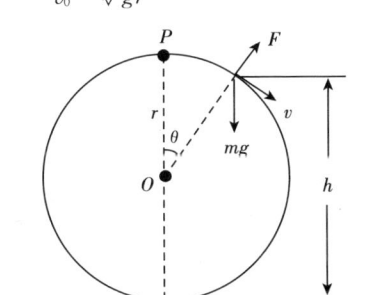

题 1-39 图解

(2) 小物体自 P 点自由下滑，当球面支持力 $F = 0$ 时，它脱离球面后落到水平面上，如题 1-39 图解所示，有

$$mg\cos\theta = m\dfrac{v^2}{r}$$

得 $v^2 = rg\cos\theta$

$$mg\sin\theta = m\dfrac{dv}{dt}$$

由于 $v = \dfrac{ds}{dt} = \dfrac{r d\theta}{dt}$，有 $dt = \dfrac{r}{v} d\theta$，代入上式为

$$rg\sin\theta d\theta = v dv$$

①

两边积分有 $\int_0^\theta rg\sin\theta d\theta = \int_0^v vdv$

$$v^2 = 2rg(1-\cos\theta)$$ ②

由式①和式②可得

$$\cos\theta = \frac{2}{3}$$

脱离处离水平面的高度为

$$h = r(1+\cos\theta) = \frac{5}{3}r$$

1-40 解题过程 对小球进行受力分析,如题 1-40 图解所示.

若小球刚离开圆锥面,则圆锥对小球的支持力 $F_N=0$,受力分解可得

$$\begin{cases} F_{拉} = k \cdot x \\ F_{拉} \cdot \cos\theta = mg \end{cases} (x \text{ 为弹簧的伸长量}) \xrightarrow{解得} x = \frac{mg}{k \cdot \cos\theta}$$

故此时弹簧的长度为 $l_0 + \frac{mg}{k \cdot \cos\theta}$.

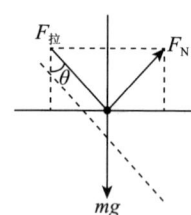

题 1-40 图解

此时小球所受向心力的大小为

$$\begin{cases} F_{拉} \cdot \sin\theta = m\omega^2 R \\ R = l_0 + \frac{mg}{k \cdot \cos\theta} \\ F_{拉} = k \cdot x \end{cases} \xrightarrow{化简得} \omega = \sqrt{\frac{kg\sin\theta}{kl_0\cos\theta + mg}}$$

故角速度大小为 $\sqrt{\frac{kg\sin\theta}{kl_0\cos\theta + mg}}$.

1-41 解题过程 (1)在最高点椅子对学生的作用力为 556N,而地球对学生的引力为 667N,椅子对学生的作用力小于地球对学生的引力,所以学生感觉"轻了".

(2)在最低点,由牛顿第二定律,有

$$F_N - G = m\frac{v^2}{R}$$

所以 $F_N = G + m\frac{v^2}{R}$. ①

在最高点,由牛顿第二定律,有

$$G - F_N = m\frac{v^2}{R}$$

所以 $m\frac{v^2}{R} = (667-556)\text{N} = 111\text{N}.$

将其代入式①得
$$F_N = (667+111)\text{N} = 778\text{N}$$

(3) 如果转轮转速加倍,则在最高点有
$$G - F_N = m\frac{(2v)^2}{R} = 4m\frac{v^2}{R}$$
$$F_N = G - 4m\frac{v^2}{R} = 223\text{N}$$

1-42 解题过程 由习题 1-42 图所示的 $F\text{-}t$ 图得质点所受力的函数为
$$F(t) = \begin{cases} 2t & (0 \leqslant t \leqslant 5) \\ 10-5(t-5) & (5 \leqslant t \leqslant 7) \end{cases}$$

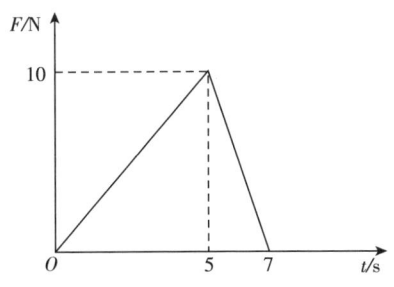

习题 1-42 图

由牛顿第二定律 $F(t) = ma(t)$

得
$$a_1(t) = \frac{2t}{m} \quad (0 \leqslant t \leqslant 5)$$
$$a_2(t) = \frac{10-5(t-5)}{m} \quad (5 \leqslant t \leqslant 7)$$

由于质点做变加速直线运动.由速度与加速度的关系可知,t 时刻的速度为
$$v(t) = v_0 + \int_0^t a(t)\text{d}t \qquad ①$$

已知 $t=0$ 时 $v_0=0$,得第 5s 末的速度为
$$v_5 = \int_0^5 a_1 \text{d}t = \frac{1}{m}\int_0^5 2t\text{d}t = \frac{t^2}{m}\Big|_0^5 = 25\text{m/s}$$

第 7s 末的速度为 $v_7 = v_5 + \int_5^7 a_2 \text{d}t = v_5 + \frac{1}{m}\int_5^7 [10-5(t-5)]\text{d}t = 35\text{m/s}$

结合式①,并由速度的定义,可得
$$x = x_0 + \int_0^t v(t)\text{d}t$$

已知 $x_0=0$
$$x_5 = \frac{1}{m}\int_0^5 t^2 \text{d}t = \frac{125}{3}\text{m}$$

$$x_7 = x_5 + \frac{1}{m}\int_5^7 \left[10t - \frac{5}{2}(t-5)^2 - 25\right]dt = 105\text{m}$$

1-43 证明 在任一时刻 t：$\overline{AB} = L - x$

$\overline{BC} = x$

对两段绳子分别应用牛顿第二定律（见题 1-43 图解），得

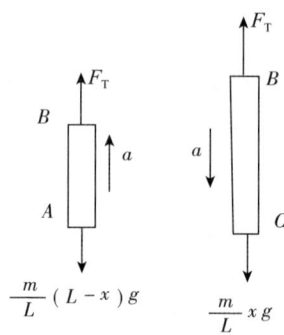

题 1-43 图解

$$\begin{cases} F_T - \dfrac{m}{L}(L-x)g = \dfrac{m}{L}(L-x)a & \text{①} \\ \dfrac{m}{L}xg - F_T = \dfrac{m}{L}xa & \text{②} \end{cases}$$

由式①和式②解得 $2xg - Lg = La$ ③

将 $x = \dfrac{2L}{3}$ 代入上式得 $a = \dfrac{g}{3}$

由式③得 $a = \dfrac{2x-L}{L} \cdot g = \dfrac{\mathrm{d}v}{\mathrm{d}t} = \dfrac{\mathrm{d}v}{\mathrm{d}x} \cdot \dfrac{\mathrm{d}x}{\mathrm{d}t} = \dfrac{\mathrm{d}v}{\mathrm{d}x} \cdot v$

$$\int_0^v v\,\mathrm{d}v = \int_b^x \left(\frac{2x-L}{L}\right)g\,\mathrm{d}x$$

$$\frac{v^2}{2} = \frac{g}{L}(x^2 - Lx)\Big|_b^x = \frac{g}{L}(x^2 - Lx - b^2 + Lb)$$

$$v = \sqrt{\frac{2g}{L}(x^2 - Lx - b^2 + Lb)}$$

将 $x = \dfrac{2}{3}L$ 代入上式得 $v = \sqrt{\dfrac{2g}{L}\left(-\dfrac{2}{9}L^2 + Lb - b^2\right)}$

得证.

1-44 解题过程 （1）对小球进行受力分析，如题 1-44 图解所示.

则有 $\begin{cases} F_N \cdot \sin\theta + F_T \cdot \cos\theta = mg \\ F_N \cdot \cos\theta - F_T \cdot \sin\theta = ma \end{cases}$

解方程可得 $\begin{cases} F_T = mg \cdot \cos\theta - ma\sin\theta \\ F_N = mg\sin\theta + ma\cos\theta \end{cases}$

故绳的张力为 $mg\cos\theta - ma\sin\theta$，小球对斜面的正压力为 $mg\sin\theta + ma\cos\theta$.

(2)小球开始脱离斜面时 $F_T = 0$，故有

$$mg\cos\theta = ma\sin\theta$$

$$a = \frac{g\cos\theta}{\sin\theta} = g \cdot \cot\theta$$

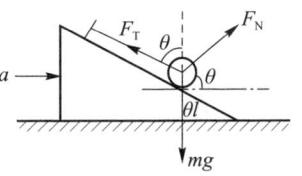

题 1-44 图解

1-45 解题过程 如题 1-45 图解所示.

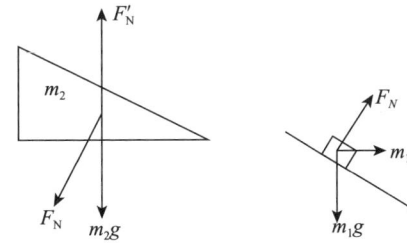

题 1-45 图解

设 m_1 沿斜面下滑时 m_2 沿水平方向以加速度 a 向右运动，在非惯性系中：

$\begin{cases} m_1 g \cdot \sin\theta + m_1 a \cdot \cos\theta = m_1 a' \\ F_N + am_1 \cdot \sin\theta - m_1 g\cos\theta = 0 \\ F_N \cdot \sin\theta = m_2 a \end{cases}$

$a_2 = \sqrt{(a - a' \cdot \cos\theta)^2 + (a' \cdot \sin\theta)^2}$

$= \frac{g\sin\theta}{m_1 \sin^2\theta} \cdot \sqrt{m_1^2 \sin^2\theta + 2m_1 m_2 \sin^2\theta + m_2^2}$

$a' = a \cdot \cos\theta + g \cdot \sin\theta = \frac{(m_2 + m_1)\sin\theta}{m_2 + m_1 \sin^2\theta} g$

1-46 解题过程 机内的人观察：机内的人与升降机保持相对静止.

对 m_2 进行受力分析   对 m_1 进行受力分析

$\begin{cases} F_T = m_1 a_1 \\ m_2 g - F_T = m_2 a_2 \end{cases}$

所以 m_2 相对地面的加速度为

$$a_2 = \frac{m_2 g - F_T}{m_2} \qquad ①$$

m_1 相对升降机水平方向的加速度为

$$a_{1x} = a_2' \qquad ②$$

m_2 相对升降机的加速度为

$$a_2' = a_2 + \frac{g}{2} \qquad ③$$

水平方向受力 $F_T = m_1 a_{1x}$,则

$$a_{1x} = \frac{F_T}{m_1} \qquad ④$$

故解得
$$F_T = m_1 g$$
$$a_2 = \frac{1}{2} g, \quad a_2' = g$$
$$a_{1x} = g = 9.8 \text{m/s}^2$$

m_1 竖直方向的加速度为 $a_{1y} = \frac{1}{2} g$,故 m_1 相对地的加速度大小为

$$\sqrt{a_{1x}^2 + a_{1y}^2} = \frac{\sqrt{5}}{2} g \approx 10.95 \text{m/s}^2$$

综上,

机内:m_1 的加速度为 9.8m/s^2.

　　m_2 的加速度为 9.8m/s^2.

地面:m_1 的加速度为 10.9m/s^2.

　　m_2 的加速度 4.9m/s^2.

第二章

运动的守恒量和守恒定律

本章知识要点

1. 质心、功、功率、保守力的功和势能的概念.
2. 质心运动定理、动量定理和动能定理的内容及应用.
3. 动量守恒定律、角动量守恒定律和功能原理(机械能守恒定律和能量守恒定律)的内容及应用.

知识点归纳

■ 一、动量守恒定律

1. 质心和质心运动定理

质心:质心的位置在平均意义上代表着质量分布的中心.

$$r_c = \sum m_i r_i / m \text{ 或 } r_c = \int r \mathrm{d}m / m$$

质心运动定理

$$\sum \vec{F}_i = m \boldsymbol{a}_c$$

$$\boldsymbol{v}_c = \frac{\mathrm{d}\boldsymbol{r}_c}{\mathrm{d}t} = \frac{\sum m_i \dfrac{\mathrm{d}\boldsymbol{r}_i}{\mathrm{d}t}}{\sum m_i} = \frac{\sum m_i \boldsymbol{v}_i}{\sum m_i}$$

$$\vec{a}_c = \frac{\mathrm{d}\boldsymbol{v}_c}{\mathrm{d}t} = \frac{\sum m_i \dfrac{\mathrm{d}\boldsymbol{v}_i}{\mathrm{d}t}}{\sum m_i} = \frac{\sum m_i \boldsymbol{a}_i}{\sum m_i}$$

2. 动量守恒定律

动量守恒定律：如果系统所受的外力之和为零（$\Sigma F_i = 0$），则系统的总动量保持不变.

$\Sigma F_i = 0$ 时，$\Sigma m_i v_i = m v_c =$ 常值.

二、机械能守恒定律

1. 功和功率

功：作用于物体的力在位移方向上的分量与该物体位移大小的乘积，即

$$dA = F\cos\varphi |d\boldsymbol{r}| = \boldsymbol{F} \cdot d\boldsymbol{r}$$

物体从 a 点运动到 b 点，力所做的功为 $A_{ab} = \int_a^b \boldsymbol{F} \cdot d\boldsymbol{r}$.

功率：力在单位时间内所做的功，用 P 表示，即

$$P = \frac{dA}{dt} = \frac{\boldsymbol{F} \cdot d\boldsymbol{r}}{dt} = \boldsymbol{F} \cdot \boldsymbol{v}$$

2. 保守力

保守力：力做功的大小只与物体的始末位置有关，而与所经历的路径无关，或者说，此力沿闭合路径所做的功等于零，这类力叫保守力.

重力、弹力、万有引力及后面讲到的静电力都是保守力.

成对力的功：任何一对作用力与反作用力所做的总功具有与参考系选择无关的不变性质，即两质点间的"一对力"所做功之和等于其中一个质点受的力沿着该质点相对于另一质点所移动的路径所做的功.

势能：由物体之间的相互作用和相对位置决定的能量.

用 E_{pa}、E_{pb} 分别表示质点在始末位置的势能，用 A_c 表示从始位置到末位置保守力做的功，则

$$E_{pb} - E_{pa} = -A_c$$

3. 功能原理、机械能守恒定律和能量守恒定律

功能原理：当系统从一个状态变化到另一个状态时，它的机械能的增量等于外力做的功与非保守力做的功的总和，即

$$A_e + A_{id} = \Delta E_k + \Delta E_p = \Delta E$$

机械能守恒定律：如果一个系统只有保守力做功，其他内力和一切外力都不做功，或者它们做的总功为零，则系统内各物体的动能和势能可以相互转化，但机械能总值不变，即

$$A_e + A_{id} = 0, \Delta E = 0$$

能量守恒定律：一个受外力作用的系统历经任何变化时，该系统所有能量的总和是不变的. 能量只

能从一种形式转化为另一种形式,或从系统内的一个物体传给另一个物体.

■ 三、角动量守恒定律

1. 角动量
$$L = r \times p$$

2. 质点的角动量定理
质点对任一固定点的角动量的时间变化率等于外力对该点的力矩,即
$$\frac{dL}{dt} = r \times F$$

3. 角动量守恒定律
作用在质点上的外力对某给定点 O 的力矩($r \times F$)为零,则质点对点 O 的角动量在运动过程中保持不变.

$r \times F = 0$ 时:
$$\frac{dL}{dt} = 0$$

复习思考题解答

2-1-1 【解题过程】 可以,如果物体所处的位置不存在重力场,如在外太空,物体就没有重心.但是由于物体质量的存在,质心代表质量分布的中心,所以质心仍存在.

2-1-2 【解题过程】 人体的质心不固定在体内,当人体形状改变时,质心可以从体内移动到体外.

2-1-3 【解题过程】 不对.质心不是质量集中之处,是代表质量分布的中心,质心处不一定要有质量.在某些情况下,可以把物体的质量等效为质心处的质点.例如,一个匀质圆环,其质心就位于圆环的中心,质心处就没有质量.

2-2-1 【解题过程】 可以.因为风扇扇出的空气具有一定的速度,而且空气也是有质量的,根据动量守恒定律,可以使风扇得到向前的冲量,从而带动小船前进,这个原理跟向后划桨使船前进一样.

2-2-2 【解题过程】 当人沿软梯向上爬时,气球向下运动,把人和气球看作一个系统,此系统在竖直方向上所受合力为零.因此系统的竖直方向上的动量守恒,人向上爬,具有向上的动量,因此气球就有向下的动量,向下运动.

2-2-3 解题过程 对于一个系统,质量在不断变化,那么系统所受的合外力 $F=\dfrac{\mathrm{d}\boldsymbol{p}}{\mathrm{d}t}=\dfrac{\mathrm{d}(m\boldsymbol{v})}{\mathrm{d}t}$. 但若对于一个系统,其总质量不变,而系统内各物体的质量发生流动,如向后不断喷气的火箭,以火箭和喷出的气为系统,系统的总质量没有变化,但两部分质量不断转化,此时不能用 $F=\dfrac{\mathrm{d}(m\boldsymbol{v})}{\mathrm{d}t}$. 对于这类问题,用动量定理可以推出其动力学方程,对于火箭,动力学方程是 $\dfrac{\mathrm{d}(m\boldsymbol{v})}{\mathrm{d}t}-\boldsymbol{v}\dfrac{\mathrm{d}m}{\mathrm{d}t}=\boldsymbol{F}$. 其中 v 表示喷出气体的对地速度,F 为系统所受合外力. 总之,求解这类问题,动量定理是关键,要熟练掌握.

2-2-4 解题过程 将 m 和 m' 看成一个系统,考虑系统水平方向的动量问题,不需要考虑 m 与 m' 之间的相互作用,这属于系统的内力,只需要考虑地面与 m 水平方向的作用力,即 m' 与地面之间的摩擦力,只要 m' 与地面之间没有摩擦力,系统的动量就在水平方向上守恒,否则不守恒. 故(1)不守恒;(2)守恒;(3)守恒.

2-2-5 解题过程 钉子进入木块要受到很大的阻力,因此必须给钉子施加足够的压力,而用锤直接压,产生的压力比较小,很难把钉压入木块. 用锤击打时,因为 $F=\dfrac{\Delta p}{\Delta t}$,挥锤击打时,锤在极短时间内速度由很大降至零,动量变化大,从而钉子给了锤很大的作用力. 由作用力与反作用力关系知锤对钉的压力很大,因此容易进入木块.

2-2-6 解题过程 逐渐加大力量拉线,上面的线先断. 因为逐渐加大力量,作用力会传到上面的线,上面的线比下面的线多承受了球的重力,因此先断. 而如果用较大的力量突然拉球下的细线,则下面的线先断,因为突然用力拉线,作用力很大,时间短,力不足以传到上面的线,所以下面的线先断.

2-2-7 解题过程 假定人跳上岸时所用的力相等,即人给船的作用力大小相等. 小船质量小,产生的加速度大,大船质量大,产生的加速度小,因此对小船而言,人蹬船的作用时间较短,获得的冲量较小,动量较小,也就不容易上岸. 而对大船而言,人蹬船的作用时间较长,能得到较大的冲量,动量较大,比较容易上岸.

2-3-1 解题过程 在匀速圆周运动中,质点的动量不守恒,角动量守恒. 质点做匀速圆周运动,速度方向时刻变化,所以动量不守恒. 由于向心力恒指向圆心,对圆心的力矩为零,所以质点对圆心的角动量守恒.

2-3-2 解题过程 质点的动量守恒条件是:质点不受外力或质点所受合外力为零. 质点角动量守恒的条件是:质点所受外力对某固定点的力矩为零或不受外力. 质点动量与角动量可以同时守恒. 如不受外力自由运动的质点,二者同时守恒.

2-4-1 解题过程 一个物体可以只有机械能而无动量,也可以只有动量而无机械能.因为机械能包含动能和势能两部分,无动量说明没有动能,但是可以有势能,从而有机械能;一物体有动量,则物体具有动能 E_k,而势能零点可以任意选取,因而可以找到一个势能零点使物体的势能 $E_p=-E_k$,则机械能 $E=E_k+E_p=0$.如在地面上以速度 v 运动的物体,动能 $E_k=\frac{1}{2}mv^2=\frac{1}{2}m\left(\frac{p}{m}\right)^2=\frac{p^2}{2m}$,$p=\sqrt{2mE_k}$,选离地面上高度 h 处为势能零点且使 $h=\frac{E_k}{mg}$,则地面上该物体的势能 $E_p=-mgh=-E_k$,机械能 $E_p+E_k=0$,物体只有动量而无机械能.

2-4-2 解题过程 由 $E_k=\frac{1}{2}mv^2=\frac{1}{2}m\left(\frac{p}{m}\right)^2=\frac{p^2}{2m}$ 可知 $p=\sqrt{2mE_k}$,当两物体具有相同的动能时,质量大的物体动量大,两质量不等的物体具有相同的动量,质量小的物体动能较大.

2-4-3 解题过程 力与运动方向的夹角小于 90°,做正功;大于 90°,做负功;等于 90°,不做功.物体沿粗糙斜面下滑,受重力、斜面施加的支持力和摩擦力三个力的作用.重力方向与物体运动方向的夹角小于 90°,做正功;摩擦力方向与物体运动方向的夹角大于 90°,做负功;支持力方向与运动方向的夹角等于 90°,不做功.

2-4-4 解题过程 外力对质点不做功时质点的动能不变,即质点的速度大小不变,而方向有可能发生改变,因此质点不一定做匀速运动.例如做匀速圆周运动的质点,外力不做功,但是速度一直都在发生改变.

2-4-5 解题过程 如答 2-4-5 图所示,该物体起始时刻离地面高度为 h,斜面与水平面的夹角为 α,水平抛出经 t_1 时间到达地面,则

$$\frac{1}{2}gt_1^2=h \Rightarrow t_1=\sqrt{\frac{2h}{g}}$$

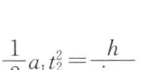

答 2-4-5 图

沿斜面经 t_2 时间到达地面,则

$$\frac{1}{2}a_1t_2^2=\frac{h}{\sin\alpha}$$

其中物体沿斜面的加速度 $a_1=g\sin\alpha$.

故 $t_2=\sqrt{\frac{2h}{g\sin^2\alpha}}$,所以 $t_2>t_1$.

水平抛出、沿斜面滑下到达地面时的速率分别为 v_1、v_2,则由机械能守恒定律,有(设水平抛出物体的初速度为 v_0)

$$\begin{cases} \frac{1}{2}mv_1^2=mgh+\frac{1}{2}mv_0^2 \\ \frac{1}{2}mv_2^2=mgh \end{cases}$$

故 $v_1 > v_2$，二者速率不相等，水平抛出时，到达地面速率较大．

2-5-1 【解题过程】 不对．非保守力做功不一定是负的．例如摩擦力是非保守力，而很多场合，摩擦力做正功．例如在马路上奔驰的汽车，驱动轮的摩擦力做正功．

2-5-2 【解题过程】 势能是我们引入的物理概念，只有相对意义，必须在选定了势能零点后才能确定一个物体的势能．对于重力势能，一般选取地面为势能零点，因此高于地面的物体重力势能为正，而低于地面的物体重力势能为负．对于弹性势能，选取弹性形变为零时为势能零点，因此弹性势能总为正．而对于引力势能，选取无穷远处为势能零点，所以引力势能总为负．

2-5-3 【解题过程】 (1)由于物体和地球间的万有引力，具有质量的物体在高处能够做功，因此具有能量，称为重力势能．一般选择地面为势能零点，重力势能计算公式为 $E_p = mgh$，h 表示物体高于地面的高度，重力势能的量是相对的，不是绝对的，与势能零点的选取有关．

(2)引力势能是由两个物体间的引力作用形成的，包括万有引力、电荷间引力等，一般选择无穷远处引力势能为零，引力势能的量值也是相对的．

(3)可以由引力势能的公式推出重力势能的公式．

设地球质量为 M，物体质量为 m，地球半径为 R，物体高出地面 h，则物体在地球表面时的引力势能为

$$E_{p1} = -\frac{G_0 M m}{R}$$

物体在高出地面 h 处的引力势能为

$$E_{p2} = -\frac{G_0 M m}{R+h}$$

取地球表面为重力势能零点，则物体的重力势能为

$$E_p = E_{p2} - E_{p1} = \frac{G_0 M m}{R(R+h)} h = \frac{G_0 M}{R^2 + Rh} mh$$

由于 $h \ll R$，所以 $E_p = \frac{G_0 M}{R^2} mh$．

令 $\frac{G_0 M}{R^2} = g$，则 $E_p = mgh$．

(4)势能的量值是相对的，如果势能零点的选择高于该物体，则其势能为负，如果势能零点的选择在物体下面，则其势能为正．

2-5-4 【解题过程】 两个质量相等的小球在相同的高度具有的重力势能 $E_p = mgh$ 相等，而斜面光滑，在下滑过程中没有能量的增减，根据能量守恒原理，滑到底部时，重力势能全部转化为动能，两者动能相等，由 $E_k = \frac{p^2}{2m}$ 知，两者动量也相等．

2-6-1 **解题过程** 如果计算是包含了保守内力所做的功,则使用动能定理;如果不计算保守内力所做的功而考虑势能变化,则采用功能原理.

2-6-2 **解题过程** 将物体静止放于表面粗糙的水平加速带上,物体随加速带一起运动,在此过程中,静摩擦力做功 $A_{ni}>0$,机械能增大;物体以速度 v 冲上表面粗糙的斜面并最终静止于斜面上,在此过程中,动摩擦力做功 $A_{ni}<0$,机械能减小.

2-6-3 **解题过程** 守恒.将以水平速度 v 做匀速直线运动的汽车作为参考系观察,相对于汽车由弹簧和质点组成的系统以速度 v 沿汽车运动的反方向做匀速直线运动,桌面的支持力和重力不做功,系统内无非保守内力做功,所以系统机械能守恒.

2-6-4 **解题过程** 不满足机械能守恒条件.因为外力 F 做功,但是该物体的动能未发生变化,外力做功被摩擦力做功抵消掉了.系统内有非保守内力做功,所以系统机械能不守恒.

2-6-5 **解题过程** (1)不对.因为机械能守恒除了要求外力做功为零外,还要求非保守内力做功也为零.

(2)正确.因为系统内力只有保守力,无非保守内力做功且合外力为零也不做功,所以机械能守恒.

(3)正确.因为仅受保守内力,外力为零满足动量守恒,其他内力和外力都不做功,满足机械能守恒.

习题全解

2-1 **解题过程** 如题 2-1 图解所示,设小球做圆周运动的角速度为 ω,则

$$F=m\omega^2 R, v_0=\omega R$$

则

$$\boldsymbol{F}=-m\omega^2 R\cos\omega t\boldsymbol{i}-m\omega^2 R\sin\omega t\boldsymbol{j}$$

由 $I=\int_0^t F\mathrm{d}t$ 知,$\Delta p=I=\int_0^t F\mathrm{d}t$.

(1) 当 $t=\dfrac{\pi}{2\omega}$ 时:

$$\Delta\boldsymbol{p}=\int_0^{\pi/2\omega}(-m\omega^2 R\cos\omega t\boldsymbol{i}-m\omega^2 R\sin\omega t\boldsymbol{j})\mathrm{d}t$$

$$=-m\omega R\boldsymbol{i}-m\omega R\boldsymbol{j}=-mv_0\boldsymbol{i}-mv_0\boldsymbol{j}$$

$$|\Delta\boldsymbol{p}|=\sqrt{2}mv_0$$

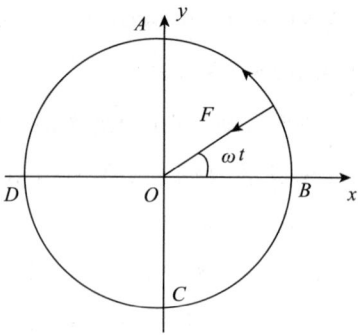

题 2-1 图解

(2) 当 $t=\dfrac{\pi}{\omega}$ 时：

$$\Delta \boldsymbol{p}=\int_0^{\pi/\omega}(-m\omega^2R\cos\omega t\,\boldsymbol{i}-m\omega^2R\sin\omega t\,\boldsymbol{j})\mathrm{d}t=-2mv_0\boldsymbol{j}$$

(3) 当 $t=\dfrac{3\pi}{2\omega}$ 时：

$$\Delta \boldsymbol{p}=\int_0^{3\pi/2\omega}(-m\omega^2R\cos\omega t\,\boldsymbol{i}-m\omega^2R\sin\omega t\,\boldsymbol{j})\mathrm{d}t=mv_0\boldsymbol{i}-mv_0\boldsymbol{j}$$

(4) 当 $t=\dfrac{2\pi}{\omega}$ 时：

$$\Delta \boldsymbol{p}=\int_0^{2\pi/\omega}(-m\omega^2R\cos\omega t\,\boldsymbol{i}-m\omega^2R\sin\omega t\,\boldsymbol{j})\mathrm{d}t=\boldsymbol{0}$$

2-2 **分析** 在 Δt_1 时间内，以 A+B 为研究对象，在 Δt_2 时间内，以 B 为研究对象，应用动量定理进行求解.

解题过程 在 Δt_1 时间内，A 和 B 一起做加速运动. 子弹穿入 B 后，子弹对 B 的摩擦力使 B 继续加速运动，而 A 则以子弹穿出 A 时的速度在光滑水平面上做匀速直线运动. 经时间 Δt_2 子弹穿出 B 后，B 也将以大于 A 的速度做匀速直线运动，设子弹穿出 A 时 A 和 B 的运动速度为 v_1，根据动量定理，在 Δt_1 时间内，有

$$F\Delta t_1=(m_1+m_2)v_1$$

得

$$v_1=\dfrac{F\Delta t_1}{m_1+m_2}$$

对于木块 B，在 Δt_2 时间内，有

$$F\Delta t_2=m_2v_2-m_2v_1$$

得

$$v_2=\dfrac{F\Delta t_2}{m_2}+v_1=F\left(\dfrac{\Delta t_2}{m_2}+\dfrac{\Delta t_1}{m_1+m_2}\right)$$

2-3 解题过程

$$\vec{I} = \int_{t_1}^{t_2} \vec{F} \cdot \mathrm{d}t = m\vec{v}_2 - m\vec{v}_1 = \vec{F}(t_2 - t_1)$$

取坐标系 $\begin{cases} I_x = m \cdot v_2 \cdot \cos 60° + mv_1 \cdot \cos 30° \\ I_y = m \cdot v_2 \cdot \sin 60° - mv_1 \cdot \sin 30° \end{cases}$

$$\vec{I} = I_x\vec{i} + I_y\vec{j} = 0.05(4+5\sqrt{3})\vec{i} + 0.05(4\sqrt{3}-5)\vec{j}$$

冲量的大小为

$$\sqrt{I_x^2 + I_y^2} \approx 0.64 \, \mathrm{N \cdot s}$$

方向为

$$\tan\theta = \frac{I_y}{I_x} = \frac{4\sqrt{3}-5}{4+5\sqrt{3}}, \theta \approx 110°$$

(2) $\overline{F}_x = 0.5(4+5\sqrt{3})\,\mathrm{N}$

$\overline{F}_y = 0.5(4\sqrt{3}-5)\,\mathrm{N}$

平均冲为 $\overline{F} = \sqrt{\overline{F}_x^2 + \overline{F}_y^2} = 0.5\sqrt{164} = 6.4\,\mathrm{N}$.

2-4 解题过程 (1) 由已知作 F-t 图,如题 2-4 图解所示. 可知外力随时间线性衰减.

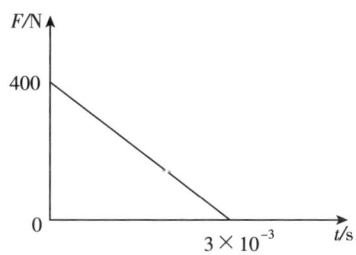

题 2-4 图解

(2) 子弹在枪口时 $F = 400 - \dfrac{4\times 10^5}{3}t = 0$,得

$$t = 3\times 10^{-3}\,\mathrm{s}$$

(3) 子弹所受冲量为

$$I = \int_0^{0.003}\left(400 - \frac{4\times 10^5}{3}t\right)\mathrm{d}t = 0.6\,\mathrm{N \cdot s}$$

子弹所受冲量的大小也可以由 F-t 图的面积求得

$$I = S_{F\text{-}t} = \frac{1}{2}\times 400\times 3\times 10^{-3}\,\mathrm{N\cdot s} = 0.6\,\mathrm{N\cdot s}$$

(4) 子弹的质量为

$$m = \frac{I}{\Delta v} = \frac{I}{v-v_0} = \frac{0.6}{300} = 2\times 10^{-3}\,\mathrm{kg}$$

2-5 解题过程 设水柱对煤层的平均冲力为 F，分析水柱的动量变化. 在 Δt 时间内，射到煤层上的水的质量为

$$m = \rho v \frac{\pi D^2}{4} \Delta t$$

这些水由于受煤层的作用力 F，在 Δt 时间内，速度由 v 变成了零.
故由动量定理 $\Delta p = I$ 有 $-mv = F\Delta t$，即

$$-\rho v^2 \frac{\pi D^2}{4} \Delta t = F\Delta t$$

所以 $F = \frac{-1}{4}\rho v^2 \pi D^2 = \frac{-1}{4} \times 10^3 \times 56 \times 56 \times \pi \times (30 \times 10^{-3})^2$

$$= -2.22 \times 10^3 \text{ N}$$

故水柱对煤层的平均冲力为 2.22×10^3 N.

2-6 解题过程 设在桌上的链的质量为 M，长度为 d，接触桌面的极小段质量为 m，长度为 L，设极小段速度为 v，则 $v = \sqrt{2gd}$，根据动量定理得

$$Ft = mv, \quad F = \frac{mv}{t}$$

假设极小段质量的链下落到与桌面接触过程中速度不变，$t = \frac{L}{v}$，则 $F = \frac{mv}{t} = \frac{mv^2}{L}$

$= \frac{2mgd}{L}, \frac{d}{L} = \frac{M}{m}$. 所以 $F = 2Mg$，则此时桌面受到的压力 F_N 为

$$F_N = F + Mg = 3Mg$$

2-7 解题过程 $\begin{cases} \overline{F} \cdot t = mv_2 - mv_1 \\ v_2 = 300 \text{km/h} = \frac{300}{3.6} \text{m/s} \\ v_1 = 5 \text{m/s} \\ t = 10^{-2} \sim 10^{-3} \text{s} \end{cases}$，代入得 $\overline{F} = \frac{m}{t}(v_2 - v_1)$.

当 $t_1 = 10^{-2}$ s 时，$\overline{F}_1 = 1958.3$ N；

当 $t_2 = 10^{-3}$ s 时，$\overline{F}_2 = 19583.3$ N.

因此飞鸟对玻璃的平均冲力为 $1958.3 \sim 19583.3$ N.

压强公式 $p = \frac{F}{S}$，$S = 20 \text{cm}^2 = 20 \times 10^{-4} \text{m}^2$.

当 $\overline{F} = 1958.3$ N 时，$p_1 = 9.8 \times 10^5$ N/m^2；

当 $\overline{F} = 19583.3$ N 时，$p_2 = 9.8 \times 10^6$ N/m^2.

因此玻璃上被撞击部分将承受的平均压强为 $9.8\times10^5 \sim 9.8\times10^6 \mathrm{N/m^2}$.

2-8 解题过程 设前、中、后三只船记为 A、B、C，质量均为 M，抛出物体的质量为 m，从中间船上抛向 A、C 的抛出物体相对地面速度分别为 $v_{A'}$、$v_{C'}$，则

$$v_{A'}=v+u, v_{C'}=v-u$$

抛出物体后，三船的速度分别为 v_A、v_B、v_C.

由动量守恒有：

对于 A 船及接收的球：$mv_{A'}+Mv=(M+m)v_A$，得 $v_A=v+\dfrac{m}{M+m}u$;

对于 B 船及抛出的球：$(M+2m)v=Mv_B+mv_{A'}+mv_{C'}$，得 $v_B=v$;

对于 C 船及接收的球：$mv_{C'}+Mv=(M+m)v_C$，得 $v_C=v-\dfrac{m}{M+m}u$.

2-9 解题过程 设将杆 OA 与竖直方向的夹角由 60°转到 30°时重物相对地面的水平方向速度分量为 $\boldsymbol{v}_1$，浮吊相对地面的速度为 $\boldsymbol{v}_2$.

由于不计阻力，重物和浮吊在水平方向动量守恒，则

$$m\boldsymbol{v}_1+m_0\boldsymbol{v}_2=\boldsymbol{0}$$

所以 $\boldsymbol{v}_1=-\dfrac{m_0}{m}\boldsymbol{v}_2=-10\boldsymbol{v}_2$，则

$$\int\boldsymbol{v}_1\mathrm{d}t=-\int 10\boldsymbol{v}_2\mathrm{d}t$$

即

$$\boldsymbol{x}_1=-10\boldsymbol{x}_2$$

式中，x_1、x_2 表示重物、浮吊相对地面的位移，负号表示二者移动的方向相反. 而二者的相对位移

$$x=l\sin 60°-l\sin 30°=2.93\mathrm{m}$$

又

$$x=x_1+x_2=11x_2$$

所以 $x_2=0.266\mathrm{~m}$，向岸方向移动.

2-10 解题过程 质心的移动速度为

$$v_c=\frac{m_1v_1+m_2v_2}{m_1+m_2}=\frac{2400\times 80+1600\times 60}{2400+1600}=72\mathrm{km/h}$$

2-11 解题过程 人与气球组成的系统动量守恒，设以向上为正方向，绳结的速度为 v，由动量守恒定律得

$$m(v-V)-m'V=0, V=\frac{mv}{m'+m}$$

在地面上的人看来，人向上爬的速度大小为

$$v_人 = v - V = \frac{mv}{m' + m}$$

2-12 解题过程 取炮弹系统,建立坐标系 Oxy,设爆炸前炮弹的速度为 v_0',爆炸后,B,C 两块速度的大小均为 v,并分别与 x 轴成 φ 角和 θ 角,如题 2-12 图解所示.三块碎片的质量均为 m.爆炸前后炮弹的动量守恒,可得

x 方向　　　$0 = mv\cos\varphi - mv\cos\theta$

y 方向　　　$3mv_0' = mv\sin\varphi + mv\sin\theta$

$$v_0' = v_0 - gt$$

则　　　$$v = \frac{3(v_0 - gt)}{2\sin\varphi}, \theta = \varphi$$

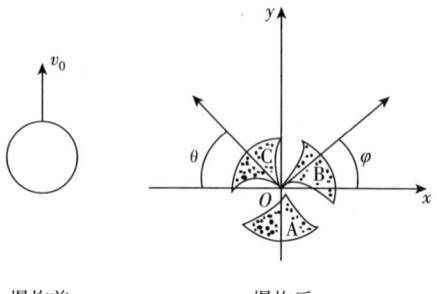

爆炸前　　　爆炸后

题 2-12 图解

2-13 解题过程 以物体为研究对象,爆炸前后物体的动量守恒.设爆炸后质量大的一块相对于观察者的速度为 v',依题意知,爆炸后质量小的一块相对于观察者静止.根据动量守恒定律,有

$$mv = \frac{3}{4}mv'$$

$$v' = \frac{4}{3}v$$

爆炸给系统增加的动能为

$$\Delta E_k = \frac{1}{2} \times \frac{3}{4}mv'^2 - \frac{1}{2}mv^2 = \frac{1}{6}mv^2$$

2-14 解题过程 (1) 根据动量守恒定律,有

$$2m \cdot u = (m_0 + 2m)v$$

$$v = \frac{2mu}{m_0 + 2m}$$

此时,平板车的速度为 $\dfrac{2mu}{m_0 + 2m}$.

(2) 第一个人跳时：
$$mu = (m_0 + m)v_1$$
$$v_1 = \frac{mu}{m_0 + m}$$

第二个人跳时：
$$mu = (m_0 + 2m)(v_2 - v_1)$$
$$v_2 = \frac{mu}{m_0 + 2m} + v_1 = \frac{mu}{m_0 + 2m} + \frac{mu}{m_0 + m}$$

(3) $v_{(1)} = \dfrac{2mu}{m_0 + 2m}$

$v_{(2)} = \dfrac{mu}{m_0 + 2m} + \dfrac{mu}{m_0 + m}$

$v_{(2)} - v_{(1)} = \dfrac{mu}{m_0 + m} - \dfrac{mu}{m_0 + 2m} > 0$

故第二种情况的速度大些，此时平板车的速度为 $\dfrac{mu}{m_0 + 2m} + \dfrac{mu}{m_0 + m}$。

2-15 解题过程 取煤车为主体，煤漏出的瞬间和车的速度相同，则
$$m \cdot \frac{d\vec{v}}{dt} = (\vec{u} - \vec{v})\frac{dm}{dt} + \vec{F} = \vec{F} \text{（变质量体系运动方程）}$$
$$m = m_0 - qt$$
$$\int_0^v dv = \int_0^t \frac{F}{m_0 - qt} dt$$
$$v = \frac{-F}{q} \ln(m_0 - qt) \Big|_0^t$$
$$= -\frac{F}{q}[\ln(m_0 - qt) - \ln m_0]$$
$$= \frac{F}{q} \cdot \ln \frac{m_0}{m_0 - qt}$$

2-16 解题过程 **解法一**：对 m_1、m_2 进行受力分析，m_2 竖直方向上的力可以抵消，水平方向受力为 F，则 m_1 的加速度为 $a_1 = \dfrac{F}{m_1}$，m_2 的加速度为 $a_2 = \dfrac{F}{m_2}$，可以得 $a_1 = \dfrac{m_2}{m_1} a_2$。

因此 m_1 运动的位移
$$s_1 = \frac{m_2}{m_1} s_2$$
$$s_1 + s_2 = L \cdot \cos\theta$$
$$\left(\frac{m_2}{m_1} + 1\right) s_2 = L \cdot \cos\theta$$

$$s_2 = \frac{m_1}{m_1+m_2} L \cdot \cos\theta$$

解法二:根据动量守恒定律,有

$$m_1 v_1 = m_2 v_2$$

$$m_1 \frac{\mathrm{d}s_1}{\mathrm{d}t} = m_2 \frac{\mathrm{d}s_2}{\mathrm{d}t}$$

对上式两边积分,得

$$m_1 s_1 = m_2 s_2$$

$$s_1 = \frac{m_2}{m_1} s_2$$

由几何分析知

$$s_1 + s_2 = L \cdot \cos\theta$$

故

$$s_2 = \frac{m_1}{m_1+m_2} L \cdot \cos\theta$$

三角形木块移动距离为 $\dfrac{m_1}{m_1+m_2} L \cdot \cos\theta$.

2-17 解题过程 力对浮冰所做的功为

$W = \boldsymbol{F} \cdot \boldsymbol{d} = (210\boldsymbol{i} - 150\boldsymbol{j}) \cdot (15\boldsymbol{i} - 12\boldsymbol{j})$

$\qquad = (210 \times 15 + 150 \times 12)$

$\qquad = 4.95 \times 10^3 \mathrm{J}$

2-18 解题过程 由 $F\text{-}x$ 图可得 $F(x)$ 函数:

$$F(x) = \begin{cases} 2x\mathrm{N} & (0 \leqslant x \leqslant 5\mathrm{m}) \\ 10\mathrm{N} & (5\mathrm{m} \leqslant x \leqslant 10\mathrm{m}) \\ (30-2x)\mathrm{N} & (10\mathrm{m} \leqslant x \leqslant 15\mathrm{m}) \end{cases}$$

根据动能定理

$$A = \int_{r_1}^{r_2} \boldsymbol{F} \cdot \mathrm{d}\boldsymbol{r} = \Delta E_k$$

当 $x = 5$ m 时,有

$$A_1 = \int_0^5 2x\mathrm{d}x = 25\mathrm{J} = \frac{1}{2} m v_5^2 - 0$$

得 $\qquad v_5 = 5$ m/s

当 $x = 10$ m 时,有

$$A_2 = A_1 + \int_5^{10} 10 \mathrm{d}x = 25 + 50 = 75\text{J} = \frac{1}{2}mv_{10}^2 - 0$$

得 $v_{10} = 8.66 \text{ m/s}$

当 $x = 15$ m 时，有

$$A_3 = A_1 + A_2 + \int_{10}^{15} (30 - 2x)\mathrm{d}x$$

$$= 25 + 50 + 25 = 100\text{J} = \frac{1}{2}mv_{15}^2 - 0$$

得 $v_{15} = 10\text{m/s}$

2-19 解题过程　依题意知物体的速度为

$$v = \frac{\mathrm{d}x}{\mathrm{d}t} = (3.0 - 8.0t + 3.0t^2)\text{m/s}$$

当 $t = 0$ 时，$v_0 = 3.0\text{m/s}$；

当 $t = 4\text{s}$ 时，$v_4 = 19.0\text{m/s}$.

根据动能定理知，该力在 $t = 0$ 至 $t = 4.0\text{s}$ 时间间隔内对物体所做的功为

$$W = \frac{1}{2}mv_4^2 - \frac{1}{2}mv_0^2$$

$$= \left(\frac{1}{2} \times 3.0 \times 19^2 - \frac{1}{2} \times 3.0 \times 3^2\right)$$

$$= 528\text{J}$$

2-20 解题过程　链条下落过程中只有重力做功，由动能定理有

$$A_G = \frac{1}{2}mv^2$$

设链条的线密度为 λ，链条下垂长度为 x，增量为 $\mathrm{d}x$，重力做功为 $\mathrm{d}A_G$，如题 2-20 图解所示，则

$$\mathrm{d}A_G = \lambda x g \mathrm{d}x$$

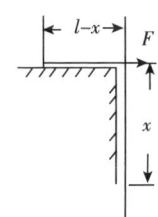

题 2-20 图解

全过程重力做功为

$$A_G = \int_a^l dA_G = \int_a^l \lambda g x\, dx = \frac{1}{2}\lambda g(l^2 - a^2)$$

代入 $\frac{1}{2}\lambda g(l^2-a^2) = \frac{1}{2}\lambda l v^2$ 得

$$v = \sqrt{\frac{g}{l}(l^2-a^2)}$$

2-21 解题过程　**解法一**：由于圆柱表面光滑，所以整个过程中不计摩擦力．受力图如题 2-21 图解所示．

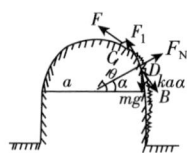

题 2-21 图解

而物体又极缓慢地滑动，故物体到达 C 点时速度可忽略，即物体动能为零．
由能量转化关系有力 F 做的功

$$W = \Delta E_p$$

以位置 B 处为物体与弹簧构成系统的势能零点，则物体到达 C 点时系统的势能为

$$E_{pC} = mga\sin\theta + \frac{1}{2}k(a\theta)^2 = mga\sin\theta + \frac{1}{2}ka^2\theta^2$$

所以 $\qquad W = \Delta E_p = mga\sin\theta + \frac{1}{2}ka^2\theta^2$

解法二：本题也可用做功的定义 $W = \int \boldsymbol{F}\cdot d\boldsymbol{x}$ 来求，方法如下．

设力 F 沿圆柱切线的分量为 F_1，法向分量为 F_2，显然 $\int F_2\, dx = 0$.

设物体在任意位置 D 点时和圆心的连线与水平线成 α 角，则

$$F_1 - mg\cos\alpha - ka\alpha = ma_t$$

又物体缓慢滑动，即 $a_t = 0$，有

$$F_1 = mg\cos\alpha + ka\alpha$$

所以 $\qquad W = \int_B^C \boldsymbol{F}\cdot d\boldsymbol{x} = \int_0^\theta (mg\cos\alpha + ka\alpha) a\, d\alpha = mga\sin\theta + \frac{1}{2}ka^2\theta^2$

2-22 分析　本题中，万有引力做正功，使陨石—地球系统的引力势能转化为陨石的动能．先根据万有引力定律及功的定义求解做功情况，再由动能定理求速度．

解题过程 (1)陨石所受的万有引力为

$$F = -G\frac{m'm}{(R+r)^2}e_r$$

式中,e_r 是由地球中心指向陨石的单位矢量,r 为陨石离地面的高度.
取陨石落向地面的微小位移为 dr',与 e_r 的方向相反,$dr' = -dr$,则万有引力做的功为

$$A = \int_h^0 F \cdot dr' = -\int_h^0 Gm'm \frac{dr}{(R+r)^2}$$

$$= Gm'm \int_0^h \frac{dr}{(R+r)^2} = \frac{Gm'mh}{R(R+h)}$$

(2)由动能定理得

$$A = \Delta E_k = \frac{1}{2}mv^2 - 0$$

故陨石落地时的速度为

$$v = \sqrt{\frac{2Gm'h}{R(R+h)}}$$

2-23 解题过程 (1)由机械能守恒有 $\frac{1}{2}mv^2 = mgl\sin\alpha$

得 $v = \sqrt{2gl\sin\alpha}$

当 $\alpha = \theta = 30°$ 时,$v_B = \sqrt{2gl\sin 30°} = 3.13$ m/s;

当 $\alpha = 90°$ 时,$v_C = \sqrt{2gl\sin 90°} = 4.43$ m/s;

当 $\alpha = 90° + \theta$ 时,$v_D = \sqrt{2gl\sin 120°} = 4.12$ m/s.

(2) $a_n = \frac{v^2}{l}$,$a_t = \frac{dv}{dt} = \frac{dv}{d\alpha}\frac{d\alpha}{dt} = \frac{v}{l}\frac{dv}{d\alpha} = g\cos\alpha$,所以

$$a_{n_B} = \frac{v_B^2}{l} = 9.8 \text{ m/s}^2, a_{t_B} = 8.49 \text{ m/s}^2$$

$$a_B = \sqrt{a_{n_B}^2 + a_{t_B}^2} = 12.96 \text{ m/s}^2$$

$a_{nC} = 19.6$ m/s²,$a_{tC} = 0$

$a_{n_D} = 16.97$ m/s²,$a_{t_D} = 4.9$ m/s²

$$a_D = \sqrt{a_{n_D}^2 + a_{t_D}^2} = 17.7 \text{ m/s}^2$$

(3)设绳的张力为 F_T,则由题 2-23 图解,有

$$\begin{cases} F_T - mg\sin\alpha = ma_n = 2mg\sin\alpha \\ mg\cos\alpha = ma_t \end{cases}$$

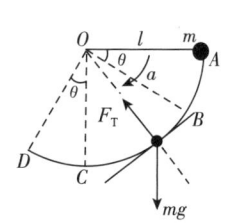

题 2-23 图解

得 $F_T = 3mg\sin\alpha$

所以 $F_{TB} = 8.82 \times 10^{-2}\,\mathrm{N}, F_{TC} = 0.176\,\mathrm{N}$

$F_{TD} = 0.153\,\mathrm{N}$

2-24 【分析】 弹簧静止时,由平衡条件

$$F - mg = k\Delta l - mg = 0$$

$$\Delta l = 2l_0 - l_0 = l_0 = R$$

得 $k = \dfrac{mg}{\Delta l} = \dfrac{mg}{R}$ ①

对重物进行受力分析,如题 2-24 图解所示.重物的运动方程为

切向 $mg\sin 2\theta - F\sin\theta = ma_t$ ②

法向 $F_N + F\cos\theta - mg\cos 2\theta = ma_n$ ③

$$a_n = \dfrac{v^2}{R}$$

【解题过程】 (1)重物在 B 点所受弹性力为

$$F = kx = k(1.6R - l_0) = 0.6mg$$

而 $v_B = 0$,故

$$a_t = g\sin 2\theta - 0.6g\sin\theta = 5.88\,\mathrm{m/s^2}$$

$$a_n = 0$$

由式③得 $F_{NB} = mg\cos 2\theta - 0.6mg\cos\theta = -0.2mg$

式中,"$-$"号表示方向与图示方向相反.

重物在 B 点的加速度为 $a = \sqrt{a_t^2 + a_n^2} = a_t = 5.88\,\mathrm{m/s^2}$

重物对圆环的正压力为 $F'_{NB} = -F_N = 0.2mg$

方向沿圆环径向指向环心.

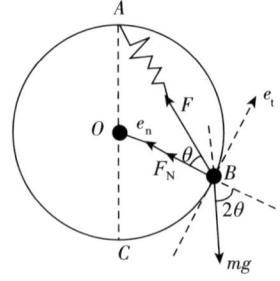

题 2-24 图解

(2)重物在 C 点时,由题 2-24 图解可知,$\theta = 0$,同时 $F_C = k(2R - l_0) = mg$,代入式②

和式③,得

$$a_t = 0, F_{NC} = m\frac{v_C^2}{R} \quad ④$$

对重物 m、地球和弹簧组成的系统,分别以重物在 B、C 点为始末态,根据机械能守恒,有

$$E_{kB} + E_{pB} = E_{kC} + E_{pC}$$

取 C 点为重力势能零点,上式为

$$0 + \frac{1}{2}k(1.6R - l_0)^2 + mg(2R - 1.6R\cos\theta) = \frac{1}{2}mv_C^2 + \frac{1}{2}k(2R - l_0)^2 \quad ⑤$$

由式④和式⑤得 $F_{NC} = 0.8mg, v_C = \sqrt{0.8gR}$

$$a_n = \frac{v_C^2}{R} = 0.8g = 7.84 \text{m/s}^2$$

重物在 C 点的加速度 $a = \sqrt{a_t^2 + a_n^2} = a_n = 7.84 \text{ m/s}^2$,方向沿圆环径向指向环心.

重物对圆环的正压力 $F'_{NC} = -F_{NC} = -0.8mg$,方向为竖直向下.

> **小 结** 重物位移变化,引起动能(速度)变化、弹力变化、加速度变化,并最终影响圆环正压力,合理应用运动学规律,找出它们之间的对应关系可求解.

2-25 解题过程 (1)如题 2-25 图解所示,设小球在圆形轨道上的任意点 B,由于轨道光滑,小球在运动过程中满足机械能守恒定律,其重力势能转化为动能,以圆形轨道最低点 C 为势能零点,得小球在圆形轨道上任意点 B 的运动方程为

$$mgH - mg(R - R\cos\theta) = \frac{mv^2}{2} \quad ①$$

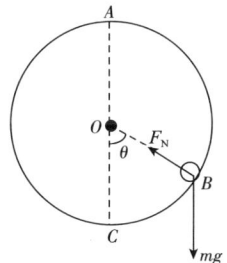

题 2-25 图解

小球在任意点 B 所受向心力为

$$F_N - mg\cos\theta = \frac{mv^2}{R} \quad ②$$

联立式①和式②得

$$F_N = mg\left(\frac{2H}{R} - 2 + 3\cos\theta\right) \qquad ③$$

要使小球沿圆形轨道运动一周而不脱离轨道,则需满足

$$F_N \geqslant 0 \qquad ④$$

由式③和式④得

$$H \geqslant R - \frac{3}{2}R\cos\theta \qquad ⑤$$

当小球到达最高点 A 时应有 $\theta = \pi$,所以

$$H \geqslant R + \frac{3}{2}R = \frac{5}{2}R$$

$$F_N = 0, \quad \frac{mv^2}{R} = mg$$

(2)当小球达到最高点 A 时, $\theta = \pi$, $\cos\theta = -1$,由式③得

$$F_N = mg\left(\frac{2H}{R} - 5\right)$$

可知,小球在 A 点的受力 F_N 与开始下降的高度 H 有关.

当 $H = \frac{5R}{2}$ 时, $F_N = 0$,小球只受重力;

当 $H > \frac{5R}{2}$ 时, $F_N > 0$,小球受重力和方向竖直向下的支持力;

当 $H < \frac{5R}{2}$ 时,小球将无法到达 A 点.

(3)当 $H = 2R$ 时,小球将在某点脱离轨道做抛体运动,此时轨道受力 $F_N = 0$,将 $H = 2R$, $F_N = 0$ 代入式③得

$$\cos\theta = -\frac{2}{3}$$

所以
$$\theta = 131.8°$$

由式②得,小球脱离轨道的速率为 $v = \sqrt{\frac{2Rg}{3}}$.

2-26 解题过程 (1)把物体托住慢慢下放,物体的速度可忽略不计,设其平衡时弹簧的最大伸长为 x_0,弹性力为 F_0,则

$$\begin{cases} F_0 = kx_0 \\ F_0 - mg = 0 \end{cases}, \text{得 } F_0 = mg, x_0 = \frac{mg}{k}$$

(2)将物体突然放手,物体的速度较大,需要考虑其动能与势能的转化,物体达到

最低位置时,弹簧的伸长为 $x_{\max}$,弹性力为 $F_{\max}$.
由机械能守恒有

$$\frac{1}{2}kx_{\max}^2 = mgx_{\max}$$

得

$$x_{\max} = \frac{2mg}{k}$$

$$F_{\max} = kx_{\max} = 2mg$$

设物体经过平衡位置时速度为 v,则由机械能守恒有

$$\frac{1}{2}mv^2 + \frac{1}{2}kx_0^2 = mgx_0$$

所以

$$v = g\sqrt{\frac{m}{k}} = \sqrt{gx_0}$$

2-27 证明 设物体在 x 处的速度为 v_x,动能 $E_k = \frac{1}{2}mv_x^2$.

又 $$E_k + E_p(x) = E$$

所以 $$\frac{1}{2}mv_x^2 = E - E_p(x), \quad v_x = \sqrt{\frac{2[E - E_p(x)]}{m}}$$

又 $$v_x = \frac{\mathrm{d}x}{\mathrm{d}t}, \quad \mathrm{d}t = \frac{\mathrm{d}x}{v_x} = \frac{\mathrm{d}x}{\sqrt{\frac{2}{m}[E - E_p(x)]}}$$

所以 $$t = \int_0^t \mathrm{d}t = \int_0^x \frac{\mathrm{d}x}{\sqrt{\frac{2}{m}[E - E_p(x)]}}$$

2-28 解题过程 (1) 将弹簧从 $x = 0.500\text{m}$ 拉伸到 $x = 1.00\text{m}$ 需做的功为

$$W = \int_{0.500}^{1.00} -(52.8x + 38.4x^2)\mathrm{d}x = -\left(\frac{52.8}{2}x^2 + \frac{38.4}{3}x^3\right)\Big|_{0.50}^{1.00} = -31.0\text{J}$$

(2) 当弹簧从 $x = 1.00\text{m}$ 回到 $x = 0.500\text{m}$ 时,弹力做正功,为 31.0J,物体动能的增量等于弹力所做的功,所以有

$$\frac{1}{2}mv^2 = 31.0\text{J}$$

则 $v = \sqrt{\dfrac{2 \times 31.0}{2.17}} = 5.35\text{m/s}.$

(3) 因为从 x_1 到 x_2 弹力做的功只与 x_1 和 x_2 有关,与路径无关,所以该力是保守力.

2-29 解题过程 (1) 令 $\dfrac{\mathrm{d}E_p(r)}{\mathrm{d}r} = 0$,可得

(2)当 $r=r_0$ 时,得分子势能的极小值为

$$E_p(r)|_{r=r_0}=-E_0$$

(3)解方程 $E_p(r)=0$,得 $r=r_0/\sqrt[6]{2}$.

(4)根据下列数据作图,可确定势能曲线的变化趋势如题 2-29 图解所示.

r/m	$r\to 0$	$r=r_0/\sqrt[6]{2}$	$r=r_0$	$r\to +\infty$
$E_p(r)$/J	$E_p(r)\to +\infty$	$E_p(r)=0$	$E_p(r)=-E_0$	$E_p(r)\to 0$

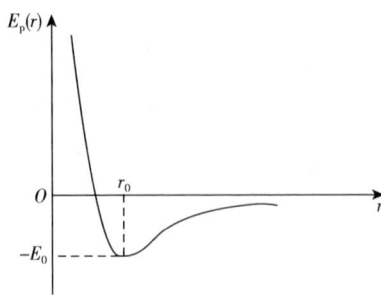

题 2-29 图解

2-30 解题过程　(1)势能 $E_p(x)$ 曲线的斜率代表力 $F(x)$.

斜率为正表示力的方向与 x 轴正方向相同,斜率为负表示力的方向与 x 轴负方向相同.

从图中可以看到,在 $x=2.5$m 附近,势能曲线的斜率是负的.

因此 $F(x)$ 的方向是负的(即向左).

且 $F(x)=-ma=-2.0\times 2.0=-4.0$N.

(2)质点沿 x 运动的范围为 $0\leqslant x\leqslant 10$m.

(3)当 $x=7.0$m 时,势能 $E_p(7.0)$ 可以通过图读取.

有 $E_p(7.0)=-22$J,$E_k(7.0)=E-E_p(7.0)$.

当 $x=2.5$m 时,动能 $E_k(2.5)=\frac{1}{2}mv^2=\frac{1}{2}\times 2\times(-2)^2=4$J,

势能 $E_p(2.5)=-10$J.

所以 $E=E_k(2.5)+E_p(2.5)=-6$J.

又 $E_k(7.0)=E-E_p(7.0)=-6+22=16$J,$E_k(7.0)=\frac{1}{2}mv'^2=16$J,所以 $v'=4$m/s.

2-31 解题过程　设铁钉进入木板深 x 时受的阻力 $f=kx$,k 为常量.

第一次击打铁钉时,锤对铁钉做的功为

$$W_1 = \int_0^{x_1} kx\,\mathrm{d}x = \frac{kx_1^2}{2}$$

设第二次击打时铁钉进入的深度为 x_2,则

$$W_2 = \int_{x_1}^{x_2} kx\,\mathrm{d}x = \frac{k(x_2^2 - x_1^2)}{2}$$

又因为两次击打时锤的速度相同,锤具有相等的动能 $W_1 = W_2$,且 $x_1 = 1 \text{ cm}$,所以

$$\frac{kx_1^2}{2} = \frac{k(x_2^2 - x_1^2)}{2}$$

解得 $x_2 = 1.414 \text{ cm}$,所以 $\Delta x = x_2 - x_1 = 0.414 \text{ cm}$。

第二次能击入 0.414 cm 深。

2-32 解题过程 在光滑水平面上,两物体和弹簧组成的系统动量守恒,有

$$mv - m'v' = 0$$

得

$$v' = \frac{m}{m'}v$$

系统的机械能守恒,有

$$\frac{1}{2}k(l_0 - l)^2 = \frac{1}{2}mv^2 + \frac{1}{2}m'v'^2$$

将 v' 代入上式,得

$$v = (l_0 - l)\sqrt{\frac{km'}{m(m+m')}}$$

$$v' = (l_0 - l)\sqrt{\frac{km}{m'(m+m')}}$$

质点 m 对质点 m' 的相对速度为

$$v_{mm'} = v + v' = (l_0 - l)\sqrt{\frac{k(m+m')}{mm'}}$$

2-33 解题过程 设子弹的速度为 v_0,射入木块后的速度为 v,由动量守恒有

$$m_1 v_0 = (m_2 + m_1)v$$

得

$$v = \frac{m_1}{m_2 + m_1}v_0$$

此后木块向左滑动,弹簧压缩,设其最大压缩量为 l,则在此过程中摩擦力做功

$$W_f = -\mu(m_2 + m_1)gl$$

由功能原理有

$$-\mu(m_2 + m_1)gl = \frac{1}{2}kl^2 - \frac{1}{2}(m_2 + m_1)v^2$$

整理后可得

$$v_0^2 = \frac{\frac{1}{2}kl^2 + \mu(m_2+m_1)gl}{\frac{1}{2}\left(\frac{m_1}{m_2+m_1}\right)}$$

$$v_0 = \frac{1}{m_1}\sqrt{kl^2(m_2+m_1) + 2\mu(m_2+m_1)^2 gl}$$

代入数据得 $v_0 = 319$ m/s.

2-34 解题过程 如题 2-34 图解所示,设铁块滑到劈尖底端时铁块相对于劈尖速度为 v_1,劈尖相对于地面速度为 v_2.

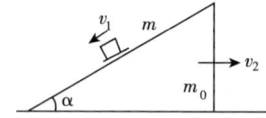

题 2-34 图解

则铁块相对地面的速度 $v_x = v_1\cos\alpha - v_2$, $v_y = v_1\sin\alpha$.

由于系统水平方向不受外力,因此水平方向动量守恒,则 $m_0 v_2 = mv_x$,有 $v_1 = \dfrac{m_0 + m}{m\cos\alpha}v_2$.

整个过程中由机械能守恒有

$$\frac{1}{2}m_0 v_2^2 + \frac{1}{2}m(v_x^2 + v_y^2) = mgh$$

其中 $v_x = v_1\cos\alpha - v_2 = \dfrac{m_0}{m}v_2$, $v_y = v_1\sin\alpha = \dfrac{m_0+m}{m}\tan\alpha\, v_2$

故可得

$$v_2 = \sqrt{\frac{2m^2 gh}{m_0(m+m_0) + (m_0+m)^2\tan^2\alpha}}$$

$$= m\cos\alpha\sqrt{\frac{2gh}{(m_0+m)(m_0+m\sin^2\alpha)}}$$

$$\left[\text{其中利用公式}: a + (a+b)\tan^2\alpha = \frac{(a+b\sin^2\alpha)}{\cos^2\alpha}\right]$$

2-35 解题过程 设 A 第一次与 B 碰撞后 B 的速度为 v_B,碰前 A 的速度为 v_A;第二次碰撞后,A、B 的速度分别为 v_A'、v_B',由动量守恒有

$$\begin{cases} m_1 v_A = m_2 v_B \\ m_2 v_B = m_1 v_A' + m_2 v_B' \end{cases}$$

恢复系数 $e = \dfrac{v_B - 0}{v_A - 0} = \dfrac{v_B}{v_A} = \dfrac{m_1}{m_2} = 0.8$

可得
$$v'_A = v_B, v'_B = 0.2v_B$$

对于 A 球,由机械能守恒有
$$\begin{cases} m_1 gl(1-\cos\theta_1) = \dfrac{1}{2}m_1 v_A^2 \\ m_1 gl(1-\cos\theta_2) = \dfrac{1}{2}m_1 v'^2_A \end{cases}$$

又 $v'_A = v_B = 0.8v_A$,且 $\theta_1 = 40°$,所以 $1-\cos\theta_2 = 0.64(1-\cos\theta_1)$,得 $\theta_2 = 31.8°$.

2-36 解题过程 弹簧被压缩到最大时,m_1 和 m_2 以相同速度运动.

在整个压缩过程中,m_1、m_2 和弹簧组成的系统动量守恒、机械能守恒. 有
$$m_1 v_0 = (m_1 + m_2)v$$
$$\dfrac{1}{2}m_1 v_0^2 = \dfrac{1}{2}(m_1+m_2)v^2 + \dfrac{1}{2}kx^2$$

由以上两式解得
$$x = v_0\sqrt{\dfrac{m_1 m_2}{k(m_1+m_2)}}$$

2-37 解题过程 大小相同、质量不完全相同的四个球在光滑水平面上,相邻两球之间发生完全弹性碰撞,碰撞前后的速度满足
$$v_1 = \dfrac{(m_1-m_2)v_{10} + 2m_2 v_{20}}{m_1+m_2}$$
$$v_2 = \dfrac{(m_2-m_1)v_{20} + 2m_1 v_{10}}{m_1+m_2}$$

对于 1、2 两球碰撞,$m_1 = m_2 = 2m$,$v_{10} = v$,$v_{20} = 0$,得 $v_1 = 0$,$v_2 = v$,1、2 两球发生速度交换.

对于 2、3 两球碰撞,$m_2 = 2m$,$m_3 = m$,$v_{20} = v$,$v_{30} = 0$,得 $v_2 = \dfrac{v}{3}$,$v_3 = \dfrac{4}{3}v$.

对于 3、4 两球碰撞,$m_3 = m_4 = m$,$v_{30} = \dfrac{4}{3}v$,$v_{40} = 0$,得 $v_3 = 0$,$v_4 = \dfrac{4}{3}v$,3、4 两球发生速度交换.

2、3 两球将再次相碰,$m_2 = 2m$,$m_3 = m$,$v_{20} = \dfrac{v}{3}$,$v_{30} = 0$,得 $v_2 = \dfrac{v}{9}$,$v_3 = \dfrac{4}{9}v$.

以后满足 $v_1 < v_2 < v_3 < v_4$,不会再发生相碰,所以各球的最终速度为
$$v_1 = 0, v_2 = \dfrac{v}{9}, v_3 = \dfrac{4}{9}v, v_4 = \dfrac{4}{3}v$$

2-38 分析 取坐标系 Ox,向下为正,原点位于地面. 设桩的侧面是 4 个矩形,进入地下 x 深度时

侧面积为 $S_2 = 4x\sqrt{S_1}$，S_1 为桩的横截面积，桩所受阻力为
$$F = kS_2 = 4kx\sqrt{S_1}$$

解题过程 (1)桩依靠自重下沉 x_1 深度时，可认为在缓慢下沉过程中，桩所受的重力与泥土对它的阻力大小相等，方向相反，阻力所做的功在数值上与重力所做的功相等。设桩的质量为 M，有
$$A_重 = Mgx_1 \qquad ①$$

桩下沉 x_1 深度时阻力做功的大小为
$$A_阻 = \left| -\int_0^{x_1} F\,dx \right| = \int_0^{x_1} 4kx\sqrt{S_1}\,dx = 2k\sqrt{S_1}\,x_1^2 \qquad ②$$

$$A_重 = A_阻 \qquad ③$$

得 $\quad x_1 = \dfrac{Mg}{2k\sqrt{S_1}} = 8.89 \text{ m}$

(2)设锤的质量为 m，打击速度为 v_{10}，对锤与地球系统，机械能守恒，则
$$mgh = \frac{1}{2}mv_{10}^2 \qquad ④$$

设桩和锤作完全非弹性碰撞后共同运动速度为 v，根据动量守恒定律，得
$$mv_{10} = (m+M)v \qquad ⑤$$

设桩运动至 x_2 处静止，对锤和桩系统运用动能定理，有
$$A_重 + A_阻 = \Delta E_k = 0 - E_k \qquad ⑥$$

其中 $\quad A_阻 = -\int_{x_1}^{x_2} F\,dx = -2k\sqrt{S_1}\,(x_2^2 - x_1^2)$

$$A_重 = (m+M)g(x_2 - x_1)$$

$$E_k = \frac{1}{2}(m+M)v^2$$

联立式④、式⑤、式⑥，可得
$$x_2 = 9.07 \text{ m}$$

一锤能打下的深度为
$$\Delta x = x_2 - x_1 = 0.18 \text{ m}$$

(3)锤以反跳速度 v_1 反跳到高度 h_2 的过程中，根据机械能守恒定律，得
$$mgh_2 = \frac{1}{2}mv_1^2 \qquad ⑦$$

设锤可提起的高度为 h，锤的打击速度为 v_{10}，则高度为
$$h = 40 - (38.5 - 35) = 36.5 \text{ m}$$

h 和 v_{10} 的关系仍可由式④表示.

设锤击后桩的速度为 v_2,根据动量守恒定律,得
$$mv_{10} = -mv_1 + Mv_2 \qquad ⑧$$

桩由 $x_2 = 35$ m 运动到 x_3 深处,对桩,根据动能定理,有
$$Mg(x_3 - x_2) - 2k\sqrt{S_1}(x_3^2 - x_2^2) = -\frac{1}{2}Mv_2^2 \qquad ⑨$$

联立式④、式⑦、式⑧、式⑨,得 $x_3 = 35.98$ m

一锤能打下的深度为
$$\Delta x = x_3 - x_2 = 0.98 \text{ m}$$

若锤的提起高度仍为 $h = 1$ m,则可得
$$x_3' = 35.04 \text{ m}, \Delta x' = x_3' - x_2 = 0.04 \text{ m}$$

2-39 [分析] 取 A、B 两粒子为系统,建立坐标系 Oxy,如题 2-39 图解所示. 设碰前 A 的质量为 M,速度为 v_{A0},沿 x 轴正方向,碰后的速率为 v_A,与 x 轴正方向的夹角为 α,碰后 B 的质量为 m,速度为 v_B,与 x 轴正方向的夹角为 β.

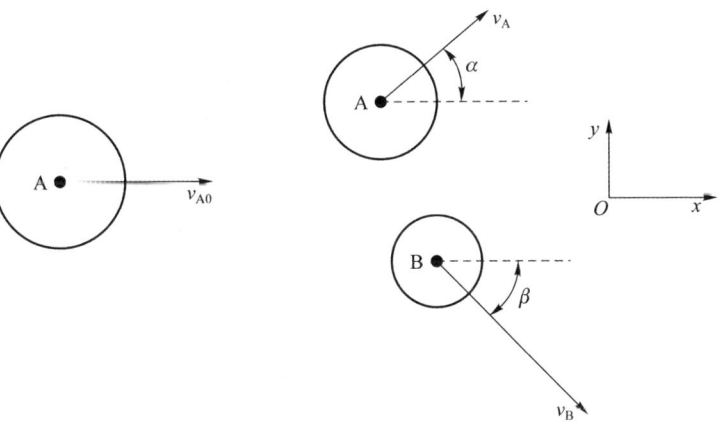

题 2-39 图解

[解题过程] 由动量守恒定律得

x 方向 $\qquad Mv_{A0} = mv_B \cos\beta + Mv_A \cos\alpha \qquad ①$

y 方向 $\qquad 0 = Mv_A \sin\alpha - mv_B \sin\beta \qquad ②$

由机械能守恒定律,得
$$\frac{1}{2}Mv_{A0}^2 = \frac{1}{2}mv_B^2 + \frac{1}{2}Mv_A^2 \qquad ③$$

由式③,得 $\quad v_B^2 = \dfrac{M(v_{A0}^2 - v_A^2)}{m} \qquad ④$

联立式①、式②、式④,可得

$$\cos\alpha = \frac{(M+m)v_A^2 + (M-m)v_{A0}^2}{2Mv_{A0}v_A}, \sin\beta = \frac{Mv_A}{mv_B}\sin\alpha$$

由已知,且 $m = \frac{1}{2}M$,得

$$v_B = 4.69 \times 10^6 \text{ m/s}$$

$$\cos\alpha = 0.925, \sin\beta = 0.8094$$

$$\alpha = 22°20', \beta = 54°4'$$

2-40 解题过程 如题 2-40 图解所示,对碰撞瞬间进行分析可知,球 2 的速度方向为 30°,球 1 的速度方向为 $-60°$.

由动能定理和动量守恒定律可得

$$\begin{cases} mv_0 = mv_1 \cdot \cos 30° + mv_2 \cdot \cos 60° \\ \frac{1}{2}mv_0^2 = \frac{1}{2}mv_1^2 + \frac{1}{2}mv_2^2 \end{cases}$$

$$\begin{cases} v_0 = v_1 \frac{\sqrt{3}}{2} + \frac{1}{2}v_2 \\ v_0^2 = v_1^2 + v_2^2 \end{cases}$$

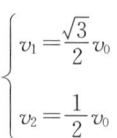

题 2-40 图解

解得

$$\begin{cases} v_1 = \frac{\sqrt{3}}{2}v_0 \\ v_2 = \frac{1}{2}v_0 \end{cases}$$

故碰撞后两球速度分别为

$$\begin{cases} \frac{1}{2}v_0 \quad \text{方向} -60° \\ \frac{\sqrt{3}}{2}v_0 \quad \text{方向} 30° \end{cases}$$

2-41 解题过程 设小滑块滑出凹槽 B 端时相对凹槽的速度为 $\vec{v}_2'$,而凹槽相对地面的速度为 $\vec{v}_1$,故滑块相对地面的速度为 $\vec{v}_2 = \vec{v}_1 + \vec{v}_2'$.

对整体,水平方向合力为 0,水平方向动量守恒,则

$$m_1 v_1 + m_2 v_2 = 0 \qquad ①$$

根据机械能守恒,有

$$Rm_2 g\cos\theta = \frac{1}{2}m_1 v_1^2 + \frac{1}{2}m_2 v_2^2 \qquad ②$$

由

$$v_2 = \sqrt{v_1^2 + v_2'^2 - 2v_1 v_2' \cos\theta} \qquad ③$$

$$v_2 \cdot \cos\theta = v_{2x} - v_1 \qquad ④$$

解得

$$v_1 = \frac{m_2 \cos\theta}{m_1 + m_2} \cdot \sqrt{\frac{2Rg\cos\theta}{1 - m_2 \cos^2(m_1 + m_2)}}$$

$\approx 0.145 \text{m/s}$

故凹槽相对地面的速度为 0.145m/s.

*2-42 解题过程 (1)以 m_1、m_2 为研究对象,系统动量守恒,则

$$m_1 v_0 = (m_1 + m_2)v_1 \Rightarrow v_1 = \frac{1}{3}\text{m/s}$$

再以 m_1、m_2、m_3 为研究对象,设共同速度为 v_2,由动量守恒得

$$m_1 v_0 = (m_1 + m_2 + m_3)v_2, v_2 = \frac{1}{5}\text{m/s}$$

绳拉紧时,m_1、m_2 的速度为 v_1,最终共同速度为 v_2.

设 m_3 相对 m_2 的位移为 s_1,由能量守恒定律得

$$\frac{1}{2}(m_1+m_2)v_1^2 = \mu m_3 g \cdot s_1 + \frac{1}{2}(m_1+m_2+m_3)v_2^2$$

代入数据得 $s_1 = 0.017\text{m}$.

(2)由动量定理得

$$F\Delta t = \mu m_3 g t = m_3 \cdot v_2$$

$$v_2 = \mu g t$$

$$t = \frac{v_2}{\mu g} = 0.1\text{s}$$

达共同速度时,物体相对拖车的位移为 0.017m,所需时间为 0.1s.

*2-43 解题过程 开始时 A 位于 $x_1 = 0$ 处,B 位于 $x_1 = l$ 处,此时弹簧处于伸长状态,伸长量 $x = \sqrt{L^2 + l^2} - L$.

当弹簧再次恢复原长时两滑块速度最大,分别设为 v_1、v_2,根据机械能守恒定律得

$$\frac{1}{2}kx^2 = \frac{1}{2}m_1 v_1^2 + \frac{1}{2}m_2 v_2^2 \qquad ①$$

根据动量守恒定律得

$$m_1 v_1 = m_2 v_2 \qquad ②$$

$$x = \sqrt{L^2 + l^2} - L \qquad ③$$

联立式①、式②、式③，解得

$$v_1 = (\sqrt{L^2 + l^2} - L)\sqrt{\frac{m_2 k}{m_1(m_1 + m_2)}}$$

$$v_2 = (\sqrt{L^2 + l^2} - L)\sqrt{\frac{m_1 k}{m_1(m_1 + m_2)}}$$

2-44 解题过程　(1) m_2 下落到 m_1 碰撞前的速度时有

$$m_2 gh = \frac{1}{2} m_2 v_1^2$$

$$v_1 = \sqrt{2gh}$$

碰撞过程符合动量和动能守恒定律，则

$$\begin{cases} m_2 v_1 = m_1 v_0 + m_2 v_1' \\ \dfrac{1}{2} m_2 v_1^2 = \dfrac{1}{2} m_1 v_0^2 + \dfrac{1}{2} m_2 v_1'^2 \end{cases} \Rightarrow v_0 = \frac{2m_2}{m_1 + m_2} v_1$$

根据机械能守恒定律得

$$\frac{1}{2} m_1 v_0^2 + \frac{1}{2} k y_0^2 + m_1 g y_{\max} = \frac{1}{2} k(y_0 + y_{\max})^2$$

且 $y_0 = \dfrac{m_1 g}{k}$，故

$$y_{\max} = y + y_0 = \frac{m_1 g}{k} + \frac{2m_2}{m_1 + m_2} \sqrt{\frac{2m_1 gh}{k}}$$

故发生完全弹性碰撞时弹簧被再压缩的长度为

$$y = \frac{2m_2}{m_1 + m_2} \cdot \sqrt{\frac{2m_1 gh}{k}}$$

(2) 发生完全非弹性碰撞，则

$$m_2 v_1 = (m_1 + m_2) v_0$$

$$v_0 = \frac{m_2}{m_1 + m_2} v_1 = \frac{m_2}{m_1 + m_2} \cdot \sqrt{2gh}$$

初始状态，弹簧压缩量为 x_0，则

$$m_1 g = k x_0, \quad x_0 = \frac{m_1 g}{k}$$

用机械能守恒定律，则

$$\frac{1}{2}(m_1 + m_2) v_0^2 + \frac{1}{2} k x_0^2 = -(m_1 + m_2) g \cdot x_{\max} + \frac{1}{2} k(x_{\max} + x_0)^2 \qquad ①$$

将 $m_2 g = k \cdot x_0$ 和 $v_0 = \dfrac{m_2}{m_1 + m_2} \cdot \sqrt{2gh}$ 代入式①中,得弹簧被再压缩的长度为

$$x_{\max} = \dfrac{m_2 g}{k} + \sqrt{\left(\dfrac{m_2 g}{k}\right)^2 + \dfrac{2m_2^2 gh}{k(m_1 + m_2)}}$$

$$= \dfrac{m_2 g}{k}\left[1 + \sqrt{1 + \dfrac{2kh}{(m_1 + m_2)g}}\right]$$

2-45 证明 (1)小球第一次落地前的速度为 v_{10},回跳的速度为 v_1,对于地面碰撞前后速度均为零,即

$$v_2 = v_{20} = 0$$

$$v_{10} = \sqrt{2gh}$$

设第一次碰撞后回跳的高度为 h_1,则

$$v_1 = \sqrt{2gh_1}$$

根据定义,恢复系数为

$$e = \dfrac{v_2 - (-v_1)}{v_{10} - v_{20}} = \dfrac{v_1}{v_{10}}$$

式中,v_1 取负值,是因为 v_1 与 v_{10} 方向相反(如题 2-45 图解所示),则

$$v_1 = e v_{10}$$

$$\sqrt{2gh_1} = e\sqrt{2gh}$$

故

$$e^2 h = h_1$$

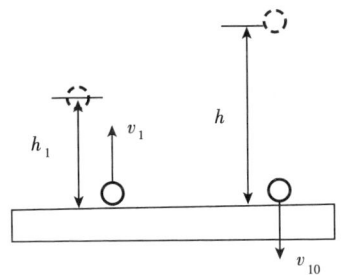

题 2-45 图解

第一次回跳的来回时间为

$$2t_1 = 2\sqrt{\dfrac{2h_1}{g}} = 2e\sqrt{\dfrac{2h}{g}}$$

设第二次回跳的高度为 h_2,同理有

$$\sqrt{2gh_2} = e\sqrt{2gh_1}$$

$$e^2 h_1 = h_2 = e^4 h$$

第二次回跳的来回时间为

$$2t_2 = 2\sqrt{\frac{2h_2}{g}} = 2e^2\sqrt{\frac{2h}{g}}$$

以此类推,以后几次回跳的来回时间分别为

$$2e^3\sqrt{\frac{2h}{g}}, 2e^4\sqrt{\frac{2h}{g}}, \cdots$$

总的时间为
$$\begin{aligned}t &= t_0 + 2t_1 + 2t_2 + \cdots \\ &= \sqrt{\frac{2h}{g}} + 2e\sqrt{\frac{2h}{g}} + 2e^2\sqrt{\frac{2h}{g}} + \cdots \\ &= \sqrt{\frac{2h}{g}} + 2e\sqrt{\frac{2h}{g}}(1 + e + e^2 + \cdots) \\ &= \sqrt{\frac{2h}{g}} + 2e\sqrt{\frac{2h}{g}} \sum_{n=1}^{\infty} e^{n-1} \\ &= \sqrt{\frac{2h}{g}} + 2e\sqrt{\frac{2h}{g}} \left(\frac{1}{1-e}\right) \\ &= \left(\frac{1+e}{1-e}\right)\sqrt{\frac{2h}{g}}\end{aligned}$$

(2)
$$\begin{aligned}s &= h + 2h_1 + 2h_2 + \cdots \\ &= h + 2he^2 + 2he^4 + \cdots \\ &= h + 2he^2(1 + e^2 + e^4 + \cdots) \\ &= h + 2he^2 \sum_{n=0}^{\infty} e^{2n} \\ &= h + 2he^2\left(\frac{1}{1-e^2}\right) = \frac{1+e^2}{1-e^2}h\end{aligned}$$

2-46 解题过程 设火箭从地面竖直向上发射.取坐标系 Oy 竖直向上,原点 O 在地面上.取 t 时刻的火箭及其携带的喷射物为研究对象,质量分别为 M 和 $\mathrm{d}M$.

设 v 为物体系统在 t 时刻的绝对速度,u 为喷射物的绝对速度,则喷射物"从尾部喷出的速度"是相对速度 v',有

$$u = v' + v$$

即
$$v' = -(u - v)$$

t 时刻,物体系统的动量为

$$p(t) = (M + \mathrm{d}M)v$$

$t + \Delta t$ 时刻,物体系统的动量为

$$p(t + \Delta t) = M(v + \mathrm{d}v) - u\mathrm{d}M$$

在 Δt 时间内，物体系统所受合外力即重力为
$$F=-(M+\mathrm{d}M)g$$
根据动量定理 $F\mathrm{d}t=\mathrm{d}p$，得
$$M\mathrm{d}v-(u+v)\mathrm{d}M+Mg\mathrm{d}t+g\mathrm{d}M\mathrm{d}t=0$$
略去高阶小量 $\mathrm{d}M\mathrm{d}t$，火箭的加速度为
$$a=\frac{\mathrm{d}v}{\mathrm{d}t}=\frac{u+v}{M}\frac{\mathrm{d}M}{\mathrm{d}t}-g=-\frac{v'}{M}\frac{\mathrm{d}M}{\mathrm{d}t}-g$$
由于 $\frac{\mathrm{d}M}{\mathrm{d}t}<0$，所以
$$a=\frac{v'}{M}\left|\frac{\mathrm{d}M}{\mathrm{d}t}\right|-g=26.2\ \mathrm{m/s^2}$$

2-47 解题过程　设电子质量为 m，绕氢核做匀速圆周运动的速度为 v，基态的电子轨道半径为 r，则电子对氢核的角动量为 $L=mvr$.

而电子的角动量是量子化的，即
$$L=n\frac{h}{2\pi}$$
基态 $n=1$，故 $v=\frac{h}{2\pi mr}$.

电子绕核运动的角速度为
$$\omega=\frac{v}{r}=\frac{h}{2\pi mr^2}=4.18\times 10^{16}\ \mathrm{rad/s}$$

2-48 证明　(1) 对原点的力矩为
$$\vec{M}=\vec{r}\times\vec{F}=(3.0\boldsymbol{i}-4.0\boldsymbol{j})\times(-8.0\boldsymbol{i}+6.0\boldsymbol{j})$$
$$=50\mathrm{kN\cdot m}$$
(2) 由 $|\vec{r}\times\vec{F}|=rF\sin\varphi$ 得
$$\sin\varphi=\frac{|\vec{r}\times\vec{F}|}{rF}=\frac{|\boldsymbol{r}\times\boldsymbol{F}|}{\sqrt{x^2+y^2}\sqrt{F_x^2+F_y^2}}$$
$$=\frac{50}{\sqrt{3.0^2+4.0^2}\sqrt{(-8.0)^2+6.0^2}}$$
$$=1$$
所以 $\varphi=\arcsin 1=90°$.

2-49 证明　质点所受合外力矩为
$$M=0$$

$$L = L_0 = \text{恒量} \qquad ①$$

即角动量的大小和方向都不变.

建立坐标系 $Oxyz$，取力心为坐标原点（如题 2-49 图解所示），取 L 方向指向 z 轴正方向，则质点运动轨迹在 Oxy 平面内. 设质点的质量为 m，某时刻 t 的位矢为 r，速度为 v，两者间的夹角为 α.

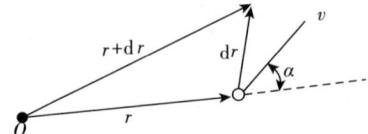

题 2-49 图解

质点对力心的角动量为

$$L_z = |\boldsymbol{r} \times m\boldsymbol{v}| = mrv\sin\alpha \qquad ②$$

位矢扫过的面积速度为

$$\frac{\mathrm{d}S}{\mathrm{d}t} = \frac{1}{2}\frac{|\boldsymbol{r} \times \mathrm{d}\boldsymbol{r}|}{\mathrm{d}t} = \frac{1}{2}|\boldsymbol{r} \times \boldsymbol{v}| \qquad ③$$

根据式①、式②、式③，可得 $\dfrac{\mathrm{d}S}{\mathrm{d}t} = \dfrac{L_z}{2m} = \text{恒量}$.

问题得证.

2-50 解题过程　地球绕太阳运动，而太阳对地球有万有引力，此力恒指向太阳，为向心力，故地球对太阳的角动量守恒.

(1) 设地球在近日点时的速度为 v_2，在远日点时的速度为 v_1，则

$$m\boldsymbol{r}_2 \times \boldsymbol{v}_2 = m\boldsymbol{r}_1 \times \boldsymbol{v}_1$$

又 $\boldsymbol{r}_2$ 的方向与 $\boldsymbol{v}_2$ 垂直，$\boldsymbol{r}_1$ 的方向与 $\boldsymbol{v}_1$ 垂直，则

$$mr_2 v_2 = mr_1 v_1$$

所以

$$v_2 = \frac{r_1 v_1}{r_2} = 3.03 \times 10^4 \text{ m/s}$$

(2) 设地球在近日点和远日点处的角速度分别为 ω_2、ω_1，则

$$\omega_2 = \frac{v_2}{r_2} = \frac{3.03 \times 10^4}{1.47 \times 10^{11}} = 2.06 \times 10^{-7} \text{ rad/s}$$

$$\omega_1 = \frac{v_1}{r_1} = \frac{2.93 \times 10^4}{1.52 \times 10^{11}} \text{ rad/s} = 1.93 \times 10^{-7} \text{ rad/s}$$

2-51 解题过程　卫星在轨道的机械能为动能和势能的总和，即

$$E = E_k + E_p$$

设地球质量为 M,人造卫星的速度为 v,则 $L=mvr$.

势能为 $\quad E_\mathrm{p} = \dfrac{-GmM}{r} = -\dfrac{L^2}{mr^2}$

动能为 $\quad E_\mathrm{k} = \dfrac{1}{2}mv^2 = \dfrac{1}{2}m \cdot \left(\dfrac{L}{mr}\right)^2 = \dfrac{L^2}{2mr^2}$

所以 $\quad E = E_\mathrm{k} + E_\mathrm{p} = -\dfrac{L^2}{2mr^2}$

* **2-52** 分析 本题中,卫星对地球中心的角动量守恒,地球—卫星系统的机械能守恒,联合开普勒第二定律求得地球同步卫星沿椭圆轨道运动的周期.

解题过程 (1)设地球质量为 M,卫星质量为 m,卫星在椭圆轨道的近地点距地球中心为 r_1,速度为 v_1,远地点距地球中心为 r_2,速度为 v_2,卫星在这两处的速度均垂直于这两处的矢径,由卫星—地球系统的机械能守恒,有

$$\dfrac{1}{2}mv_1^2 - G\dfrac{Mm}{r_1} = \dfrac{1}{2}mv_2^2 - G\dfrac{Mm}{r_2} \qquad ①$$

由卫星对地球中心的角动量守恒,有

$$L = mv_1 r_1 = mv_2 r_2 \qquad ②$$

由开普勒第二定律,有

$$\dfrac{\mathrm{d}s}{\mathrm{d}t} = \dfrac{L}{2m} = \dfrac{v_1 r_1}{2} = \dfrac{v_2 r_2}{2} \qquad ③$$

将式③代入式①,消去 v_1、v_2 得

$$\left(\dfrac{\mathrm{d}s}{\mathrm{d}t}\right)^2 = \dfrac{1}{2}GM\left(\dfrac{r_1 r_2}{r_1 + r_2}\right) \qquad ④$$

设 $a = \dfrac{1}{2}(r_1 + r_2)$,$b = \sqrt{r_1 r_2}$,则椭圆面积为 $S = \pi ab$,设卫星运动一周的时间为 T,有

$$\dfrac{\mathrm{d}s}{\mathrm{d}t} = \dfrac{S}{T} = \dfrac{\pi ab}{T} \qquad ⑤$$

由地球表面物体所受向心力得

$$m_0 g = G\dfrac{Mm_0}{R^2}$$

即 $\quad GM = R^2 g \qquad ⑥$

将式⑥代入式⑤得

$$T = \dfrac{2\pi a^{3/2}}{R\sqrt{g}} = \dfrac{\pi(r_1 + r_2)^{3/2}}{R\sqrt{2g}} \qquad ⑦$$

式中,$R = 6371\mathrm{km}$,$r_1 = 6371 + 190 = 6561\mathrm{km}$,$r_2 = 42871\mathrm{km}$.

所以 $T=\dfrac{3.14\times(6561\times10^3+42871\times10^3)^{3/2}}{6371\times10^3\times\sqrt{2\times9.8}}=3869\text{s}=10.75\text{h}$

(2)设圆形轨道半径为 x，另知地球同步卫星的运动周期为 24h，由式⑦得

$$x=a=\left(\dfrac{TR\sqrt{g}}{2\pi}\right)^{2/3}=\left(\dfrac{24\times3600\times6371\times10^3\times\sqrt{9.8}}{2\times3.14}\right)^{2/3}$$

$$=42222\text{ km}$$

即地球同步卫星离地球表面的高度为

$$h=x-R=35851\text{ km}$$

同步卫星绕地球运动的速率为

$$v=\dfrac{2\pi x}{T}=\dfrac{2\times3.14\times4.22\times10^7}{24\times3600}=3.07\times10^3\text{m/s}$$

2-53 【解题过程】 由能量守恒得

$$\begin{cases}\dfrac{1}{2}m_0v_0^2=\dfrac{1}{2}m_0v^2-\dfrac{a\cdot M\cdot m_0}{R}\\ m_0v_0h=m_0\cdot v\cdot R\end{cases}\quad①$$

化简得 $v=\dfrac{h}{R}V_0$，代入式①可得 ②

$R^2v_0^2=v_0^2h^2-2qM\cdot R$

$h=\sqrt{R^2+\dfrac{2a\cdot M\cdot R}{v_0^2}}.$

故 h 最大值为 $\sqrt{R^2+\dfrac{2aMR}{v_0^2}}$ 时航天器可在星球上着陆。

2-54 【解题过程】 子弹与物块碰撞时，由动量守恒得

$$m_2v_0=(m_1+m_2)v_1,\; v_1=\dfrac{m_2v_0}{m_1+m_2}\quad①$$

由 A 运动到 B，物块与子弹满足能量守恒定律，则

$$-\dfrac{1}{2}k(l-l_0)^2=\dfrac{1}{2}m_1v_2^2-\dfrac{1}{2}m_1v_1^2\quad②$$

由式①和式②解得

$$v_2=\sqrt{\dfrac{m_2^2v_0^2}{(m_1+m_2)^2}-\dfrac{k(l-l_0)^2}{m_1+m_2}}$$

在转动过程中，满足角动量守恒定律，故

$$m_2v_0\cdot l_0=(m_1+m_2)v_2\sin\theta$$

$$\sin\theta=\dfrac{m_2v_0l_0}{(m_1+m_2)v_2}=\dfrac{m_2v_0l_0}{l\sqrt{m_2^2v_0^2-k(l-l_0)^2(m_1+m_2)}}$$

2-55 解题过程　机械能守恒 $E_1 = E_2$

即 $mgL(1-\cos\theta) + \frac{1}{2}mv_0^2 = mgL + \frac{1}{2}mv^2$ ①

初始时刻角动量 $L_1 = mvL\sin\theta$

摆线张角 $\theta = 90°$ 时,角动量 $L_2 = mvL$

角动量守恒 $L_1 = L_2$

即 $mvL\sin\theta = mvL$,则 $v = v_0\sin\theta$ ②

将式②代入式①可得 $mgL(1-\cos\theta) + \frac{1}{2}mv_0^2 = mgL + \frac{1}{2}mv^2$

解得 $v_0 = \sqrt{\dfrac{2gL}{\cos\theta}}$

因此 $v = v_0\sin\theta = \sqrt{\dfrac{2gL}{\cos\theta}}\sin\theta$

第三章
刚体和流体的运动

本章知识要点

1. 自由度、转动惯量的定义及定轴转动定律的内容及应用.
2. 定轴转动中的功能关系.
3. 刚体的定轴转动中的角动量定理及角动量守恒定律的内容及应用.

知识点归纳

一、刚体绕定轴转动的运动学描述

1. 自由度

自由度指决定某个系统在空间的位置所需要的独立坐标的数目.

2. 转动惯量

$$J = \sum_i \Delta m_i r_i^2 \text{ 或 } J = \int r^2 \mathrm{d}m$$

刚体转动惯量不仅与刚体的总质量、刚体质量相对转轴的分布有关,还与转轴的位置有关.

3. 刚体绕定轴转动的转动定律

刚体所受的外力对转轴的力矩之和等于刚体对该轴的转动惯量与刚体的角加速度的乘积,即

$$M = J\alpha = J\frac{d\omega}{dt}$$

式中，M 是对某定轴的合外力矩，在定轴转动的情况下是代数量，其方向可用 $\pm$ 表示，J、ω、α 也均是对该定轴而言．

二、刚体绕定轴转动的功和能

1. 刚体转动动能

刚体绕定轴转动时，各质点动能的总和就是刚体的转动动能，即

$$E_k = \frac{1}{2}J\omega^2$$

2. 力矩的功

$$A = \int_{\theta_1}^{\theta_2} M d\theta$$

3. 刚体绕定轴转动的动能定理

合外力矩所做的功等于刚体转动动能的增量，即

$$\int_{\theta_1}^{\theta_2} M d\theta = \frac{1}{2}J\omega_2^2 - \frac{1}{2}J\omega_1^2$$

4. 刚体的重力势能

刚体的重力势能取决于刚体重心距势能零点的高度．

$$E_p = mgh_C$$

三、刚体绕定轴转动的角动量

1. 刚体的角动量

刚体绕定轴转动时，各质点对轴的角动量总和就是刚体的角动量，即

$$L = J\omega$$

2. 刚体的角动量定理

对一固定轴的合外力矩等于刚体对该轴的角动量对时间的变化率，即

$$M = \frac{dL}{dt} = \frac{d}{dt}(J\omega)$$

3. 角动量守恒定律

系统（包括刚体）对某定轴的合外力矩为零时，系统对该轴的角动量守恒，即当 $M = 0$ 时：

$$J\omega = 常量$$

4. 刚体进动的角速度公式

外力矩为 M，自转角动量为 L，则进动角速度为

$$\omega = \frac{M}{L}$$

四、流体的伯努利方程

$$p_1 + \frac{1}{2}\rho v_1^2 + \rho g h_1 = p_2 + \frac{1}{2}\rho v_2^2 + \rho g h_2$$

或

$$\frac{p}{\rho g} + \frac{v^2}{2g} + h = 常量$$

复习思考题解答

3-1-1 **解题过程** 刚体平动时，其质心的运动轨迹可以是直线，也可以是曲线，所以刚体的平动不一定是直线运动。乘坐摩天轮是圆周运动，乘坐过山车是复杂的曲线运动。

3-1-2 **解题过程** 地球沿地轴由西向东转动，根据右手螺旋法则可知，角速度方向由南极指向北极，如答3-1-2图所示。

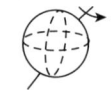

答 3-1-2 图

3-2-1 **解题过程** 对刚体施加外力作用，如果合外力为零，若刚体开始时处于运动状态，刚体会一直运动；若刚体开始时处于静止状态，刚体也有可能运动。因为如果合外力的作用不在同一条直线上，则对刚体上的某点，刚体的合外力矩不一定为零，刚体可能运动。例如，在光滑水平面上，一匀质杆的两端各施加一垂直于杆的大小相等、方向相反的力，杆将绕质心轴转动。

3-2-2 **解题过程** 刚体转动时，作用在它上面的力与质心的加速度 a_C 有关，力矩与刚体转动的角加速度 α 有关，而转动的角速度 ω 很大，并不能推出 a_C 和 α 很大。由刚体转动时的动力学方程为 $\sum \mathbf{F}_i = m\mathbf{a}_C$，$\sum \mathbf{M}_i = J\dfrac{d\omega}{dt} = J\alpha$ 知，不能推出作用在它上面的力和力矩一定很大。

3-2-3 **解题过程** 刚体转动时，刚体上任一点对转轴的速度 $\mathbf{v}_i = \boldsymbol{\omega} \times \mathbf{r}_i$，加速度 $\mathbf{a}_i = \boldsymbol{\alpha} \times \mathbf{r}_i$，显然刚体上各点对转轴的速度、加速度不相同，刚体对转轴的角动量 $\mathbf{L}_z = J\boldsymbol{\omega}$，则 $\dfrac{d\mathbf{L}_z}{dt} = J\dfrac{d\boldsymbol{\omega}}{dt} = \sum m_i r_i^2 \boldsymbol{\alpha}$。经过推导又得出 $\dfrac{d\mathbf{L}_z}{dt} \sum \mathbf{F}_i \times \mathbf{r}_i = \sum \mathbf{M}_i$，因此要研究刚体的转动，必须研究对转轴的力矩。由上面给出的力矩计算式知，力矩不仅与各外力的大小、方向有关，还与作用点到转轴的位矢

3-3-1 **解题过程** 不对. 由公式 $M \cdot \omega = (r \times F) \cdot \omega = (\omega \times r) \cdot F = -v \cdot F$ 可以得出做功与转轴无关.

3-3-2 **解题过程** 对于非刚体不是这样. 因为只有对于刚体,各质点间的相对距离才始终不变,内力不做功;而对于非刚体,质点之间的相对距离可能会发生变化,其动能的增量也与内力有关.

3-3-3 **解题过程** 不需要. 因为将物体看作一个整体,该物体绕定轴转动,位移没有发生变化,没有平动动能的变化,故不需要计算平动动能.

3-3-4 **解题过程** 设均匀细棒长度为 l,当细棒在水平位置时质心位于 l 高度,当转动到竖直位置时质心位于 $l/2$ 处,则势能变化为 $\frac{1}{2}mgl$.

3-4-1 **解题过程** (1)由转动惯量定义 $J = \int r^2 dm$ 知,质量均匀分布的轮子的转动惯量 J_1 小于质量分布在轮缘的轮子的转动惯量 J_2,即 $J_1 < J_2$. 若两个轮子的力矩相等,即 $M_1 = M_2$,又因为 $M = J\alpha$,所以 $J_1\alpha_1 = J_2\alpha_2$,得 $\alpha_1 > \alpha_2$,即质量均匀分布的轮子的角加速度较大.

(2)两个轮子的角加速度相等 $\alpha_1 = \alpha_2$,则 $M_1 = J_1\alpha_1 < J_2\alpha_2 = M_2$,即质量分布在轮缘的轮子所受力矩较大.

(3)两轮的角动量相等,即 $L_1 = L_2$,又 $L = J\omega$,则 $J_1\omega_1 = J_2\omega_2$,可得 $\omega_1 > \omega_2$,即质量均匀分布的轮子的角速度较大.

3-4-2 **解题过程** 一个转动着的飞轮,如果不供给它能量,最终必将停止. 因为飞轮转动过程中受到摩擦阻力和空气阻力,这些阻力对飞轮做负功. 由动能定理知,飞轮的动能不断减小,由 $E_k = \frac{1}{2}J\omega^2$ 知,飞轮的转速不断减小,最终停止转动.

3-4-3 **解题过程** 将一个生鸡蛋和一个熟鸡蛋放在桌子上分别使其旋转,很快停止转动的是生鸡蛋,转动时间较长并且转动相对稳定的是熟鸡蛋. 因为熟鸡蛋内部凝结成固态,可看作刚体,转动起来后,对质心轴的转动惯量可以认为是不变的常量,其角速度减小比较缓慢,因此可以长时间转动. 而对于生鸡蛋,由于其内部是非均匀分布的流体,旋转后,会使内部晃动,转轴不稳定,转动惯量也不断变化,这是因为内摩擦的损耗使动能迅速减小,很快就停了下来.

3-4-4 **解题过程** 将两个小孩、定滑轮、绳子取为系统,对此系统分析角动量与外力矩的关系. 设两个小孩的质量分别为 m_1、m_2,定滑轮半径为 R,系统所受外力只有两个小孩的重力,因此系统所受合外力矩为 $M_{外} = m_1 gR - m_2 gR$(对滑轮中心的外力矩),则系统对滑轮中心的角动量 $L = m_2 v_2 R - m_2 v_1 R$,$v_1$ 和 v_2 分别为两小孩相对地面沿绳向上运动的速度. 由于两小孩的质量相等，$m_1=m_2$，所以 $M_外=0$. 由 $M_外=\dfrac{\mathrm{d}L}{\mathrm{d}t}$ 知 L 为常量，而最初时刻，两小孩子均静止，即 $v_{10}=v_{20}=0$，得 $L_0=0$，故 $L=0$，由此可得 $v_1=v_2$，即任何时刻两小孩的速度都相等. 故两小孩同时到达，若两小孩的质量不等，不妨设 $m_1>m_2$，则 $M_外>0$，即 $\dfrac{\mathrm{d}L}{\mathrm{d}t}>0$. 又 $L_0>0$，所以 $L_1>0$，$v_2>v_1$，即质量为 m_2 的小孩的速度任何时刻都比质量为 m_1 的大，故先到达. 结论是质量较轻的小孩先到达滑轮.

3-4-5 解题过程　直升机的立旋翼顺时针转动，对机身产生逆时针方向的反扭力，尾桨用来产生顺时针方向的推力，以抵消主旋翼的反扭力.

3-5-1 解题过程　骑自行车左转时，只需把身体的重心偏向左边，这是因为重力的分力会提供一个向左的向心力，使车向左转. 如果只转动车把，没有转弯需要的向心力，人就会摔倒.

习题全解

3-1 解题过程　(1)当时间到达 $t=0.5$ s 时，飞轮的角速度 $\omega=2\pi n=20\pi$ rad/s，由于飞轮均匀加速，不妨设其角加速度为 α，则 $\omega=\alpha t$.

由此可得　　$\alpha=\dfrac{\omega}{t}=40\pi=1.26\times 10^2$ rad/s^2

设飞轮在这段时间转过的角度为 θ，则由 $\theta=\dfrac{1}{2}\alpha t^2$ 得 $\theta=5\pi$ rad，故飞轮转过的转数

$$N=\dfrac{\theta}{2\pi}=2.5.$$

(2)飞轮绕过中心转轴的转动惯量 $J=\dfrac{1}{2}mR^2$.

由　　　　$M_外=FR=J\alpha.$

得　　　　$F=\dfrac{J\alpha}{R}=\dfrac{1}{2}mR\alpha=\left(\dfrac{1}{2}\times 5\times 0.15\times 40\pi\right)=47.12$ N

由动能定理，有 $W=\Delta E_k=\dfrac{1}{2}J\omega^2=\dfrac{1}{4}mR^2\omega^2=111.03$ J.

(3)当 $t'=10$ s 时，飞轮的角速度为

$$\omega'=\alpha t'=400\pi=1.26\times 10^3 \text{ rad/s}$$

轮缘上一点的速度为

$$v=\omega'R=60\pi=1.89\times 10^2 \text{ m/s}$$

切向加速度为

$$a_t = R\alpha = 6\pi = 18.9 \text{m/s}^2$$

法向加速度为
$$a_n = \omega'^2 R = 2.38 \times 10^5 \text{m/s}^2$$

总加速度为 $a = \sqrt{a_t^2 + a_n^2} = 2.38 \times 10^5 \text{m/s}^2$

3-2 解题过程

$$J = mR^2 = m\frac{d^2}{4} = 60 \times \frac{0.5^2}{4} = 3.75 \text{kg} \cdot \text{m}^2$$

$$n_0 = 1000 \text{r/min} = \frac{1000}{60} \text{r/s} = \frac{50}{3} \text{r/s}$$

$$\omega_0 = 2\pi n_0 = 2\pi \times \frac{50}{3} = 104.7 \text{rad/s}$$

当 $t = 5\text{s}$ 时：

$$\alpha = \frac{\omega - \omega_0}{\Delta t} = \frac{0 - 104.7}{5 - 0} = -20.9 \text{rad/s}^2$$

选择顺时针方向为转动正方向（见题 3-2 图解），分别对制动杆及飞轮应用转动定律，得到

$$F(l_1 + l_2) - F_N l_1 = 0 \qquad ①$$
$$-F_f R = J\alpha \qquad ②$$

而 $\qquad F_f = \mu F_N \qquad ③$

由式①、式②、式③解得

$$F = -\left(\frac{l_1}{l_1 + l_2}\right)\frac{J\alpha}{\mu R} = \left(\frac{-0.5}{0.5 + 0.75}\right) \times \frac{3.75 \times (-20.9)}{0.4 \times 0.25} = 314\text{N}$$

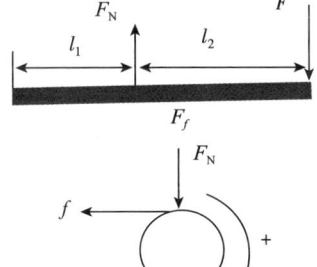

题 3-2 图解

3-3 分析　选取物体 1、物体 2 和滑轮为研究对象，分别应用牛顿第二定律，列方程求解．

解题过程　(1)对物体 1、物体 2 分别应用牛顿第二定律（见题 3-3 图解），得

$$\begin{cases} m_1 g - F_{T_1} = m_1 a \\ F_{T_2} - F_f = m_2 a \\ F_N - m_2 g = 0 \end{cases}$$

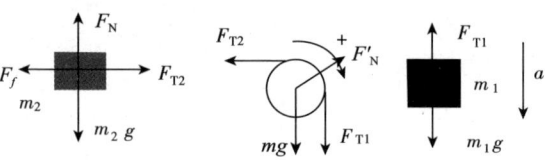

题 3-3 图解

对滑轮应用转动定律,得

$$F_{T_1}r - F_{T_2}r = J\alpha$$

$$F_f = \mu F_N$$

$$a = r\alpha$$

由上面六式解得

$$a = \frac{m_1 g - \mu m_2 g}{m_1 + m_2 + J/r^2}$$

$$F_{T_1} = \frac{m_1 g(m_2 + \mu m_2 + J/r^2)}{m_1 + m_2 + J/r^2}$$

$$F_{T_2} = \frac{m_2 g(m_1 + \mu m_1 + \mu J/r^2)}{m_1 + m_2 + J/r^2}$$

(2)当 $\mu = 0$ 时,上面的方程变为

$$\begin{cases} m_1 g - F_{T_1} = m_1 a \\ F_{T_2} = m_2 a \\ F_{T_1} r - F_{T_2} r = J\alpha \\ a = r\alpha \end{cases}$$

解得

$$a = \frac{m_1 g}{m_1 + m_2 + J/r^2}$$

$$F_{T_1} = \frac{m_1 g(m_2 + J/r^2)}{m_1 + m_2 + J/r^2}$$

$$F_{T_2} = \frac{m_1 m_2 g}{m_1 + m_2 + J/r^2}$$

这一结果也可以从第(1)问的解答中用 $\mu = 0$ 代入得到.

小结 从解答中可以看到,m_1、m_2 和 J/r^2 具有相同的量纲,J/r^2 可以看作将转动惯性转换成平动惯性的等效质量.

3-4 解题过程 受力分析如题 3-4 图解所示,A 和 B 两物体的加速度不同,设 A 的加速度大小为 a_A,B 的加速度大小为 a_B,圆盘顺时针转动,角加速度为 α.

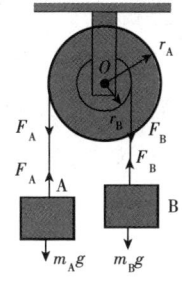

题 3-4 图解

对 A 有　　　　　　$F_A - m_A g = m_A a_A$

对 B 有　　　　　　$m_B g - F_B = m_B a_B$

对圆盘有　　　　　$r_B F_B - r_A F_A = J\alpha$

$$\alpha = \frac{a_A}{r_A} = \frac{a_B}{r_B}$$

由以上 4 式解得　　$m_B = \dfrac{J a_A + m_A r_A^2 (g + a_A)}{r_A r_B g - r_B^2 a_A}$

3-5 **解题过程**　以转盘作研究对象,它的运动是平动和转动的结合,对转盘进行受力分析,设平动加速度为 a,转动角加速度为 α,绳子上的拉力为 F_T.

平动下:　　　　　$mg - 2T = ma$　　　　　　　　　　　　　　　①

转动下:　　　　　$2F_T \cdot r = mR^2 \cdot \alpha$　　　　　　　　　②

因为转盘下降过程中,盘轴边缘切向加速度与转盘加速度大小相等、方向相反,所以

$$a = \alpha \cdot r$$　　　　　　　　　　　　　　　　　　　　　　③

由式①、式②、式③解得

$$\begin{cases} a = \dfrac{gr^2}{R^2 + r^2} \\ F_T = \dfrac{mgR^2}{2(R^2 + r^2)} \end{cases}$$

3-6 **解题过程**　已知横梁对固定轴的支撑力为 F_N,则固定轴对横梁的反作用力为 F_N',有 $F_N = F_N'$.

对圆盘有　　　　　$F_N = mg + F$

根据转动定律有　　$J \dfrac{d\omega}{dt} = rF - \alpha F_N$

可得　　　　　　　$\dfrac{d\omega}{dt} = \dfrac{rF - \alpha F_N}{J} = \dfrac{rF - \alpha(mg + F)}{mr^2 / 2}$

对横梁有　　　　　$F_N' = F_{NL} + F_{NR} = F_N = mg + F$

对横梁右端,根据受力矩平衡有
$$lF'_N = \alpha F_N + 2lF_{NL}$$
同理,对横梁左端有 $lF'_N = 2lF_{NR} - \alpha F_N$

由上述两式得 $F_{NR} = \dfrac{1}{2}(F+mg)\left(1+\dfrac{\alpha}{l}\right)$

$$F_{NL} = \dfrac{1}{2}(F+mg)\left(1-\dfrac{\alpha}{l}\right)$$

如果逐渐增大 F,对圆盘转动仍有
$$J\dfrac{d\omega}{dt} = rF - \alpha F_N > 0,\text{即 } rF > \alpha F_N$$

若横梁左端上翘,对横梁右端有
$$rF > \alpha F_N > \alpha F'_N = lF_N = l(F+mg)$$

因为 $\alpha > l$,故上式不成立.

所以,如果逐渐增大 F,横梁左端不会上翘.

3-7 解题过程 受力分析如题3-7图解所示,由题意可知

$a_人 = a_B = a$

$$\begin{cases} 人: mg - F_{T2} = ma \\ 物: F_{T1} - \dfrac{1}{2}mg = \dfrac{1}{2}ma \\ 轮: (F_{T2} - F_{T1})R = J\alpha \end{cases}$$

又因为 $a = R\alpha$,所以 $a = \dfrac{2}{7}g$.

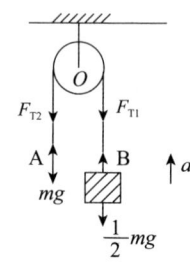

题 3-7 图解

3-8 解题过程 建立直角坐标系,取题3-8图解所示面积圆,根据转动惯量的定义,得

$$J_{ax} = \int y^2 \cdot dm = \int_0^\pi \int_0^R r^2 \sin^2\theta \cdot \dfrac{2m}{\pi R^2} \cdot r \cdot dr \cdot d\theta$$

$$= \dfrac{2m}{\pi R^2} \cdot \int_0^\pi \int_0^R \cdot r^3 \cdot \sin^2\theta \cdot dr \cdot d\theta$$

$$= \dfrac{2m}{\pi R^2} \cdot \dfrac{1}{4}R^4 \cdot \left(\dfrac{1}{2}\theta - \dfrac{1}{4}\sin 2\theta\right)\Big|_0^\pi$$

$$= \dfrac{2m}{\pi R^2} \cdot \dfrac{1}{4}R^4 \cdot \dfrac{1}{2}\pi = \dfrac{1}{4}mR^2$$

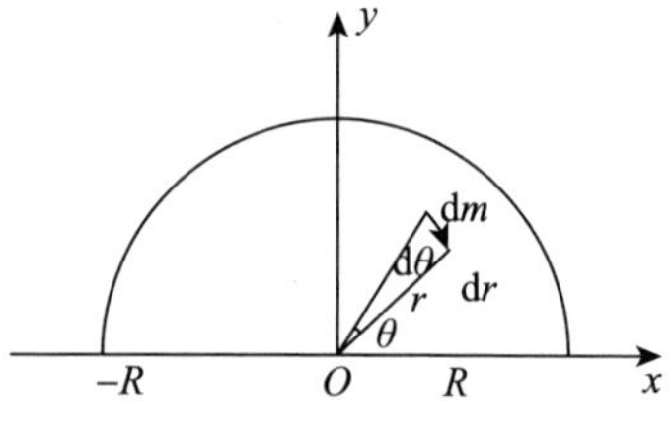

题 3-8 图解

3-9 解题过程 以质点为坐标原点建立坐标系,令 x,y 轴所确定的平面平行于板,令 x 轴平行于长为 a 的边.

若仅考虑 I_x,则可将板类比为长为 b 的杆,根据定义仅考虑垂直于 x 轴的量 y,则

$$I_x = \frac{1}{12}mb^2$$

同理
$$I_y = \frac{1}{12}ma^2$$

根据重直轴定理得 $I_z = \frac{1}{12}m(a^2+b^2)$.

3-10 解题过程 摆杆的转动惯量为
$$J_1 = \frac{1}{3}m \cdot (6r)^2 = 12mr^2$$

圆盘的转动惯量为
$$J_2 = J_C + 4md^2$$
$$= \frac{1}{2} \cdot 4m \cdot r^2 + 4m(7r)^2$$
$$= 198mr^2$$
$$J = J_1 + J_2 = (12+198)mr^2 = 210mr^2$$

故钟摆对 O 轴的转动惯量为 $210mr^2$.

3-11 解题过程 质量为 m、半径为 R 的匀质圆盘的质量面密度为 $\sigma = \frac{m}{\pi R^2}$.

半径为 r、质量 $m' = \frac{m}{\pi R^2} \cdot \pi r^2 = \frac{mr^2}{R^2}$ 的匀质圆盘对大圆盘中心 O 的转动惯量为
$$J_{m'O} = \frac{1}{2}m'r^2 + m'\left(\frac{R}{2}\right)^2$$

剩余部分对圆盘中心且与盘面垂直的轴线的转动惯量为
$$J_0 = \frac{1}{2}mR^2 - 2J_{m'O}$$
$$= \frac{1}{2}mR^2 - m'r^2 - \frac{1}{2}m'R^2$$
$$= \frac{1}{2}mR^2 - \frac{mr^4}{R^2} - \frac{1}{2}mr^2$$
$$= \frac{1}{2}mR^2\left(1 - \frac{2r^4}{R^4} - \frac{r^2}{R^2}\right)$$

3-12 解题过程 当飞轮的转速 $n_1 = 30\text{r/min}$ 时,其角速度
$$\omega_1 = \frac{2n_1\pi}{60} = \pi\,\text{rad/s}$$

动能 $\qquad E_{k1} = \frac{1}{2}J\omega_1^2 = 1.97 \times 10^4\,\text{J}$

当飞轮的转速 $n_2 = 10\text{r/min}$ 时,其角速度

$$\omega_2 = \frac{2n_2\pi}{60} = \frac{\pi}{3} \text{ rad/s}$$

动能 $\quad E_{k2} = \frac{1}{2}J\omega_2^2 = 2.19 \times 10^3 \text{ J}$

则外力对飞轮做的功 $\quad A = \Delta E = E_{k2} - E_{k1} = -1.75 \times 10^4 \text{ J}$

故飞轮对外力做的功 $\quad A' = 1.75 \times 10^4 \text{ J}$

3-13 解题过程 $mg\dfrac{L}{2} = \dfrac{1}{2}mv_C^2 + \dfrac{1}{2}J_C\omega^2 + mg\dfrac{L}{2}\sin\theta$

$$y = \frac{L}{2}\sin\theta$$

$$v_C = -\frac{dy}{dt} = -\frac{1}{2}\cos\theta\frac{d\theta}{dt} = \frac{L\omega}{2}\cos\theta$$

杆的角速度

$$\omega = 2\sqrt{\frac{3g(1-\sin\theta)}{L(1+3\cos^2\theta)}}$$

质心的速度

$$v_C = \cos\theta\sqrt{\frac{3gL(1-\sin\theta)}{1+3\cos^2\theta}}$$

3-14 解题过程 （1）设脉冲星的角速度 $\omega = 2.1\pi n$，动能 $E_k = \dfrac{1}{2}J\omega^2$，球体的转动惯量 $J = \dfrac{2}{5}mr^2$，有

$$E_k = \frac{1}{5}mr^2\omega^2, \frac{dE_k}{dt} = \frac{2}{5}mr^2\omega\frac{d\omega}{dt}$$

又角速度 $\omega = 2\pi n$，则 $\dfrac{d\omega}{dt} = 2\pi\dfrac{dn}{dt}$，所以

$$\frac{dE_k}{dt} = \frac{2}{5}mr^2 \cdot 2\pi n \cdot 2\pi\frac{dn}{dt} = \frac{8\pi^2}{5}mr^2 n\frac{dn}{dt}$$

代入数据可得

$$\frac{dE_k}{dt} = -1.99 \times 10^{25} \text{ J/s}$$

（2）如果这一变化率保持不变，对 $\dfrac{dE_k}{dt} = -1.99 \times 10^{25}$ J/s 两边同时积分，得

$$\int_{E_{k0}}^{E_k} dE_k = \int_0^t -1.99 \times 10^{25} dt$$

则 $\quad E_k = E_{k0} - 1.99 \times 10^{25} t$

初始动能 $E_{k0} = \dfrac{1}{5}mr^2(2\pi n_0)^2 = 2.01 \times 10^{40}$ J，而 $E_k = 0$ 故可得

$$t = \frac{E_{k0}}{1.99 \times 10^{25}} = 1.05 \times 10^{15} \text{s}$$

3-15 解题过程 本题忽略摩擦,则取弹簧、滑轮、重物、地球为系统,系统机械能守恒.
如题 3-15 图解所示,设重物下滑 l 时重物速度为 v,滑轮的角速度为 ω,弹簧伸长量为 l,由机械能守恒有

$$\frac{1}{2}mv^2 + \frac{1}{2}J\omega^2 + \frac{1}{2}kl^2 = mgl\sin\theta$$

$$v = \sqrt{\frac{2mgl\sin\theta - kl^2}{m + J/r^2}}$$

当 $v = 0$ 时,有 $2mgl\sin\theta = kl^2$,得

$$l = \frac{2mg\sin\theta}{k} = 1.18 \text{m}$$

故重物能下滑 1.18m.

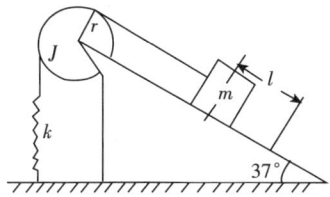

题 3-15 图解

3-16 解题过程 海洋深度增加,地球对自转轴的转动惯量增大,有

$$J = \frac{2}{5}mR^2 \quad J\omega_0 = J'\omega$$

$$J' = \frac{2}{5}m(R+h)^2$$

则

$$\omega = \frac{J}{J'}\omega_0 = \left(\frac{R}{R+h}\right)^2\omega_0$$

每天时间长度的改变为

$$\Delta T = \frac{2\pi}{\omega} - \frac{2\pi}{\omega_0} = 2\pi\left[\left(\frac{R+h}{R}\right)^2 - 1\right]\frac{1}{\omega_0} = 2\pi\left[\left(\frac{R+h}{R}\right)^2 - 1\right]\frac{24}{2\pi}$$

$$= \left[\left(\frac{R+h}{R}\right)^2 - 1\right] \times 24$$

$$= \left[\left(\frac{6370 \times 10^3 + 30}{6370 \times 10^3}\right)^2 - 1\right] \times 24$$

$$= 2.26 \times 10^{-4} \text{h}$$

$$= 0.81 \text{s}$$

3-17 解题过程 根据系统角动量守恒定律,人站在盘边缘时的角动量与人走到盘心时的角动量相

同,设人到盘心时系统的角速度为 ω',则

$$J\omega+mR^2\omega=J\omega'$$

得

$$\omega'=\frac{mR^2+J}{J}\omega$$

角速度的变化为

$$\Delta\omega=\omega'-\omega=\frac{mR^2}{J}\omega$$

系统动能的变化为

$$\Delta E_k=\frac{1}{2}J\omega'^2-\frac{1}{2}(J+mR^2)\omega^2$$

$$=\frac{1}{2}\frac{(mR^2+J)}{J}mR^2\omega^2$$

3-18 解题过程 根据系统角动量守恒定律,人站在静止的圆盘上和人以半径 R_2 在圆盘上匀速走动时系统的角动量相同,均为 0,设人对地的角速度为 ω',此时圆盘的角速度为 ω,系统的角动量为

$$L=J\omega+mR_2^2\omega'=0$$

式中 $J=\frac{1}{2}mR_1^2$,$\omega'-\omega=\frac{v}{R_2}$

所以 $\omega=-\frac{2R_2}{R_1^2+2R_2^2}v$

"—"表示人走动的方向与圆盘转动的方向相反.

3-19 解题过程 取转台和落下的砂粒为一系统,此系统在转动平面内的角动量守恒.

在 t 时刻,落下砂粒的质量为

$$m=kt,k=0.001\text{kg/s}$$

根据角动量守恒定律,得

$$J\omega_0=(J+mr^2)\omega$$

$$t=\frac{J(\omega_0-\omega)}{kr^2\omega}=5\text{s}$$

3-20 解题过程 两伞形齿轮(简称"伞轮")开始啮合,至两伞轮有稳定角速度的时间为 Δt.

伞轮 A 受两伞轮间的啮合力大小为 F,F 的力矩对伞轮 A 是阻力矩

$$M_1=-Fr_1$$

由角动量守恒得 $M_1\Delta t=J_1\omega_1-J_1\omega_0$ ①

伞轮 B 的阻力矩

$$M_2=Fr_2$$

由角动量守恒得 $\quad M_2 \Delta t = J_2 \omega_2 - 0 \quad$ ②

两伞轮啮合后线速度相同,即 $\quad \omega_1 r_1 = \omega_2 r_2 \quad$ ③

由式①、式②、式③解得

$$\omega_1 = \frac{J_1 \omega_0 r_2^2}{J_1 r_2^2 + J_2 r_1^2}, \omega_2 = \frac{J_1 \omega_0 r_1 r_2}{J_1 r_2^2 + J_2 r_1^2}$$

3-21 解题过程 子弹射入木棒并留在木棒中,二者速率相同,由于这一过程是在极短的时间内完成的,可以认为此时木棒没有偏转角.当二者速率相同后,绕 O 轴转动.

在子弹射入木棒的瞬时以子弹和木棒为系统,系统受重力和 O 轴对棒的作用力,这两个力对 O 轴的外力矩为零,故系统角动量守恒,则

$$m \cdot \frac{3}{4} l \cdot v = J \omega_0$$

式中,$J = \frac{1}{3} m' l^2 + m \cdot \left(\frac{3}{4} l\right)^2$ 为系统对 O 轴的转动惯量.

ω_0 为子弹射入后木棒和子弹绕 O 轴的角速度,有

$$\omega_0 = \frac{3mlv}{4J} = 8.89 \text{rad/s}$$

(2)子弹射入后与木棒一起绕 O 轴转动,由动能定理得

$$\frac{1}{2} J \omega_0^2 = mg \cdot \frac{3}{4} l (1 - \cos\theta) + \frac{m'gl}{2} (1 - \cos\theta)$$

式中 θ 为最大偏转角,则

$$\cos\theta = \frac{2m'gl + 3mgl - 2J\omega_0^2}{2m'gl + 3mgl} = -0.076$$

得 $\theta = 94.17°$.

3-22 解题过程 (1)设圆柱体的转动惯量为

$$J = \frac{1}{2} m \cdot R^2$$

由动能定理得

$$m_0 gh = \frac{1}{2} m_0 v^2, v = \sqrt{2gh}$$

根据角动量守恒定律得

$$0 + m_0 \cdot R \cdot v' = (J + m_0 \cdot R^2) \cdot \omega_1$$

$$\omega_1 = \frac{m_0 R v'}{\frac{1}{2} m R^2 + m_0 R^2} = \frac{2 m_0 v'}{(m + 2m_0) R}$$

$$v' = v \cdot \cos\theta$$

故小球击中圆柱时圆柱刚开始转动的角速度为 $\dfrac{2m_0\sqrt{2gh}\cdot\cos\theta}{(m+2m_0)R}$.

(2)根据能量守恒定律得

$$\frac{1}{2}J'\omega_1^2 + m_0gR(1+\sin\theta) = \frac{1}{2}J'\omega_2^2$$

$$\omega_2^2 = \frac{2m_0gR(1+\sin\theta)}{J'} + \omega_1^2 \qquad ①$$

将 $J' = \dfrac{1}{2}mR^2 + m_0R^2$ 代入式①可得

$$\omega_2^2 = \frac{2m_0gR\cdot(1+\sin\theta)}{\frac{1}{2}mR^2 + m_0R^2} + \frac{4m_0^2\cdot 2gh\cdot\cos^2\theta}{(m+2m_0)^2R^2}$$

$$= \frac{4m_0g(1+\sin\theta)}{(m+2m_0)R} + \frac{8m_0^2gh\cdot\cos^2\theta}{(m+2m_0)^2R^2}$$

$$\omega_2 = \sqrt{\frac{4m_0g(1+\sin\theta)}{(m+2m_0)R} + \frac{8m_0^2gh\cdot\cos^2\theta}{(m+2m_0)^2R^2}}$$

*3-24 **解题过程** 设杆转过 θ 角时刚好滑动,则之前杆绕接触点转动,由机械能守恒得

$$mg\left(\frac{L}{2} - l\right)\cdot\sin\theta = \frac{1}{2}J\omega^2 \qquad ①$$

式中,J 为以接触点为轴的转动惯量,ω 为角速度.

$$J = \frac{1}{3}ML^2 + ml^2 + mLl \qquad ②$$

角加速度 $\beta mg\left(\dfrac{L}{2} - l\right)\cdot\cos\theta = \beta J \qquad ③$

质心角速度 w 接触点摩擦力提供向心力

由质心运动定理可知

$$F_f = m\omega^2\cdot\left(\frac{L}{2} - l\right) \qquad ④$$

由以质心为轴,接触点压力 F_N 提供力矩导致角加速度

$$F_N\left(\frac{L}{2} - l\right) = \frac{\beta}{12}mL^2 \qquad ⑤$$

由式①、式②、式③、式④、式⑤可求得 F_f 和 F_N. 根据 $F_f = \mu\cdot F_N$ 可得

$$\tan\theta = \frac{\mu\cdot L^2}{6L^2 - 24Ll + 24l^2}$$

3-24 **解题过程** (1)轮绕 AB 轴转动,其自转角动量为

$$L = J\omega_{自} = m\rho_{回}^2\omega_{自} = [5\times(0.25)^2\times 12] = 3.75\ \text{kg}\cdot\text{m}^2/\text{s}$$

(2)作用于轴上的外力矩即重力矩为

$$M_{外} = mg \cdot \frac{l}{2} = 9.8\text{N} \cdot \text{m}$$

(3) $M_{外}$ 的方向在 AB 轴所在水平面内且垂直向里，重力矩使系统的自转角动量发生变化，而自转角动量的大小不变，方向在不断变化. 设运动角速度为 ω，由 $\boldsymbol{M}_{外} = \dfrac{\mathrm{d}\boldsymbol{L}}{\mathrm{d}t} = \dfrac{\mathrm{d}(L \cdot \boldsymbol{i})}{\mathrm{d}t} = L\dfrac{\mathrm{d}\boldsymbol{i}}{\mathrm{d}t} = L\boldsymbol{\omega}$（$\boldsymbol{i}$ 表示沿自转角动量方向的单位向量）得

$$\omega = \frac{M_{外}}{L} = \frac{9.8}{3.75} = 2.61 \text{rad/s}$$

3-25 解题过程　(1) 重力对固定点 C 的力矩为 $\boldsymbol{M} = \vec{l} \times m\vec{g}$，故 $\vec{M}$ 的方向沿子轴负半轴.

(2) 回转体绕自身转动的角动量为

$$\vec{L} = L\vec{i}$$

由角动量定理得

$$\mathrm{d}\vec{L} = \vec{M} \cdot \mathrm{d}t$$

$\mathrm{d}\vec{L} = \vec{L} \cdot \mathrm{d}\varphi = L\vec{i} \cdot \mathrm{d}\varphi$，故 $\dfrac{\mathrm{d}\vec{\varphi}}{\mathrm{d}t} = \dfrac{\vec{M}}{L\vec{i}} = \boldsymbol{\omega}_r$

$\boldsymbol{\omega}_p = \Omega\vec{j}$，故 $M = L\Omega$.

由于力矩 $M = -(m_A + m_B)g \cdot l = L\Omega$，故 $m_B = m_A - \dfrac{L\Omega}{gl}$.

因此平衡块的质量 $m_B = m_A - \dfrac{L\Omega}{gl}$.

3-26 解题过程　设软管的横截面积为 A_1，小孔的横截面积为 A_2，管内水流速为 v_1，孔内水流速为 v_2，则根据连续性方程有

$$A_1 v_1 = A_2 v_2 \cdot N$$

所以 $v_2 = \dfrac{A_1}{NA_2}v_1 = \dfrac{\pi R^2}{N\pi r^2}v_1 = \dfrac{R^2}{Nr^2}v_1$

$$= \frac{0.95^2}{24 \times 0.065^2} \times 0.91 = 8.1 \text{m/s}$$

3-27 解题过程　(1) 塞子所在处的压强为

$$p_1 = \rho gh = 1000 \times 9.8 \times 6.0 = 5.88 \times 10^4 \text{Pa}$$

设塞子的横截面积为 S，则塞子和管壁之间摩擦力的大小为

$$F_1 = Sp_1 = \pi r^2 p_1 = \pi \times (2.0 \times 10^{-2})^2 \times 5.88 \times 10^4 = 73.8\text{N}$$

(2) 开口处水流速为

$$v_2 = \sqrt{2gh} = \sqrt{2 \times 9.8 \times 6.0} = 10.8 \text{m/s}$$

3h 内的水流量为

$$Q = Sv_2 t = \pi r^2 v_2 t = 3.14 \times (2 \times 10^{-2})^2 \times 10.8 \times (3 \times 60 \times 60) = 147 \text{m}^2$$

3-28 解题过程 (1)如题 3-28 图解所示,取一条流线 ab,a、b 两点处的流速分别为 v_a 和 v_b,由于水深不变,即有 $v_a = 0$.

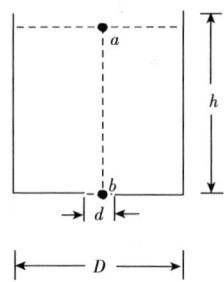

题 3-28 图解

取小孔处高度为 0,在 a、b 两处的压强都是大气压 $p_a = p_b = p_0$. 由伯努利方程有

$$p_a + \frac{1}{2}\rho v_a^2 + \rho g h = p_b + \frac{1}{2}\rho v_b^2$$

$$v_b^2 = 2gh$$

得 $\qquad v_b = \sqrt{2gh}$

(2)设任意时刻水深为 h',由伯努利方程有

$$v_b^2 - v_{h'}^2 = 2gh'$$

由连续性方程有

$$v_b S_b = v_{h'} S_{h'}$$

$$v_b \pi \left(\frac{d}{2}\right)^2 = v_{h'} \pi \left(\frac{D}{2}\right)^2$$

所以任意时刻水从小孔流出的流量为

$$Q_m = \rho v_b S_b = \rho v_b \pi \left(\frac{d}{2}\right)^2 = \pi \left(\frac{d}{2}\right)^2 \rho \sqrt{2gh'} \frac{D^2}{\sqrt{D^4 - d^4}}$$

当 $D \gg d$ 时有

$$Q_m = \pi \left(\frac{d}{2}\right)^2 \rho \sqrt{2gh'}$$

3-29 解题过程 设活塞处的面积为 S_1,喷嘴处的面积为 S_2,另设活塞处的速度为 v_1,喷嘴处的速度为 v_2,根据连续性方程有

$$S_1 v_1 = S_2 v_2 \qquad \qquad ①$$

又根据伯努利方程有

$$p_1 + \frac{1}{2}\rho v_1^2 = p_2 + \frac{1}{2}\rho v_2^2 \qquad \qquad ②$$

式中 $\quad p_1 = p_2 + \dfrac{F}{S_1} \qquad \qquad ③$

联立式①、式②、式③得

$$v_2 = \sqrt{\dfrac{2F}{\rho S_1 \left(1 - \dfrac{S_2^2}{S_1^2}\right)}} = \sqrt{\dfrac{2F}{\rho \pi R^2 \left(1 - \dfrac{r^4}{R^4}\right)}}$$

即水喷出的速度为 $\sqrt{\dfrac{2F}{\rho \pi R^2 \left(1 - \dfrac{r^4}{R^4}\right)}}$.

3-30 [解题过程] 取虹吸管管口处 D 点为参考平面,根据伯努利方程,对于流线上的 A、B 两点有

$$p_A + \dfrac{1}{2}\rho v_A^2 + \rho g(h_2 - h_1)$$
$$= p_B + \dfrac{1}{2}\rho v_B^2 + \rho g(h_2 - h_1)$$

对于流线上的 B、C 两点有

$$p_B + \dfrac{1}{2}\rho v_B^2 + \rho g(h_2 - h_1) = p_C + \dfrac{1}{2}\rho v_C^2 + \rho g h_2$$

对于流线上的 C、D 两点有

$$p_C + \dfrac{1}{2}\rho v_C^2 + \rho g h_2 = p_D + \dfrac{1}{2}\rho v_D^2$$

(1) 当虹吸管下端被塞住时,$v_A = v_B = v_C = v_D = 0$,$p_A = p_D = p_0$,得

$$p_A = p_0,\ p_B = p_A = p_0,\ p_C = p_B - \rho g h_1 = p_0 - \rho g h_1$$

(2) 当虹吸管下端开启时,$v_A \approx 0$,$v_B = v_C = v_D = v$,$p_A = p_D = p_0$,得

$$p_A = p_0,\ p_B = p_A - \rho g(h_2 - h_1) = p_0 - \rho g(h_2 - h_1)$$
$$p_C = p_B - \rho g h_2 = p_0 - \rho g h_2$$
$$v = \sqrt{2g(h_2 - h_1)}$$

第四章

相对论基础

本章知识要点

1. 狭义相对论的基本原理及洛伦兹变换的内容.
2. 相对论的速度变换关系.
3. "同时"的相对性理论,以及时间延缓和长度收缩的概念.
4. 狭义相对论动力学基础内容:基本方程、质量和能量的关系、动量和能量的关系.

知识点归纳

一、狭义相对论的基本原理

1. 相对性原理

在任一惯性系中,物理学定律是相同的.

2. 光速不变原理

在任一惯性系中,真空中的光速都相等,即

$$c = \frac{1}{\sqrt{\mu_0 \varepsilon_0}}$$

二、洛伦兹变换

1. 时空变换

有 S 和 S' 两个惯性系,它们相应的坐标轴互相平行,且 x 轴和 x' 轴重合. 设 S' 系沿 x' 轴方向以恒定速度 v 相对 S 系运动,并且在坐标原点 O 与 O' 重合,该时刻 $t=t'=0$. 记某一事件在惯性系 S 和 S' 中的时空坐标分别为 (x,y,z,t) 和 (x',y',z',t'),则其时空坐标变换关系为

$$\begin{cases} x' = \dfrac{x-vt}{\sqrt{1-\dfrac{v^2}{c^2}}} \\ y' = y \\ z' = z \\ t' = \dfrac{t-\dfrac{v}{c^2}x}{\sqrt{1-\dfrac{v^2}{c^2}}} \end{cases} (S \text{系} \to S' \text{系}), \quad \begin{cases} x = \dfrac{x'+vt'}{\sqrt{1-\dfrac{v^2}{c^2}}} \\ y = y' \\ z = z' \\ t = \dfrac{t'+\dfrac{v}{c^2}x'}{\sqrt{1-\dfrac{v^2}{c^2}}} \end{cases} (S' \text{系} \to S \text{系})$$

2. 速度变换

$$\begin{cases} u_x' = \dfrac{u_x-v}{1-\dfrac{vu_x}{c^2}} \\ u_y' = \dfrac{u_y\sqrt{1-\dfrac{v^2}{c^2}}}{1-\dfrac{vu_x}{c^2}} \\ u_z' = \dfrac{u_z\sqrt{1-\dfrac{v^2}{c^2}}}{1-\dfrac{vu_x}{c^2}} \end{cases} (S \text{系} \to S' \text{系}), \quad \begin{cases} u_x = \dfrac{u_x'+v}{1+\dfrac{vu_x'}{c^2}} \\ u_y = \dfrac{u_y'\sqrt{1-\dfrac{v^2}{c^2}}}{1+\dfrac{vu_x'}{c^2}} \\ u_z = \dfrac{u_z'\sqrt{1-\dfrac{v^2}{c^2}}}{1+\dfrac{vu_x'}{c^2}} \end{cases} (S' \text{系} \to S \text{系})$$

三、相对性的时空观

时空之间、时空与物质运动之间的相互联系、时空测量都与参考系相关.

1. 同时性的相对性

若两个事件在某一惯性系中为同时异地事件,则在其他惯性系中不一定同时发生.

如图 4-1 所示: $\quad t_2' - t_1' = \dfrac{\dfrac{v}{c^2}(x_1-x_2)}{\sqrt{1-\dfrac{v^2}{c^2}}}$

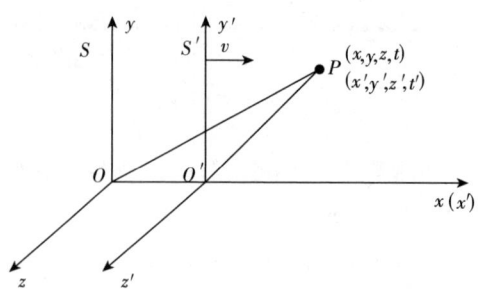

图 4-1

2. 时间延缓

在相对发生事件地点运动的惯性系中测得的时间间隔 t（运动时间）比在相对发生事件地点静止的惯性系中测得的时间间隔 t_0（固有时间）长，有

$$t = \frac{t_0}{\sqrt{1-\frac{v^2}{c^2}}} \quad (t_0 \text{ 为固有时间})$$

3. 长度收缩

在相对物体运动的惯性系中测得的物体的长度 L（运动长度）比在相对物体静止的惯性系中测得的长度 L_0（固有长度）短，即运动着的物体在其运动方向上的长度缩短，有

$$L = L_0 \sqrt{1-\frac{v^2}{c^2}} \quad (L_0 \text{ 为固有长度})$$

■ 四、相对论动力学基础

1. 相对论质量（动质量）

$$m = \frac{m_0}{\sqrt{1-\frac{v^2}{c^2}}} \quad (m_0 \text{ 为静止质量，} v \text{ 为物体运动的速度})$$

2. 相对论动量

$$\boldsymbol{p} = m\boldsymbol{v} = \frac{m_0 \boldsymbol{v}}{\sqrt{1-\frac{v^2}{c^2}}}$$

3. 相对论能量

总能量 $E = mc^2$（质能关系）

静止能量 $E_0 = m_0 c^2$

相对论动能 $E_k = mc^2 - m_0 c^2$

动量和能量的关系 $\quad E^2 = E_0^2 + p^2c^2 = m_0^2c^4 + p^2c^2$

4. 相对论动力学的基本方程

$$F = \frac{d\boldsymbol{p}}{dt} = \frac{d}{dt}\left(\frac{m_0\boldsymbol{v}}{\sqrt{1-\frac{v^2}{c^2}}}\right)$$

复习思考题解答

4-2-1 〖解题过程〗经典力学的相对性原理描述了一切惯性系力学规律的等价性,而爱因斯坦的相对性原理把这种等价推广到包括力学定律和电磁学定律在内的一切自然规律上,是对前者的推广.

4-2-2 〖解题过程〗洛伦兹变换是狭义相对论中不同惯性系之间物理事件的时空坐标变换基本公式,在洛伦兹变换公式中,长度和时间是相对量.而伽利略变换是经典力学中不同惯性系之间物理事件的时空坐标变换关系式,其中的长度和时间是绝对的,反映了经典力学中的绝对时空观,二者的本质差别在于对长度、时间和质量的认识.洛伦兹变换是狭义相对论中的基本公式,可推导出同时性的相对性、长度收缩、时间延缓等重要结论,当相对运动速度 $v \ll c$ 时,洛伦兹变换过渡到了伽利略变换.

4-2-3 〖解题过程〗可能.根据牛顿第二定律,粒子在恒力作用下会一直加速,当加速到一定程度时就会超过光速.

4-4-1 〖解题过程〗物体长度相对于观察者为静止时与相对于观察者为运动时测出的量并不相同.当物体相对于观察者静止时,观察者对静止物体的两个端点坐标无论是否同时进行都不会影响测量结果,但当物体相对于观察者运动时,对物体两个端点的测量必须同时进行才能由此得出运动物体的长度,否则先后测得的两端点坐标之差不能代表运动物体的长度.在相对于物体以速度 v 运动的参考系中测得物体沿速度方向的长度 $l' = l\sqrt{1-\left(\frac{v}{c}\right)^2}$,故相对速度 v 不同测得的长度不同,因此长度的量度与参考系的选择有关.

4-4-2 〖解题过程〗(1)正确.在某个惯性系中同时、同地发生的事件,在所有其他惯性系中也一定是同时、同地发生的.在一个惯性系中,事件发生的时间为 t_0,位置为 (x_0, y_0, z_0).在另一相对于此惯性系速度为 v 的惯性系中,事件发生的时间为 t,则 $t = \dfrac{t_0 - \dfrac{vx_0}{c^2}}{\sqrt{1-\left(\dfrac{v}{c}\right)^2}}$,发生位置为 $(x, y,$

z),则 $x=\dfrac{x_0-vt}{\sqrt{1-\left(\dfrac{v}{c}\right)^2}}$, $y=y_0$, $z=z_0$,一定同时、同地发生.

(2)正确. 在某个惯性系中有两个同时但不同地发生的事件,在对该系有相对运动的其他惯性系中,这两个事件一定不同时. 设两事件在某惯性系中的发生时间为 t,位置为 (x_1,y_1,z_1) 和 (x_2,y_2,z_2),则在相对于该系速度为 v 的惯性系中两事件发生的时间为 t_1 和 t_2,且

$$t_1=\dfrac{t-\dfrac{vx_1}{c^2}}{\sqrt{1-\left(\dfrac{v}{c}\right)^2}},\ t_2=\dfrac{t-\dfrac{v}{c^2}x_2}{\sqrt{1-\left(\dfrac{v}{c}\right)^2}}$$

本题的坐标系速度是以相对速度的方向建立 x 轴的.

4-4-3 解题过程 从 A 钟所在惯性系中观察,B 钟相对于观察者运动,A 钟相对于观察者静止,故 A 钟走得快. 同理,从 B 钟所在惯性系中观察,B 钟走得快.

4-4-4 解题过程 相对论中运动物体的长度收缩与物理线度的热胀冷缩不是一回事. 因为运动物体的长度收缩是一种相对论效应,是长度具有相对性的客观反映,而热胀冷缩是物体由于温度变化而内部结构发生变化引起的,两者不是一回事.

4-4-5 解题过程 不对. 火箭上的物体相对于地球上的观察者的速度为 v,由长度收缩效应可知测得的物体长度缩短,由时间延缓效应可知过程的时间延长. 同样地,地球上的物体相对于火箭上的观察者的速度也是 v,所以火箭上的观察者测得地球上的物体比火箭上的同类物体缩短,而同一过程的时间延长.

4-4-6 解题过程 在相对论时空观中,时空的量度是相对的,因参考系选择的不同而发生变化;而经典力学的时空观是一种绝对的时空观,它可以看作是相对论时空观在低速情况下的近似.

4-5-1 解题过程 化学家的说法不必修正. 根据狭义相对论的质能关系可以得知,在物质系统的变化过程中,能量的变化都伴随着物质静止质量的变化,然而一般的化学反应能量变化相对较小,化学反应前后亏损的质量很小,可以认为不变. 例如,2g 氢气与 16g 氧气合成水,放出 25J 的热量,对应质能亏损 $\Delta m=\dfrac{\Delta E}{c^2}$,算出 $\Delta m=2.8\times 10^{-16}$ kg,可见化学反应前后亏损的质量很小,可以忽略,认为系统质量守恒. 但是在核反应中,由于放出大量的能量,因此必须考虑相对质能关系.

4-5-2 解题过程 在相对论中,物体对惯性系的动量定义为 $\boldsymbol{p}=m\boldsymbol{v}$,虽然形式与牛顿力学中相同,但由于物体的质量随运动速度变化,即 $m=\dfrac{m_0}{\sqrt{1-\left(\dfrac{v}{c}\right)^2}}$,故动量 $\boldsymbol{p}=\dfrac{m_0}{\sqrt{1-\left(\dfrac{v}{c}\right)^2}}\boldsymbol{v}$,而牛顿力学中动量定义为 $\boldsymbol{p}=m_0\boldsymbol{v}$.

在相对论中,物体对惯性系所受的力定义为动量对时间的变化率,而 $F = \dfrac{\mathrm{d}p}{\mathrm{d}t} = \dfrac{\mathrm{d}}{\mathrm{d}t}\left[\dfrac{m_0}{\sqrt{1-\left(\dfrac{v}{c}\right)^2}}\right]$,当 v 很小,即 $v \ll c$ 时,上式可变化为 $F = \mathrm{d}(m_0 v) = m_0 \dfrac{\mathrm{d}v}{\mathrm{d}t} = m_0 a$. 由相对论中 F 的计算式知 $F = \dfrac{m_0}{\sqrt{1-\left(\dfrac{v}{c}\right)^2}} \dfrac{\mathrm{d}v}{\mathrm{d}t}$ 一般是不成立的.

4-5-3 解题过程 由质能关系 $E = mc^2$ 知质量为 m 的物体具有的能量为 $E = mc^2$. 在原子核中,反应前后系统会放出大量的能量. 由质能关系知,系统的静止质量减少,称之为质量亏损. 若亏损的质量为 Δm,则放出 $\Delta E = \Delta m c^2$ 的能量. 核反应释放原子能就是利用这个原理实现的.

4-5-4 解题过程 相对论的能量和动量关系式为 $E^2 = c^2 p^2 + m_0^2 c^4$,质量和能量关系式为 $E = mc^2$,其中 E 表示质量为 m 的物体的总能量.

静止质量为 m_0 的物体的静止能量 $E_0 = m_0 c^2$,是物体的固有能量,物体总能量与静止能量之差即为物体动能 $E_k = E - E_0 = mc^2 - m_0 c^2$,自然界中所有静止能量为零或静止质量为零的物体运动速度必为光速.

习题全解

4-1 解题过程 (1)根据洛伦兹变换,粒子在 k' 中的时空坐标为

$$\begin{cases} x' = \dfrac{x - ut}{\sqrt{1-\left(\dfrac{u}{c}\right)^2}} \\ t' = \dfrac{t - \dfrac{ux}{c^2}}{\sqrt{1-\left(\dfrac{u}{c}\right)^2}} \end{cases}$$

代入相应数据可得

$$\begin{cases} x_1' = -1\,\mathrm{m} \\ t_1' = \dfrac{2}{3} \times 10^{-8}\,\mathrm{s} \end{cases}$$

$$\begin{cases} x_2' = -\dfrac{5}{3}\,\mathrm{m} \\ t_2' = \dfrac{13}{9} \times 10^{-8}\,\mathrm{s} \end{cases}$$

(2) 在 K 系中，$v = \dfrac{\Delta x}{\Delta t} = \dfrac{2}{10^{-8}} = 2 \times 10^8 \,\mathrm{m/s}$；

在 K' 系中，$v' = \dfrac{\Delta x'}{\Delta t'} = \dfrac{-\dfrac{2}{3}}{\dfrac{7}{9} \times 10^{-8}} = -\dfrac{6}{7} \times 10^8 \,\mathrm{m/s}$.

4-2 解题过程 设 K'、K 系的对应坐标轴分别平行，K 系相对 K' 系以速度 u 沿 x 轴正向运动，x、x' 轴重合，并且 $t = t' = 0$ 时坐标原点 O、O' 重合，对于 K' 系圆轨道上某坐标为 (x', y') 的点，$\overline{O'x'}$ 是固有长度，在 K 系中测该段长度. 由"长度收缩效应"得 $x - ut = x' \cdot \sqrt{1 - \dfrac{u^2}{c^2}}$，$y' = y$，$z' = z$.

代入 K' 系的轨道方程得 $\dfrac{(x-ut)^2}{a^2\left(1-\dfrac{u^2}{c^2}\right)} + \left(\dfrac{y}{a}\right)^2 = 1$.

所以在 K 系中测得的轨迹为椭圆，半长轴为 a，半短轴为 $a \cdot \sqrt{1 - \dfrac{u^2}{c^2}}$，椭圆中心以速度 u 运动.

4-3 解题过程 由题意可知，K 系和 K' 系如题 4-3 图解所示.

(1) $\tan 30° = \dfrac{\Delta y'}{\Delta x'}$，$\tan 45° = \dfrac{\Delta y}{\Delta x}$，因为 $\Delta y = \Delta y'$，故

$$\dfrac{\Delta x'}{\Delta x} = \dfrac{\tan 45°}{\tan 30°}$$

$$\Delta x = \Delta x' \cdot \sqrt{1 - \left(\dfrac{u}{c}\right)^2}$$

$$\dfrac{\Delta x}{\Delta x'} = \sqrt{1 - \left(\dfrac{u}{c}\right)^2} = \dfrac{\tan 30°}{\tan 45°}$$

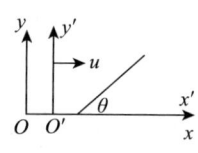

题 4-3 图解

因此 $u = \sqrt{\dfrac{2}{3}} c = 0.816c$.

(2) $\Delta y = \Delta y'$

$$\sin 30° = L \cdot \sin 45°$$

$$L = \dfrac{\sin 30°}{\sin 45°}$$

$$= 0.707 \,\mathrm{m}$$

因此 K' 系的速率为 $0.816c$，在 K 系中测得米尺长度为 $0.707\,\mathrm{m}$.

4-4 解题过程 $\Delta x = \Delta x' \cdot \sqrt{1 - \left(\dfrac{u}{c}\right)^2}$

$$\Delta x = \frac{c}{2}, \Delta x' = c$$

$$\frac{1}{2} = \sqrt{1 - \left(\frac{u}{c}\right)^2}$$

故解得 $u = \frac{\sqrt{3}}{2}c$.

$$u'_x = \frac{u_x - v}{1 - \frac{vu_x}{c^2}} = \frac{\frac{\sqrt{3}}{2}c - \left(-\frac{\sqrt{3}}{2}c\right)}{1 + \frac{\frac{3}{4}c^2}{c^2}} = \frac{4}{7}\sqrt{3}\,c$$

$$\beta = \frac{u'_x}{c} = \frac{4}{7}\sqrt{3}, L' = L \cdot \sqrt{1 - \beta^2} = L \cdot \sqrt{1 - \left(\frac{4}{7}\sqrt{3}\right)^2} = \frac{1}{7}L$$

故在其中一艘飞船中测得另一艘飞船的长度为 $\frac{1}{7}L$.

4-5 解题过程　设此星在 K' 系的 O' 点处，接收器在 K 系的 O 点处，对应坐标轴分别平行，K' 系相对 K 系沿 x 轴正向速度为 $0.8c$，x、x' 轴重合. $t=t'=0$ 时 O、O' 重合，并由 O' 发出第一个闪光.

在 K' 系中，从计时开始到测得第二个闪光的时间间隔是"固有时间" τ_0，由"时间延缓效应"可知在 K 系中测得"运动时间"为

$$\tau = \frac{\tau_0}{\sqrt{1-\beta^2}}, \beta = \frac{v}{c}$$

在 K 系中，第二个闪光的发生地坐标为

$$x = v\tau = \frac{v\tau_0}{\sqrt{1-\beta^2}}$$

故 O 接收到两个闪光的时间间隔是

$$\Delta t = \tau + \frac{x}{c} = \frac{\tau_0}{\sqrt{1-\beta^2}}(1+\beta) = 5 \text{ 昼夜}$$

得 $\tau_0 = \frac{\sqrt{1-\beta^2}}{1+\beta}\Delta t = \frac{5}{3}$ 昼夜

4-6 解题过程　(1) 地球上的钟经过的时间为

$$t_1 = \frac{26l \cdot y}{0.99c} = 26.26 \text{ 年}$$

(2) 旅行者发回的信息以光速传播，则从发射到地球上接收到信号的时间为

$$t_2 = \frac{26l \cdot y}{c} = 26 \text{ 年}$$

$$T = t_1 + t_2 = 26.26 + 26 = 52.26 \text{ 年}$$

(3)地球观察者计算的旅行者到织女星时,比他开始旅行时老了的时间为

$$\Delta t' = \Delta t \sqrt{1 - \frac{v^2}{c^2}} = 26.26 \times \sqrt{1 - \frac{(0.99c)^2}{c^2}} \approx 3.70 \text{ 年}$$

4-7 解题过程 设两事件在 K、K' 系的位置分别是 x_1、x_2 和 x_1'、x_2'(x 轴建立的正方向沿相对运动速度方向),时间分别为 t_1、t_2、t_1'、t_2',则

$$x_2 = x_1, \quad t_2 - t_1 = 2\text{s}, \quad t_2' - t_1' = 3\text{s}$$

由洛伦兹变换有

$$\begin{cases} t_1' = \dfrac{\left(t_1 - \dfrac{v}{c^2} x_1\right)}{\sqrt{1 - \left(\dfrac{v}{c}\right)^2}} \\[2mm] t_2' = \dfrac{t_2 - \dfrac{v}{c^2} x_2}{\sqrt{1 - \left(\dfrac{v}{c}\right)^2}} \end{cases}$$

得

$$t_2' - t_1' = \frac{t_2 - t_1}{\sqrt{1 - \left(\dfrac{v}{c}\right)^2}}$$

即

$$\Delta t' = \frac{\Delta t}{\sqrt{1 - \left(\dfrac{v}{c}\right)^2}}$$

可解出 $\dfrac{v}{c} = \sqrt{1 - \left(\dfrac{\Delta t}{\Delta t'}\right)^2}$,代入数据可得 $\dfrac{v}{c} = \dfrac{\sqrt{5}}{3}$.

由洛伦兹变换有

$$x_2' = \frac{x_2 - vt_2}{\sqrt{1 - \left(\dfrac{v}{c}\right)^2}}, \quad x_1' = \frac{x_1 - vt_1}{\sqrt{1 - \left(\dfrac{v}{c}\right)^2}}$$

$$\Delta x' = \left| x_2' - x_1' \right| = \frac{v(t_2 - t_1)}{\sqrt{1 - \left(\dfrac{v}{c}\right)^2}} = 6.71 \times 10^8 \text{ m}$$

4-8 解题过程 (1) $l = 10 \cdot \sqrt{1 - \left(\dfrac{u}{c}\right)^2}$

$$= 100 \times \sqrt{1 - 0.8^2}$$

$$= 60 \text{ m}$$

(2) $v_x = \dfrac{100}{10} = 10 \text{ m/s}$

$$t' = \frac{10}{\sqrt{1-\beta^2}} = \frac{10}{0.6} = \frac{50}{3}\text{s} = 16.6\text{s}$$

(3) $\beta = \dfrac{u}{c} = 0.8$

$v'_x = 0.8c = 0.8 \times 3 \times 10^8 = 2.4 \times 10^8 \text{m/s}$,运动员的平均速度为 $2.4 \times 10^8 \text{m/s}$.

4-9 解题过程 (1)本题是考虑相对论速度的变换问题,关键是选好参考系和分析对象.

以地球为 K 系,飞船 A 为 K' 系,x 轴与 x' 轴重合,正方向为相对运动方向.

B 相对 K 系的速度 $\quad u_x = 2.0 \times 10^8 \text{m/s}$

K' 系相对 K 系的速度 $\quad v = 2.5 \times 10^8 \text{m/s}$

由相对论速度变换公式有

$$u'_x = \frac{u_x - v}{1 - \dfrac{v}{c^2}u_x} = -1.125 \times 10^8 \text{m/s}$$

(2)以地球为 K 系,飞船 B 为 K' 系,A 为分析对象.

A 相对 K 系的速度 $\quad u_x = 2.5 \times 10^8 \text{m/s}$

K' 系相对 K 系的速度 $\quad v = 2.0 \times 10^8 \text{m/s}$

由相对论速度变换公式得 A 相对 B 的速度

$$u'_x = \frac{u_x - v}{1 - \dfrac{v}{c^2}u_x} = 1.125 \times 10^8 \text{m/s}$$

4-10 解题过程 (1)取地球为 s 系,飞船为 s' 系,向东为 x 轴正向,则 s' 系相对 s 系的速率 $v = 0.6c$,彗星相对 s 系的速度为 $u_x = -0.8c$.

由速度变换公式可得 $u'_x = \dfrac{u_x - v}{1 - \dfrac{vu_x}{c^2}} = -0.946c$,即彗星以 $0.946c$ 的速度向飞船靠近.

(2)由时间间隔相对性得 $\Delta t = \dfrac{\Delta T}{\sqrt{1 - \left(\dfrac{u}{c}\right)^2}} = 5\text{s}$,故 $\Delta T = 4\text{s}$.

即还有 4s 可供他们离开航线,以避免与彗星碰撞.

4-11 解题过程 在 K' 系中光的传播速度 $v' = c$,其分量 $v'_x = c\cos\theta'$,$v'_y = c \cdot \sin\theta'$.

由洛伦兹速度变换得

$$v_x = \frac{v'_x + u}{1 + \dfrac{uv'_x}{c^2}} = \frac{c \cdot \cos\theta + u}{1 + \dfrac{u\cos\theta'}{c^2}}$$

$$v_y = \frac{v'_y \cdot \sqrt{1-\frac{u^2}{c^2}}}{1+\frac{uv'_x}{c^2}} = \frac{c \cdot \sin\theta' \cdot \sqrt{1-\frac{u^2}{c^2}}}{1+\frac{u \cdot c \cdot \cos\theta'}{c^2}}$$

设 v 与 x 轴的夹角为 θ,则 $\tan\theta = \dfrac{c \cdot \sin\theta' \cdot \sqrt{1-\frac{u^2}{c^2}}}{c \cdot \cos\theta' + u}$,又因为 $v = \sqrt{v_x^2 + v_y^2}$,代入得 $v = c$.

4-12 解题过程 $v = 11.2\text{km/s} = 1.12 \times 10^4 \text{m/s}$

$$m = \frac{m_0}{\sqrt{1-\left(\frac{u}{c}\right)^2}} = \frac{m_0}{\sqrt{1-\left(\frac{1.12\times 10^4}{3\times 10^8}\right)^2}} = 1.0000000007 m_0$$

$\Delta m = m - m_0 = 7 \times 10^{-10} m_0 = 0.07\text{g}$,故质量增加了 0.07g.

4-13 解题过程 $\Delta E = mC\Delta T = 2000\text{kC} = 8.4\text{J}$

$\Delta m = \Delta E/C^2 = 9.3\text{kg}$

4-14 解题过程 (1)设棒为 K 系,观察者为 K' 系,棒以速度 v 相对观察者沿棒长方向(x 轴)运动. 静止的棒长 l 是固有长度,故运动长度为

$$l' = l\sqrt{1-\frac{v^2}{c^2}} \qquad ①$$

动质量为

$$m' = \frac{m}{\sqrt{1-\frac{v^2}{c^2}}} \qquad ②$$

则线密度为 $\rho' = \dfrac{m'}{l'} = \dfrac{m}{l\left(1-\frac{v^2}{c^2}\right)} = \dfrac{\rho}{1-\frac{v^2}{c^2}}$

(2)棒在垂直棒长方向上运动时长度不变,即 $l'' = l$. 动质量仍为式②所示,则线密度为

$$\rho'' = \frac{m''}{l''} = \frac{m}{l\sqrt{1-\frac{v^2}{c^2}}} = \frac{\rho}{\sqrt{1-\frac{v^2}{c^2}}}$$

4-15 解题过程 恒力作用下直线运动速度与时间的关系如下:

经典力学:

$$v = v_0 + at$$

相对论力学:

$$\frac{v}{\sqrt{1-\frac{v^2}{c^2}}} - \frac{v_0}{\sqrt{1-\frac{v_0^2}{c^2}}} = a_0 t$$

4-16 解题过程 (1)电子的静止能量 m_0c^2 为

$$m_0c^2 = 9.109 \times 10^{-31} \times (3.0 \times 10^8)^2 = 8.199 \times 10^{-14} \text{J} = 0.512 \text{MeV}$$

电子的总能量为

$$E = m_0c^2 + E_k = 0.512 + 2.53 \approx 3.04 \text{MeV}$$

(2)由能量—动量关系 $E^2 = m_0^2 c^4 + p^2 c^2$ 可得

$$p = \sqrt{\frac{E^2 - m_0^2 c^4}{c^2}} = \sqrt{\frac{(3.04)^2 - (0.512)^2}{c^2}} \approx 3.00 \text{MeV/c}$$

4-17 解题过程 $A = \Delta m \cdot c^2 = m_0 \cdot c^2 \left[\dfrac{1}{\sqrt{1-\left(\dfrac{v_2}{c}\right)^2}} - \dfrac{1}{\sqrt{1-\left(\dfrac{v_1}{c}\right)^2}} \right]$

代入数据得 $A = 8.199 \times 10^{-14} \times (1.667 - 1.091) = 4.72 \times 10^{-14}$ J.

4-18 解题过程 质量亏损:$\Delta m = 2 \times 2.01355 \text{u} - 4.0015 \text{u} = 0.0256 \text{u} = 4.2 \times 10^{-29}$ kg

释放的能量:$E = \Delta m \times 931.5 \text{MeV} \approx 3.8 \times 10^{-12}$ J.

4-19 解题过程 $\Delta m = \dfrac{\Delta E}{c^2} = \dfrac{3.6 \times 10^{26}}{9 \times 10^{16}} = 4 \times 10^9$ kg.

4-20 解题过程 (1)碰前运动粒子的总能量为

$$E_1 = 5m_0 c^2 + m_0 c^2 = 6m_0 c^2$$

由动量和能量表达式 $E^2 = c^2 p^2 + m_0^2 c^4$,有

$$p = \frac{\sqrt{E^2 - m_0^2 c^4}}{c}$$

碰前运动粒子的总动量为 $p_1 = \dfrac{\sqrt{E_1^2 - m_0^2 c^4}}{c} = \sqrt{35}\, m_0 c$

碰前静止粒子的动量 $p_2 = 0$,所以

$$p = p_1 + p_2 = \sqrt{35}\, m_0 c$$

(2)碰前系统的总能量为 $E = E_1 + E_2 = 6m_0 c^2 + m_0 c^2 = 7m_0 c^2$

(3)系统碰撞前后动量守恒,有

$$p' = m_0' v = p$$

总能量守恒,有 $E' = m_0' c^2 = E$

所以 $v = \dfrac{p}{E} c^2 = \dfrac{\sqrt{35}\, m_0 c^2}{7 m_0 c^2} c^2 = 0.85 c$

(4)由动量和能量的关系,有

$$m_0'^2 c^4 = E'^2 - c^2 p'^2 = (7m_0 c^2)^2 - c^2 (\sqrt{35}\, m_0 c)^2 = 14 m_0^2 c^4$$

$$m_0' = \sqrt{14}\, m_0$$

4-21 证明　设反冲原子的静止质量为 m_0'，动质量为 m，速度为 v，则其动量 $p_原 = mv$. 设光子的动量为 $p_光$，由于过程中动量守恒，有 $\boldsymbol{p}_原 + \boldsymbol{p}_光 = \boldsymbol{0}$，则

$$p_光 - p_原 = 0, \quad p_光 = mv = \frac{h\nu}{c}$$

由能量守恒有

$$m_0 c^2 = h\nu + mc^2$$

对反冲原子，由动量和能量的关系有

$$(mc^2)^2 = (mv)^2 c^2 + m_0'^2 c^4$$

原子内能减少为

$$\Delta E = m_0 c^2 - m_0' c^2$$

由以上几式化简可得

$$h\nu = \Delta E \left(1 - \frac{\Delta E}{2m_0 c^2}\right)$$

4-22 解题过程　(1) 由 $E_k = mc^2 - m_0 c^2 = m_0 c^2 \cdot \left(\dfrac{1}{\sqrt{1-\dfrac{v^2}{c^2}}} - 1\right)$ 得

$$v^2 = c^2 \cdot \left[1 - \frac{1}{\left(1+\dfrac{E_k}{m_0 c^2}\right)^2}\right], \quad 即\ v^2 = c^2 \cdot \left[1 - \frac{1}{\left(1+\dfrac{2800}{0.51}\right)^2}\right], \quad 所以\ c^2 - v^2 = (c+v)(c-v) = \frac{c^2}{5491^2}.$$

由于 $E_k \gg m_0 c^2$，可得 $c \approx v$，所以 $c - v = \dfrac{c}{2 \times 5491^2} \approx 5.02\,\text{m/s}$.

(2) $p = \dfrac{1}{c} \cdot \sqrt{E^2 - m_0^2 c^4}$，因为 $E_k \gg m_0 c^2$，$E \approx E_k$，所以

$$p = \frac{E_k}{c} = \frac{2.8 \times 10^9 \times 1.6 \times 10^{-19}}{3 \times 10^8} = 1.49 \times 10^{-18}\,\text{kg} \cdot \text{m/s}$$

(3) $F = \dfrac{mv^2}{R} \approx \dfrac{mc^2}{R} = \dfrac{E}{R} \approx \dfrac{E_k}{R} \approx \dfrac{2.8 \times 10^9 \times 1.6 \times 10^{-19}}{38.22} = 1.17 \times 10^{-11}\,\text{N}$

$B = \dfrac{F}{ev} \approx \dfrac{F}{ec} \approx \dfrac{1.17 \times 10^{-11}}{1.6 \times 10^{-19} \times 3 \times 10^8} = 0.24\,\text{T}$

周长为 240m 的圆周半径 $R = \dfrac{120}{\pi}\,\text{m}$.

第五章

气体动理论

本章知识要点

1. 理想气体状态方程的应用.
2. 分子热运动的基本特征.
3. 气体动理论的压强公式、温度的统计意义、气体的方均根速率公式.
4. 能量均分定理的内容.
5. 理想气体内能的表达式.
6. 麦克斯韦速率分布函数的具体形式.
7. 分子平均自由程公式及应用.

知识点归纳

■ 一、分子运动论的基本概念

(1)通常物质是由大量分子组成的,分子之间有一定的间隙.

(2)分子永不停息地做无规则的运动.

(3)分子间存在相互作用力.

■ 二、理想气体状态方程

平衡下,质量为 m 的理想气体的状态方程为

$$pV = \nu RT$$

式中,$\nu = m/M$ 为气体的物质的量,M 为气体的摩尔质量,$R = 8.31\text{J} \cdot \text{mol}^{-1} \cdot \text{K}^{-1}$ 为普适气体常量.

还可表示为

$$p = nkT$$

式中,n 为分子数密度,$k = (R/N_A) = 1.38 \times 10^{-23} \text{J} \cdot \text{K}^{-1}$ 为玻尔兹曼常量,$N_A = 6.022 \times 10^{23} \text{mol}^{-1}$ 为阿伏伽德罗常量.

■ 三、气体运动的统计规律

1. 理想气体的压强公式

$$p = \frac{2}{3} n \left(\frac{1}{2} m_0 \overline{v^2} \right) = \frac{2}{3} n \bar{\varepsilon}_k$$

式中,$\bar{\varepsilon}_k$ 为理想气体分子的平均平动动能,m_0 为气体分子质量,n 为分子数密度.

压强是无规则热运动的大量气体分子对器壁不断连续碰撞的平均结果.

2. 温度的统计意义

$$\bar{\varepsilon}_k = \frac{3}{2} kT$$

温度是大量分子热运动的平均平动动能的量度.

3. 速率分布函数和麦克斯韦速率分布律

(1) 速率分布函数 $f(v) = \dfrac{dN}{N dv}$:表示气体分子速率在 v 附近的单位速率间隔内的分子数占总分子数 N 的比率.

(2) 麦克斯韦速率分布律:

$$f(v) = 4\pi \left(\frac{m}{2\pi kT} \right)^{3/2} v^2 e^{\frac{-mv^2}{2kT}}$$

(3) 如图 5-1 所示,速率分布曲线[$f(v)$-v 曲线]——在速率 v 附近的 $v \sim v + dv$ 间隔内分子数占总分子数 N 的比率.

$\displaystyle\int_{v_1}^{v_2} f(v) dv = \dfrac{\Delta N}{N}$ ($v_1 \sim v_2$ 曲线下面积)——在 $v_1 \sim v_2$ 速率间隔内分子数占总分子数 N 的比率.

(4) 速率分布的有关统计平均值.

归一化条件： $\int_0^\infty f(v)\mathrm{d}v = 1$

算术平均速率： $\bar{v} = \int_0^\infty vf(v)\mathrm{d}v$

方均根速率： $\sqrt{\overline{v^2}} = \left[\int_0^\infty v^2 f(v)\mathrm{d}v\right]^{1/2}$

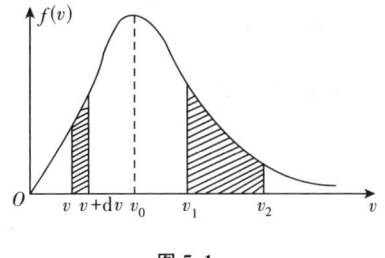

图 5-1

(5) 麦克斯韦速率分布的三种特征速率.

理想气体分子的最概然速率：
$$v_\mathrm{p} = 1.41\sqrt{\frac{RT}{M}}$$

理想气体分子的平均速率：
$$\bar{v} = 1.60\sqrt{\frac{RT}{M}}$$

理想气体分子的方均根速率：
$$\sqrt{\overline{v^2}} = 1.73\sqrt{\frac{RT}{M}}$$

(6) 玻尔兹曼分布律.

分子数密度按势能分布的统计规律：
$$n = n_0 \mathrm{e}^{-E_\mathrm{p}/kT}$$

式中，E_p 为分子的势能，n_0 为 $E_\mathrm{p} = 0$ 处的分子数密度. 表明平衡态下的气体分子优先占据低能量状态.

重力场中粒子按高度分布的统计规律：
$$n = n_0 \mathrm{e}^{-mgz/kT} \quad (m \text{ 为气体分子质量})$$

重力场中气体压强按高度分布：
$$p = p_0 \mathrm{e}^{-mgz/kT} \quad (\text{等温气压公式})$$

■ 四、能量均分定理

1. 自由度

自由度为确定一个物体的空间位置所需要的独立坐标数.

分子的自由度：单原子分子 $i = 3$，双原子分子 $i = 5$，多原子分子 $i = 6$.

2. 能量均分定理

当系统处于平衡态时，分子每个自由度上具有相同的平均动能，其值为 $\frac{1}{2}kT$. 一个自由度为 i 的分子所具有的平均总动能为 $\overline{E}=\dfrac{i}{2}kT$.

3. 理想气体的内能

1mol 理想气体的内能为

$$E_{\text{mol}}=\dfrac{i}{2}RT$$

物质的量为 ν 的理想气体的内能为

$$E=\dfrac{i}{2}\nu RT$$

五、分子碰撞和平均自由程

1. 平均碰撞频率

一个分子每秒与其他分子的平均碰撞次数叫作平均碰撞频率,为

$$\overline{Z}=\sqrt{2}\pi d^2\overline{v}n$$

式中,d 为分子的有效直径,n 为分子数密度,$\overline{v}$ 为分子的平均速率.

2. 平均自由程

分子在连续两次碰撞之间飞行的平均路程叫作平均自由程,为

$$\overline{\lambda}=\dfrac{\overline{v}}{\overline{Z}}=\dfrac{1}{\sqrt{2}\pi d^2 n}=\dfrac{kT}{\sqrt{2}\pi d^2 p}$$

六、气体的输运现象

如果气体各部分的物理性质原来是不均匀的,那么由于气体分子不断地相互碰撞和相互混合,分子之间将不断地交换质量、动量和能量,分子速度的大小和方向也不断地改变,最后气体内各部分的物理性质将趋向均匀,气体状态将趋向平衡,这种现象叫作气体的输运现象.

1. 黏滞现象

流动中的气体,如果各层的流速不一样,那么相邻的两个气层之间的接触面上形成一对阻碍两气层相对运动的等值且反向的摩擦力,叫作黏性力. 气体黏性起源于气体分子的定向动量在垂直于流速的方向上向流速较小气层的净迁移.

黏性力 F 与该处的流速梯度 $\dfrac{\mathrm{d}u}{\mathrm{d}y}$ 成正比,即

$$F=\pm\eta\dfrac{\mathrm{d}u}{\mathrm{d}y}\Delta S$$

式中,比例系数 η 为动力黏度或黏度,$\eta = \frac{1}{3}\rho\overline{v}\overline{\lambda}$. 式中的正负号表明黏性力是成对出现的.

2. 热传导现象

气体内各部分的温度不同,从温度较高处向温度较低处将有热量的传递. 气体导热性起源于气体分子从热层到冷层出现运动能量的净迁移.

在单位时间内,从温度较高的一侧向温度较低的一侧所传递的热量与该处的温度梯度 $\dfrac{\mathrm{d}T}{\mathrm{d}x}$ 和面积 ΔS 成正比,即

$$\frac{\Delta Q}{\Delta t} = -k\frac{\mathrm{d}T}{\mathrm{d}x}\Delta S$$

式中,比例系数 k 为导热系数或热导率,$k = \dfrac{1}{3}\dfrac{C_{V,\mathrm{m}}}{M_{\mathrm{mol}}}\rho\overline{v}\overline{\lambda}$;$C_{V,\mathrm{m}}$ 为气体的定体摩尔热容. 上式中的负号表明热量传递的方向是从高温处到低温处.

3. 扩散现象

如果容器中部分气体的种类不同或者同一种气体在容器中各部分的密度不同,经过一段时间后,容器中各部分气体的成分和密度都将趋向均匀一致,这种现象称为扩散现象. 气体扩散现象起源于气体分子做无规则热运动,气体分子从密度较大的气层到密度较小的气层质量的净迁移.

在单位时间内,从密度较大的一侧向密度较小的一侧扩散的质量与该处的密度梯度 $\dfrac{\mathrm{d}\rho}{\mathrm{d}x}$ 和面积 ΔS 成正比,即

$$\frac{\Delta M}{\Delta t} = -D\frac{\mathrm{d}\rho}{\mathrm{d}x}\Delta S$$

式中,比例系数 D 为扩散系数,$D = \dfrac{1}{3}\overline{v}\overline{\lambda}$. 上式中的负号表明气体的扩散从密度较大处向较小处进行.

复习思考题解答

5-1-1 **解题过程** 气体很容易被压缩是因为气体分子间距较大,一般远大于其限度. 但是气体分子又不能无限压缩是因为不仅每个气体分子有一定体积,需要占据一定空间,而且当分子间距变小时,分子间斥力会逐渐大于分子间的引力而使分子间表现为斥力,来阻止分子间距的进一步变小.

5-1-2 **解题过程** 气体处于平衡态时,宏观表现为热力性质包括状态参数等不随时间而变化,不和

外界发生能量和物质交换,气体内部没有发生任何形式的能量转换和状态、性质等的变化,气体内部状态参数(密度、温度、压强等)处处相同.

气体分子的热运动只与温度有关,只要温度在绝对零度以上,组成气体的分子都在不停地做无规则的热运动.气体处于平衡态时,只是分子运动的总体效果是定常的,但是分子却在做热运动.

5-2-1 【解题过程】 根据分子运动论来看,气体压强的增加是因为单位时间内与容器壁碰撞的分子数增加或碰撞速度增加而使器壁所受的平均冲击力增大,但前者对于一定量的气体,当温度不变时,体积的减小会使单位体积内分子数增加,这样单位时间内碰壁的次数就会增加,从而压强增加. 而后者气体体积及质量不变,分子数密度就不会变化,但是随着温度的升高,分子的热运动会加剧,运动速率加大,因而不仅单位时间内每个分子平均碰壁的次数多了,而且碰壁的平均速率也加大了,器壁受的冲击力就会加大,宏观表现就是压强增加. 由此可见,两者在宏观上的表现是相同的,即压强增加,但是微观上机理是不同的.

5-2-2 【解题过程】 道尔顿分压定律告诉我们:混合气体(不发生化学变化)的总压强等于各气体的分压强之和.分压强是假定混合气体中各组分气体单独存在,并具有与混合气体相同的温度和容积时的压强.

设混合气体各组分的质量及相应的摩尔质量分别为 $m_1, m_2, \cdots, m_n, M_1, M_2, \cdots, M_n$,由分压定律可得总压强为

$$p = \sum_{i=1}^{n} p_i = \sum_{i=1}^{n} \left(\frac{m_i}{M_i} \frac{RT}{V}\right) = \frac{RT}{V} \sum_{i=1}^{n} \frac{m_i}{M_i}$$

5-2-3 【解题过程】 不相同. 夏天温度比冬天高,将空气近似认为理想气体,由理想气体状态方程 $pV = \frac{m}{M_a} RT$,M_a 为空气的摩尔质量,汽车在使用时,内胎中空气的压强 p 和体积 V 是不变的,M_a、R 是常数,因此充气质量 m 随着温度 T 的增大而减小,所以夏天打入空气的质量比冬天少.

5-4-1 【解题过程】 (1)由麦克斯韦速率分布律可知,气体分子速率分布函数为 $f(v) = \frac{\Delta N}{N \Delta v}$,所以气体中一个分子速率在 $v \sim v + \Delta v$ 间隔内的概率是 $f(v) \Delta v = \frac{\Delta N}{N}$.

(2) 一个分子具有最概然速率的概率是 $f(v_p) = \frac{\Delta N}{N \Delta v}$.

(3) $\bar{v} = \int_0^\infty v f(v) dv$ 表示气体中所有分子在某一瞬时的速率平均值. 由分布函数的意义可知,单个分子在较长时间内无规律运动的平均速率应与气体中所有分子在某一瞬时的平均速率一样,也是 $\bar{v}$.

5-4-2 **解题过程** 气体分子速率分布 $f(v)$ 曲线上有一个 $f(v)$ 的极大值,该极大值处的速率 v_p 称为最概然速率,它表示的是在一定温度下速率与 v_p 接近的气体分子所占的比率大. 气体中所有分子速率之和再除以分子总数所得的值即 $\bar{v}$,也就是分子速率的算术平均值,即平均速率. 气体中所有分子的速率先平方,再求算术平均值得到 $\overline{v^2}$,再开方得到的速率 $v_{\text{rms}} = \sqrt{\overline{v^2}}$ 即为方均根速率,通过计算可以得到这三个统计值: $v_p = \sqrt{\dfrac{2kT}{m}} = \sqrt{\dfrac{2RT}{M}}$;$\bar{v} = \sqrt{\dfrac{8kT}{\pi m}} = \sqrt{\dfrac{8RT}{\pi M}}$;$v_{\text{rms}} = \sqrt{\overline{v^2}} = \sqrt{\dfrac{3kT}{m}} = \sqrt{\dfrac{3RT}{M}}$. 由以上三式可以知道它们均由气体的摩尔质量和温度决定. 最概然速率可用来约化分子速率,讨论分子速率分布;平均速率用于计算与分子碰撞有关的量,如平均自由程;方均根速率用于计算分子的平均平动动能.

5-4-3 **解题过程** 不一定. 气体分子平均平动动能公式为 $\bar{\varepsilon}_k = \dfrac{1}{2}m\overline{v^2} = \dfrac{3}{2}kT$,任何气体的分子平均平动动能仅取决于温度,式中 $\overline{v^2}$ 是平均速率,是一个统计量,对大量分子而言,并非每个分子每时每刻都是以这样的速率运动. 因此,相同温度下,由于氢分子质量小于氧分子,氢分子的方均根速率比氧分子的方均根速率大,并非每个氢分子的速率都比氧分子速率大.

5-4-4 **解题过程** 气体的温度不会因此而升高. 因为温度是分子热运动强度的量度而非宏观上的运动. 热运动是大量分子的无规则运动,而整个容器内气体的定向运动并非分子热运动,不能加剧分子热运动,从而不会使温度升高.

5-4-5 **解题过程** 速率分布函数 $f(v) = \dfrac{\Delta N}{N \Delta v}$ 有两方面的物理意义:①对所有的气体分子而言,表示其中速率在 v 附近单位速率间隔内的气体分子数所占的比率;②对单个分子而言,表示其速率在 v 附近单位速率间隔内的概率.

(1) $f(v)\mathrm{d}v = \dfrac{\mathrm{d}N}{N}$,表示速率在 $v \sim v + \mathrm{d}v$ 区域内的分子数占总分子数的百分比,或者表示单个分子速率在 $v \sim v + \mathrm{d}v$ 区域内的概率.

(2) $Nf(v)\mathrm{d}v = \mathrm{d}N$,表示速率在 $v \sim v + \mathrm{d}v$ 区域内的分子数.

(3) $\int_{v_1}^{v_2} f(v)\mathrm{d}v = \int_{v_1}^{v_2} \dfrac{\mathrm{d}N}{N} = \dfrac{1}{N} \int_{v_1}^{v_2} \mathrm{d}N$,表示速率在 $v_1 \sim v_2$ 区域内的分子数所占的百分比,或者表示单个气体分子速率在 $v_1 \sim v_2$ 区域内的概率.

(4) $\int_{v_1}^{v_2} Nf(v)\mathrm{d}v = \int_{v_1}^{v_2} \mathrm{d}N$,表示速率在 $v_1 \sim v_2$ 区域内的分子数目.

(5) $\int_{v_1}^{v_2} vf(v)\mathrm{d}v = \dfrac{1}{N} \int_{v_1}^{v_2} v\mathrm{d}N$,表示速率在 $v_1 \sim v_2$ 区域内所有分子速率的总和与系统总分子数 N 的商.

(6) $\int_{v_1}^{v_2} Nvf(v)\mathrm{d}v = \int_{v_1}^{v_2} v\mathrm{d}N$,表示速率在 $v_1 \sim v_2$ 区域内所有分子速率的总和.

5-5-1 <u>解题过程</u> 假设地球表面大气的平均温度为 10℃（283K），由气体分子热运动理论可知，氢气分子的方均根速率为

$$\sqrt{\overline{v^2}} = \sqrt{\frac{3RT}{M_{H_2}}} = \sqrt{\frac{3\times 8.31\times 283}{2\times 10^{-3}}}\,\mathrm{m/s} = 1.88\times 10^3\,\mathrm{m/s}$$

物体要想挣脱地球的引力而从地球表面逃逸出去，必须有其动能与万有引力势能之和大于或等于零，即

$$\frac{1}{2}mv^2 + \left(-\frac{GM_E m}{R_E}\right) \geqslant 0$$

式中，m 为物体的质量，M_E、R_E 分别为地球的质量和半径，G 为万有引力常量.

由此即得 $v \geqslant \sqrt{\dfrac{2GM_E}{R_E}}$，又因为地表物体重力大致等于其所受的万有引力，即 $mg = \dfrac{GM_E m}{R_E^2}$，所以 $GM_E = gR_E^2$，$\dfrac{GM_E}{R_E} = gR_E$.

代入上式，取 $R_E = 6300\,\mathrm{km}$，得

$$v \geqslant \sqrt{2gR_E} = \sqrt{2\times 9.8\times 6.3\times 10^6} = 1.11\times 10^4\,\mathrm{m/s}$$

从以上两速度来看，虽然氢分子的方均根速率与最小逃逸速度大约差 10 倍，但由统计规律可知还是有大量的氢分子速率大于最小逃逸速度，这样氢分子会不断地逃逸掉，因此地球大气中的氢含量极少.

5-6-1 <u>解题过程</u> 不会. 由理想气体状态方程 $pV = \dfrac{m}{M}RT$ 可知，一定质量的气体，保持容器的体积不变时，压强 p 和温度 T 成正比. 分子的平均自由程计算公式为 $\bar{\lambda} = \dfrac{kT}{\sqrt{2}\pi d^2 p}$，因为 T 与 p 的比值不变，所以自由程也不变. 温度升高时，虽然分子运动加剧，导致平均碰撞次数增加而使得两次碰撞之间的平均时间间隔 $\Delta \bar{t}$ 减小，但是分子的平均速率 $\bar{v}$ 增加，$\Delta \bar{t}$ 与 $\bar{v}$ 的乘积不变，即分子的平均自由程 $\bar{\lambda} = \bar{v}\Delta \bar{t}$ 不变. 事实上，实验表明，一定量的气体，体积不变即密度一定时，分子的有效碰撞直径 d 会随着温度升高而有所减小，因此虽然 $\dfrac{T}{p}$ 不变，但分子的平均自由程 $\bar{\lambda}$ 会随温度的增加而略有增大.

5-6-2 <u>解题过程</u> 由分子的平均自由程计算公式 $\bar{\lambda} = \dfrac{kT}{\sqrt{2}\pi d^2 p}$ 可知，平均自由程与气体的状态参数 T 和 p 有关，与温度 T 成正比，与压强 p 成反比，还与分子的有效碰撞直径 d 有关，与 d^2 成反比，d 是由分子本身的性质决定的，不同种类气体分子的有效碰撞直径不同.

平均自由程计算公式的原始式为 $\bar{\lambda} = \dfrac{\bar{v}}{\bar{Z}}$,$\bar{v}$ 为分子平均速率,$\bar{Z}$ 为单位时间平均碰撞次数,这两个量都是统计的平均值,因此计算平均自由程时这两个量就体现出了统计平均.

5-7-1 **解题过程** 分子热运动在输运现象中,由于分子不断相互掺和,使得原来气体中物理性质(包括密度、流速、温度等)不均匀的各部分经过交换物质、动量和能量,使得其内部各部分物理性质趋于均匀. 分子间的碰撞使分子间相互交换能量和动量,使得气体各部分质量和能量趋于均匀,气体状态趋向平衡.

分子的平均速率 $\bar{v}$ 体现了分子热运动的作用,分子的平均自由程 $\bar{\lambda}$ 体现了分子碰撞的作用.

5-7-2 **解题过程** 不同意. 在 ΔS 两侧 A、B 两部分分子通过 ΔS 面前最后一次碰撞应发生在与 ΔS 相距 $\bar{\lambda}$ 处. 这是因为平均自由程是分子连续两次碰撞之间所走的平均距离,在某段时间内 ΔS 两侧的气体分子中都有一部分分子要经过最后一次碰撞而通过 ΔS 面,这些分子在发生最后一次碰撞时距 ΔS 的距离有近有远,在这个距离内必须保证在最后一次碰撞之后与通过 ΔS 面之前的时间内不与其他分子发生碰撞,很显然这个距离要小于分子的自由程,因而其平均值也小于分子的平均自由程 $\bar{\lambda}$. 这样想好像很合理,其实是不正确的. 实际上,从微观解释推导迁移现象的宏观规律时,对微观的分子运动和碰撞情况作了假设并且使之模型化了:将系统划分成很多微小的区域,虽然宏观上是非平衡态,但微观上认为这些小区域内的分子都处于平衡态,并且假定各区域内的分子运动是各向同性的,各分子以速率 $\bar{v}$ 运动,并将这些分子等分成三队,分别沿 x、y、z 轴的方向运动. 研究时只研究沿 z 轴某一方向运动的那些分子,它们占小区域内总分子数的 $\dfrac{1}{6}$,对于 ΔS 面两侧 A、B 两个相邻的小区域,虽然宏观参量不同,微观上分子的速率、动量等也不同,但最后它们必然变得与其他分子无从区别,即"同化"了. 因此可以这样简单设想:分子受一次碰撞就被完全"同化",通过每两个相邻小区域间分子的碰撞和"同化",最终使整个系统从非平衡态过渡到平衡态.

基于以上假设,我们可以认为 A、B 两部分如答 5-7-2 图所示,所交换的分子都具有通过 ΔS 面前最后一次受碰处的定向参量,它们已与本区域内的其他分子作完最后一次碰撞,正沿 y 轴穿过 ΔS,并与对方区域内的分子作首次碰撞. 虽然各个分子最后一次受碰撞的位置不同,但就平均效果来讲,可以认为所有这些准备一次穿越 ΔS 面的分子均匀分布在以 ΔS 为底、$\bar{\lambda}$ 为高的柱体里. 由于有了前面的假设和理想化的模型,不能认为该柱体的高为 $\dfrac{\bar{\lambda}}{2}$,这样会遗漏一半分子数.

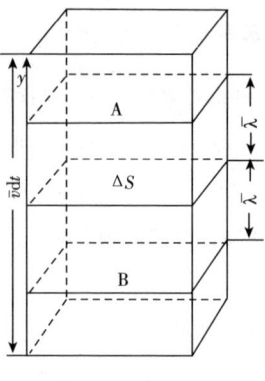

答 5-7-2 图

习题全解

5-1 由 $pV=\nu RT$ 得 $\nu=\dfrac{pV}{RT}$. 因为分子数为

$$N=\nu N_A=\dfrac{pV}{RT}N_A \qquad ①$$

式中,$p=1.01\times10^{-13}$ Pa,$V=1.0$ cm^3=1.0×10^{-6} m^3,$T=293$K,$R=8.31$J/mol·K,$N_A=6.02\times10^{23}$ mol^{-1}.

代入式①,得 $N=25$.

5-2 设氦气的压强为 p,水银柱截面积为 S,密度为 ρ. 大气压强为 p_0. l_1、l_2 分别为氦气混入前后的水银柱高,则

$$p_0 S=\rho g S l_1 \qquad ①$$
$$p_0 S=pS+\rho g S l_2 \qquad ②$$

根据式①、式②得

$$p=\rho g(l_1-l_2)=p_0-p_0' \qquad ③$$

式中,p_0' 为氦气混入后的水银气压计显示气压.

氦气体积为 $\qquad V=V_0+\Delta V=S(l_0+\Delta l) \qquad ④$

式中 $\qquad \Delta l=l_1-l_2 \qquad ⑤$

理想气体状态方程为

$$pV=\dfrac{m}{M_{\text{mol}}}RT \qquad ⑥$$

将式③、式④、式⑤代入式⑥,得

$$m = M_{mol}\frac{pV}{RT} = \frac{M_{mol}(p_0 - p_0')S(l_0 + \Delta l)}{RT}$$

$$= 0.004 \times \frac{\frac{0.76-0.60}{0.76} \times 1.013 \times 10^5 \times 2 \times 10^{-4}(0.12+0.76-0.60)}{8.31 \times (273+27)}$$

$$= 1.92 \times 10^{-6} \text{kg}$$

5-3 解题过程 此题要应用道尔顿分压定律及理想气体状态方程.

氢气和氦气混合不发生化学反应,计算各自的分压强,根据理想气体状态方程可得体积为 $V = 1.0 \times 10^{-3} \text{m}^3$,温度为 $T = 273 + 30 = 303\text{K}$,氦气对容器的分压强为

$$p_1 = \frac{m_1}{M_1}\frac{RT}{V} = \frac{4.0 \times 10^{-5} \times 8.31 \times 303}{4.0 \times 10^{-3} \times 1.0 \times 10^{-3}} = 2.52 \times 10^4 \text{Pa}$$

氢气对容器的分压强

$$p_2 = \frac{m_2}{M_2}\frac{RT}{V} = \frac{4.0 \times 10^{-5} \times 8.31 \times 303}{2.0 \times 10^{-3} \times 1.0 \times 10^{-3}}\text{Pa} = 5.04 \times 10^4 \text{Pa}$$

总压强 $\quad p = p_1 + p_2 = (2.52 + 5.04) \times 10^4$

$$= 7.56 \times 10^4 \text{Pa}$$

5-4 分析 平衡前后两个状态分别对两部分气体列状态方程进行分析.

解题过程 如题 5-4 图解所示,设活塞的横截面积为 S. 当两部分气体处于初始平衡态时,它们的状态方程分别为

$$p_1 l_1 S = \frac{M_1}{M_{1,mol}}RT_1$$

$$p_2 l_2 S = \frac{M_2}{M_{2,mol}}RT_2$$

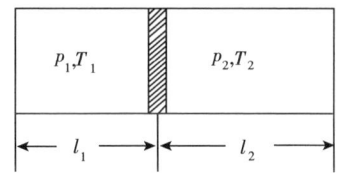

题 5-4 图解

由已知 $l_1 = l_2$, $M_{1,mol} = M_{2,mol}$,代入以上两式得

$$\frac{M_1}{M_2} = \frac{p_1 T_2}{p_2 T_1}$$

当活塞处于平衡位置时,由力学平衡条件得

$$p_1' = p_2'$$

由热学平衡条件得

$$T_1' = T_2'$$

两部分气体达到新的平衡态时它们的状态方程分别为

$$p_1' l_1' S = \frac{M_1}{M_{1,\text{mol}}} R T_1'$$

$$p_2' l_2' S = \frac{M_2}{M_{2,\text{mol}}} R T_2'$$

将平衡条件代入上述状态方程得

$$\frac{l_1'}{l_2'} = \frac{M_1}{M_2} = \frac{p_1}{p_2}\frac{T_2}{T_1} = \frac{1.013 \times 10^5 \times 280}{2.026 \times 10^5 \times 680} = \frac{7}{34} = 0.206$$

> **小 结** 考查理想气体状态方程及其应用.

5-5 解题过程 根据波义耳定律：$p_1 V_1 = p_2 V_1 + p_0 \cdot n V_2$，得

$$1.3 \times 10^7 \times 32 \times 10^{-3} = 10^6 \times 32 \times 10^{-3} + 10^5 n \cdot 400 \times 10^{-3}$$

$$n = 9.6$$

所以一瓶氧气能用 9 天.

5-6 解题过程 每个分子作用在墙上的冲量为

$$2m \times v_x = 2m \cdot v \cdot \cos 45° = \sqrt{2} m v$$

单位时间内的分子数为

$$N = n \cdot \Delta V = n \cdot \Delta S \cdot h = n \cdot \Delta S \cdot v \cdot \cos 45° \cdot \Delta t$$

分子在墙上的作用力为

$$F = \frac{I \cdot N}{\Delta t} = \frac{\sqrt{2} m \cdot v \cdot n \cdot \Delta S \cdot v \cdot \frac{\sqrt{2}}{2} \Delta t}{\Delta t} = m v^2 \cdot n \cdot \Delta S$$

压强为

$$p = \frac{F}{\Delta S} = m v^2 \cdot n = 3.35 \times 10^{-27} \times 2.89 \times 10^6 \times 1.033 \times 10^{25} = 1 \times 10^5 \, \text{Pa}$$

5-7 解题过程 (1) 氦气：平均平动动能 $\bar{\varepsilon}_k = \frac{3}{2} k T = 6.21 \times 10^{-21}$ J

平均总动能 $\bar{\varepsilon} = \frac{3}{2} k T = 6.21 \times 10^{-21}$ J

氧气：平均平动动能 $\bar{\varepsilon}_k = \frac{3}{2} k T = 6.21 \times 10^{-21}$ J

平均总动能 $\bar{\varepsilon} = \frac{5}{2} k T = 10.35 \times 10^{-21}$ J

氨气：平均平动动能 $\bar{\varepsilon}_k = \frac{3}{2} k T = 6.21 \times 10^{-21}$ J

平均总动能 $\varepsilon = 3kT = 12.42 \times 10^{-21}$ J

(2) 1g 的各种气体的内能.

氦气的内能 $E = \frac{1}{4} \times \frac{3}{2}RT = 0.935 \times 10^3$ J

氧气的内能 $E = \frac{1}{32} \times \frac{5}{2}RT = 0.195 \times 10^6$ J

氨气的内能 $E = \frac{1}{17} \times 3RT = 0.440 \times 10^3$ J

(3) 1mol 氦气的内能 $E = \frac{3}{2}RT = 3.74 \times 10^3$ J

1mol 氧气的内能 $E = \frac{5}{2}RT = 6.23 \times 10^3$ J

1mol 氨气的内能 $E = 3RT = 7.48 \times 10^3$ J

5-8 解题过程 $\Delta E = \frac{i}{2}RT, i = \frac{2\Delta E}{RT} = \frac{2 \times 2.09 \times 10^2}{8.31 \times 10} = 5.03 \approx 5$.

故该气体分子的自由度为 5，是刚性双原子分子.

5-9 解题过程 分解前 1mol 水蒸气的内能（当作刚性多原子分子气体）为

$$E_1 = 3RT$$

分解后，氢气和氧气的内能（当作刚性双原子分子气体）为

$$E_2 = \frac{5}{2}RT + \frac{1}{2} \times \frac{5}{2}RT = \frac{15}{4}RT$$

故内能增加了 $\Delta E = E_2 - E_1 = \frac{3}{4}RT$.

5-10 解题过程 (1) 由 $E_{内} = \frac{m}{M} \cdot \frac{i}{2}RT$ 和 $pV = \frac{m}{M}RT$ 可得 $E_{内} = \frac{i}{2}pV$，故

$$E_{A内} = \frac{3}{2}p_0V_0, E_{B内} = \frac{5}{2}p_0V_0.$$

(2) 两种气体混合后达到平衡时温度是一定的，则

$$E_A = \frac{3}{2}RT, E_B = 2 \times \frac{5}{2}RT = 5RT$$

故 $E_{总} = \frac{13}{2}RT = 4p_0V_0$，因此

$$T = \frac{8p_0V_0}{13R}$$

$$p \cdot 2V_0 = 3R \cdot \frac{8p_0V_0}{13R}$$

故 $p = \frac{12}{13}p_0$.

因此气体混合后达到平衡时的温度为 $\dfrac{8p_0V_0}{13R}$，压强为 $\dfrac{12}{13}p_0$.

5-11 解题过程　(1)氧气的 $i=5$，$\Delta E = \dfrac{m}{M} \cdot \dfrac{i}{2} R \cdot \Delta T = \dfrac{1}{2} m v^2$，故

$$\Delta T = \dfrac{Mv^2}{5R}.$$

(2)平均平动动能为

$$\bar{\varepsilon}_k = \dfrac{3}{2} k \Delta T = \dfrac{3}{2} \cdot \dfrac{R}{N_A} \cdot \dfrac{Mv^2}{5R} = \dfrac{3}{10} \cdot \dfrac{M}{N_A} \cdot v^2$$

转动动能＝动能－平均平动动能，则

$$E_{转} = \dfrac{i}{2} kT - \dfrac{3}{2} kT = k \cdot \Delta T = \dfrac{R}{N_A} \cdot \dfrac{Mv^2}{5R} = \dfrac{Mv^2}{5N_A}$$

故平均平动动能增加 $\dfrac{3}{10} \dfrac{M}{N_A} \cdot v^2$，转动动能增加 $\dfrac{Mv^2}{5N_A}$.

5-12 解题过程　$(1)\bar{v} = \dfrac{\sum\limits_{i=1}^{n} v_i N_i}{N}$

$$= \dfrac{2(v_0) + 3(2v_0) + 5(3v_0) + 4(4v_0) + 3(5v_0) + 2(6v_0) + 7(v_0)}{20}$$

$$= 3.65 v_0$$

$(2) \sqrt{\overline{v^2}} = \sqrt{\dfrac{\sum\limits_{i=1}^{n} v_i^2 N_i}{N}}$

$$= \sqrt{\dfrac{v_0^2 [2 + 3(2)^2 + 5(3)^2 + 4(4)^2 + 3(5)^2 + 2(6)^2 + 7^2]}{20}}$$

$$= 3.99 v_0$$

(3)20个质点中出现速率为 $3v_0$ 的概率最大，有5个，则 $v_p = 3v_0$.

5-13 解题过程　最概然速率 $v_p = 1.41 \cdot \sqrt{\dfrac{RT}{M}}$，根据理想气体状态方程 $pV = \dfrac{m}{M} \cdot RT$，得

$\dfrac{RT}{M} = \dfrac{pV}{m}$，$v_P = 1.41 \cdot \sqrt{\dfrac{pV}{m}} = 1.41 \times 279 = 393 \text{m/s}$

平均速率 $\bar{v} = 1.6 \cdot \sqrt{\dfrac{RT}{M}} = 1.6 \cdot \sqrt{\dfrac{pV}{m}} = 446 \text{m/s}$

方均根速率 $v_{rms} = 1.73 \cdot \sqrt{\dfrac{RT}{M}} = 1.73 \cdot \sqrt{\dfrac{pV}{m}} = 483 \text{m/s}$.

5-14 解题过程　(1)分布函数图如题 5-14 图解所示.

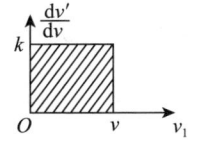

题 5-14 图解

(2) $dN_v = k \cdot dv$,则

$$\int_0^N dN_v = \int_0^{v_0} k \cdot dv$$

$$N = k \cdot v_0$$

故 $k = \dfrac{N}{v_0}$.

(3) $\bar{v} = \dfrac{\int_0^{v_0} \cdot v k \cdot dv}{\int_0^N dN_v} = \dfrac{v_0}{2}$

$$\sqrt{\overline{v^2}} = \left(\dfrac{\int_0^{v_0} \cdot v^2 k dv}{\int_0^N \cdot dN_v} \right)^{\frac{1}{2}} = \dfrac{v_0}{\sqrt{3}}$$

5-15 解题过程

(1) $\begin{cases} f(v) = \dfrac{A}{v_0} \cdot v & 0 < v < v_0 \\ f(v) = A & v_0 < v < 2v_0 \end{cases}$

粒子总数为

$$N = \int_0^{v_0} \cdot N \cdot \dfrac{A}{v_0} \cdot v \cdot dv + \int_{v_0}^{2v_0} N \cdot A \cdot dv$$

$$N = \dfrac{1}{2} \dfrac{NA}{v_0} \cdot v_0^2 + NAv_0$$

故 $1 = \dfrac{3}{2} A v_0$,因此 $A = \dfrac{2}{3v_0}$.

(2) 在 $0 \sim v_0$ 之间:

$$N_1 = \int_0^{v_0} \cdot N \cdot \dfrac{A}{v_0} v dv = \dfrac{1}{2} N v_0 \cdot \dfrac{2}{3v_0} = \dfrac{1}{3} N$$

在 $1.5v_0 \sim 2v_0$ 之间:

$$N_2 = \int_{1.5v_0}^{2v_0} NA \cdot dv = NA \cdot \dfrac{1}{2} v_0 = \dfrac{1}{3} N$$

(3) $\bar{v} = \dfrac{\int_0^{\infty} v \cdot dN}{N} = \int_0^{\infty} \cdot v f(v) \cdot dv$

$$= \int_0^{v_0} \frac{2}{3v_0^2} v^2 \mathrm{d}v + \int_{v_0}^{2v_0} \frac{2}{3v_0} v \mathrm{d}v$$

$$= \frac{2}{3v_0^2} \cdot \frac{1}{3} v_0^3 + \frac{1}{3v_0} \cdot 3v_0^2 = \frac{11}{9} v_0$$

(4) $\overline{v_1} = \dfrac{\int_0^{v_0} v f(v) \mathrm{d}v}{\int_0^{v_0} f(v) \mathrm{d}v} = \dfrac{\frac{2}{3v_0^2} \cdot \frac{1}{3} v_0^3}{\frac{1}{3v_0^2} \cdot v_0^2} = \frac{2}{3} v_0$

5-16 解题过程 (1) $\int_0^\infty f(v) \mathrm{d}v = 1$

$$\int_0^{v_F} \frac{4\pi v^2 \cdot A}{N} \mathrm{d}v = 1$$

$$\frac{4\pi}{3N} A \cdot v_F^3 = 1$$

$$A = \frac{3N}{4\pi v_F^3}$$

(2) $\overline{\varepsilon} = \int_0^\infty w f(v) \mathrm{d}v = \int_0^{v_F} \frac{1}{2} mv^2 \cdot \dfrac{4\pi v^2 \cdot A}{N} \mathrm{d}v$

$$= \int_0^{v_F} \frac{1}{2} mv^2 \cdot \frac{4\pi v^2}{N} \cdot \frac{3N}{4\pi v_F^3} \mathrm{d}v = \int_0^{v_F} \frac{3mv^4}{2v_F^3} \mathrm{d}v$$

$$= \frac{3m}{10 v_F^3} v_F^5 = \frac{3}{10} mv_F^2 = \left(\frac{1}{2} mv_F^2\right) \frac{3}{5} = \frac{3}{5} E_F$$

5-17 解题过程 $\Delta n = \dfrac{4}{\sqrt{\pi}} \cdot n x^2 \cdot \mathrm{e}^{-x^2} \Delta x$，其中 $x = \dfrac{v}{v_\mathrm{p}}$，$\Delta x = \dfrac{\Delta v}{v_\mathrm{p}}$，因为 $v = v_\mathrm{p}$，所以 $x = 1$.

$\Delta v = 0.01 v_\mathrm{p}$，$\Delta x = 0.01$，$\Delta n = \dfrac{4}{\sqrt{\pi}} \cdot n x^2 \cdot \mathrm{e}^{-x^2} \cdot 0.01 = \dfrac{4}{\sqrt{\pi}} \mathrm{e}^{-1} \cdot 0.01 = 0.83\%$.

5-18 解题过程 逃逸速度可由分子动能等于无穷远的引力势能计算，即

$$\frac{1}{2} mv^2 = \frac{GMm}{R} \Rightarrow v = \sqrt{\frac{2GM}{R}}$$

$$\sqrt{\overline{v^2}} = \sqrt{\frac{3kT}{m}}, \text{故} \frac{v}{\sqrt{\overline{v^2}}} = \sqrt{\frac{2GMm}{3RkT}} = \sqrt{\frac{2G \cdot M \cdot N_\mathrm{A} \cdot m}{3R \cdot N_\mathrm{A} kT}}$$

故各气体逃逸速度与方均根速率之比如下：

	H_2	He	$\mathrm{H}_2\mathrm{O}$	N_2	O_2
$v/\sqrt{\overline{v^2}}$	5.88	8.32	17.65	22.0	23.53

大气分子的热运动促使气体逸散，万有引力阻止逃逸，方均根速率标志着前者动能的大小，逃逸速度标志着势能的大小，题中比值标志着二者抗衡中谁占先的问题，所以地球大气的主要成分为 N_2 和 O_2.

5-19 解题过程　根据玻尔兹曼分布的气压公式得

$$p = p_0 \cdot e^{-\frac{mgz}{kT}} = p_0 \cdot e^{-\frac{Mgz}{RT}}$$

$$z = -\frac{RT}{Mg}\ln\frac{p}{p_0} = -\frac{8.31 \times 273}{0.0289 \times 9.8}\ln 0.75 = 2300\text{m}$$

所以上升到2300m处大气压强减到地面的75%.

5-20 解题过程　$T = 0℃ = 273\text{K}$，根据玻尔兹曼分布的气压公式，得

(1) 500m, $p_1 = p_0 \cdot e^{-\frac{Mgz_1}{RT}} = 1.013 \times 10^5 \times e^{-\frac{0.0289 \times 9.8 \times 500}{8.31 \times 273}} = 9.51 \times 10^4\text{Pa}$

(2) 4000m, $p_2 = p_0 \cdot e^{-\frac{Mgz_2}{RT}} = 1.013 \times 10^5 \times e^{-\frac{0.0289 \times 9.8 \times 4000}{8.31 \times 273}} = 6.15 \times 10^4\text{Pa}$

(3) 20km, $p_3 = p_0 \cdot e^{-\frac{Mgz_3}{RT}} = 1.013 \times 10^5 \times e^{-\frac{0.0289 \times 9.8 \times 20000}{8.31 \times 273}} = 8.32 \times 10^3\text{Pa}$

5-21 解题过程　由气体时的状态方程有

$$p = nkT$$

$$n = \frac{p}{kT} = \frac{1.33 \times 10^{-3}}{1.38 \times 10^{-23} \times 300} = 3.21 \times 10^{17}\text{m}^{-3}$$

分子的平均自由程为

$$\bar{\lambda} = \frac{1}{\sqrt{2}\pi d^2 n} = \frac{1}{\sqrt{2}\pi(3 \times 10^{-10})^2 \times 3.21 \times 10^{17}} = 7.79\text{m}$$

5-22 解题过程　本题可直接运用平均碰撞次数的公式求解.

(1) 在标准状态下氮气分子的平均速率为

$$\bar{v} = \sqrt{\frac{8RT}{\pi M}} = \sqrt{\frac{8 \times 8.31 \times 273}{3.14 \times 0.028}} = 454\text{m/s}$$

平均碰撞次数为 $\bar{Z} = \sqrt{2}\pi d^2 \bar{v} n = \sqrt{2}\pi d^2 \bar{v}\frac{p}{kT}$

$$= 1.414 \times 3.14 \times (10^{-10})^2 \times 454 \times \frac{1.013 \times 10^5}{1.38 \times 10^{-23} \times 273}$$

$$= 5.42 \times 10^8\text{s}^{-1}$$

(2) 温度不变，则平均速率 $\bar{v}$ 不变，由 $\bar{Z}$ 的计算公式可知 $\bar{Z}$ 与 p 成正比，设压强降低为 p' 后平均碰撞次数为 $\bar{Z}'$，所以会有 $\frac{\bar{Z}'}{\bar{Z}} = \frac{p'}{p}$.

气压降低后的平均碰撞次数为

$$\bar{Z}' = \frac{p'}{p}\bar{Z} = \frac{1.33 \times 10^{-4}}{1.013 \times 10^5} \times 5.42 \times 10^8 = 0.71\text{s}^{-1}.$$

5-23 解题过程　直接由黏度的计算公式可得

$$\eta = \frac{1}{3}\rho\bar{\lambda}\bar{v} = \frac{1}{3} \times 1.293 \times 6.4 \times 10^{-8} \times 4.6 \times 10^2 = 1.27 \times 10^{-5}\text{Pa} \cdot \text{s}$$

5-24 **解题过程** 本题由扩散系数和平均自由程的计算公式来求解.

扩散系数 $D = \frac{1}{3}\bar{v}\bar{\lambda}$,于是分子的平均自由程 $\bar{\lambda} = \frac{3D}{\bar{v}}$.

而标准状态下氧分子的平均速率为

$$\bar{v} = \sqrt{\frac{8RT}{\pi M}} = \sqrt{\frac{8 \times 8.31 \times 273}{3.14159 \times 0.032}} = 424.89 \text{m/s}$$

所以
$$\bar{\lambda} = \frac{3D}{\bar{v}} = \frac{3 \times 1.87 \times 10^{-5}}{424.89} = 1.32 \times 10^{-7} \text{m}$$

又由于
$$\bar{\lambda} = \frac{kT}{\sqrt{2}\pi d^2 p}$$

所以可得分子有效直径为

$$d = \left(\frac{kT}{\sqrt{2}\pi \bar{\lambda} p}\right)^{\frac{1}{2}} = \left(\frac{1.38 \times 10^{-23} \times 273}{1.414 \times 3.14159 \times 1.32 \times 10^{-7} \times 1.013 \times 10^5}\right)^{\frac{1}{2}}$$
$$= 2.52 \times 10^{-10} \text{m}$$

5-25 **解题过程** $T = 300\text{K}, p = 1.013 \times 10^5 \text{Pa}$.

空气分子的平均自由程为

$$\bar{\lambda} = \frac{1}{\sqrt{2}\pi d^2 n} = \frac{kT}{\sqrt{2}\pi d^2 p} = \frac{1.38 \times 10^{-23} \times 300}{\sqrt{2} \cdot \pi \cdot (3 \times 10^{-10})^2 \times 1.013 \times 10^5}$$
$$= 10.22 \times 10^{-8} \text{m}$$

此外 $\bar{\lambda} \ll L = 0.4\text{cm}$,故设满足条件的最高临界值为 p_0,相应 $\bar{\lambda}_0 > L$,取 $\bar{\lambda}_0 = L = 0.4\text{cm}$,又因为 $\bar{\lambda} \propto \frac{1}{p}$,故由 $\frac{\bar{\lambda}}{\bar{\lambda}_0} = \frac{p_0}{p}$ 推出 $\frac{p_0}{1.013 \times 10^5 \text{Pa}} = \frac{10.22 \times 10^{-8}}{0.4 \times 10^{-2}}$

$\Rightarrow p_0 = 2.6 \text{Pa}$

当压强降低到 2.6Pa 时胆的导热系数会明显减少.

5-26 **解题过程** 求摩尔体积.

CO_2 的摩尔质量为 44g/mol,则

$$V_m = \frac{M}{m} \cdot V = \frac{44}{2200} \times 30 = 0.6 \text{L/mol}$$

由范德瓦耳斯方程得

$$p = \frac{RT}{V_m - b} - \frac{a}{V_m^2} = \frac{8.31 \times 10^{-2} \times 300}{0.6 - 0.043} - \frac{36}{(0.6)^2} = 34.8 \text{atm} = 3.48 \times 10^6 \text{Pa}$$

若把 CO_2 视为理想气体,则

$$p' = \frac{RT}{V_m} = \frac{8.31 \times 10^{-2} \times 300}{0.6} = 41.6 \text{atm} = 4.16 \times 10^6 \text{Pa}$$

第六章

热力学基础

本章知识要点

1. 热力学第零定律的内容、热力学第一定律的相关概念及内容.
2. 热力学第一定律在等容、等压、等温、绝热循环过程中的应用.
3. 热力学第二定律的内容及应用.
4. 熵的概念、玻尔兹曼关系的表达式.
5. 熵增加原理及应用.

知识点归纳

一、热力学第零定律

如果两个物体都与处于确定状态的第三物体处于热平衡,则该两物体彼此处于热平衡.

二、热力学第一定律

1. 准静态过程

热力学系统在状态变化过程进行中的每一时刻,系统的状态都无限接近平衡态.

2. 功

准静态过程中系统对外界所做的功为

$$dA = pdV, \quad A = \int_{v_1}^{v_2} pdV$$

3. 热量

热量是系统与外界或两个物体之间由于温度不同而交换的热运动能量.

4. 热力学第一定律

$$dQ = dE + dA$$

$$Q = E_2 - E_1 + A$$

5. 摩尔热容

摩尔热容是指 1mol 物质温度改变 1K 所吸收或放出的热量.

理想气体的定容摩尔热容 $\quad C_{V,m} = \dfrac{i}{2}R$

理想气体的定压摩尔热容 $\quad C_{p,m} = \dfrac{i+2}{2}R$

迈耶公式 $\quad C_{p,m} = C_{V,m} + R$

热容比(绝热指数) $\quad \gamma = \dfrac{C_{p,m}}{C_{V,m}} = \dfrac{i+2}{i}$

6. 热力学第一定律对理想气体等值过程的应用(见表 6-1)

表 6-1

过程	特征	过程方程	吸收热量 Q	对外做功 A	内能增量 ΔE
等容	$dV=0$	$\dfrac{p}{T}=C$	$C_{V,m}\dfrac{m}{M}(T_2-T_1)$	0	$C_{V,m}\dfrac{m}{M}(T_2-T_1)$
等压	$dp=0$	$\dfrac{V}{T}=C$	$C_{p,m}\dfrac{m}{M}(T_2-T_1)$	$p(V_2-V_1)$	$C_{V,m}\dfrac{m}{M}(T_2-T_1)$
等温	$dT=0$	$pV=C$	$\dfrac{m}{M}RT\ln\left(\dfrac{V_2}{V_1}\right)$	$A=Q$	0
绝热	$dQ=0$	$pV^\gamma=C_1$ $TV^{\gamma-1}=C_2$ $p^{\gamma-1}T^{-\gamma}=C_3$	0	$A=-\Delta E$ $A=\dfrac{p_1V_1-p_2V_2}{\gamma-1}$	$C_{V,m}\dfrac{m}{M}(T_2-T_1)$

7. 绝热自由膨胀过程

$$Q=0, \quad A=0, \quad \Delta E=0$$

对理想气体 $\quad T_2 = T_1$

8. 循环过程

系统经一系列变化过程又回到初态,这样的过程叫循环过程.

特点: $\Delta E = 0$

(1) 正循环(热机循环): 系统从高温热源吸热 Q_1, 向低温热源放热 $|Q_2|$ ($Q_2<0$), 系统对外界做功 $A = Q_1 - |Q_2|$, 热机效率为

$$\eta = \frac{A}{Q_1} = 1 - \frac{|Q_2|}{Q_1}$$

(2) 逆循环(制冷循环): 系统从低温热源吸热 Q_2, 向高温热源放热 $|Q_1|$ ($Q_1<0$), 外界对系统做功 $A_外$, $|Q_1| = A_外 + Q_2$, 制冷系数为

$$w = \frac{Q_2}{A_外} = \frac{Q_2}{|Q_1| - Q_2}$$

(3) 卡诺循环: 在一循环中, 若系统只在高温热源(温度为 T_1)与低温热源(温度为 T_2)之间交换热量, 这样的循环称为卡诺循环.

卡诺正循环的效率为 $\quad \eta_C = 1 - \dfrac{T_2}{T_1}$

卡诺逆循环的制冷系数为 $\quad w_C = \dfrac{T_2}{T_1 - T_2}$

9. 可逆过程与不可逆过程

可逆过程: 系统由一初态出发, 经某过程到达一末态后, 如果能使系统回到初态而不引起外界的任何变化(即系统和外界都恢复了原状), 则此过程叫作可逆过程.

不可逆过程: 系统经某过程由一初态到末态后, 如不可能使系统和外界完全复原, 则此过程称为不可逆过程.

三、热力学第二定律

1. 开尔文表述

不可能只从单一热源吸取热量使之完全变为有用的功而不引起其他变化, 即功热转换过程是不可逆的.

2. 克劳修斯表述

不可能使热量从低温物体传向高温物体而不引起其他变化, 即热传导过程是不可逆的.

3. 热力学第二定律的统计意义

自发宏观过程总是沿着使系统的热力学概率(微观状态数)增大的方向进行, 或者说自发宏观过程总是沿着使大量分子运动向更加无序的状态进行.

4. 熵和熵增加原理

(1) 热力学概率: 某一宏观状态对应的微观状态数, 用 W 表示.

(2)玻尔兹曼熵公式　　　　　　　　$S = k\ln W$

(3)克劳修斯熵公式　　　　　　　　$S_2 - S_1 = \int_1^2 \left(\dfrac{dQ}{T}\right)_{可逆}$

(4)熵增加原理：孤立系统中的不可逆过程，其熵增加；孤立系统中的可逆过程，其熵不变；孤立系统中的任意过程其熵永不减少，即

$$\Delta S \geqslant 0$$

式中不等号对应于不可逆过程，等号对应于可逆过程．

复习思考题解答

6-1-1 **解题过程** (1)这种说法是错误的．物体的温度决定其内能，但与热量无关．内能包括系统内部所有粒子的动能和势能，是由热力学系统状态所决定的．热量是热传递过程中所传递的能量的量度，是一个过程量，离开了热传递的过程而谈热量是没有意义的，系统吸收或放出热量可以改变系统的内能．

(2)这种说法对于理想气体是正确的．内能是宏观状态参量（如 p、V、T）的单值函数，而对于理想气体，系统内能仅是温度 T 的单值函数．因此系统从同一初态无论经历怎样的中间过程到达同一末态，内能增量是相同的．理想气体的内能与温度成正比，但对一般实际热力学系统而言，内能并非只是温度的单值函数，还与体积和压强有关．因为温度高的物体内能不一定比温度低的物体内能大．

6-1-2 **解题过程** 用气筒打气的过程，外界对气体做功使气体压缩，压强增大，达到一定的压强时气体顶开阀门向外排气，以气筒内的气体为研究对象来研究压缩气体的过程，由于压缩气体的过程进行得很快，筒内的气体来不及与外界换热就已被压缩，因此这一过程可以看成绝热压缩过程．于是有吸热量 $Q=0$，外界对系统做功而使得 $\Delta V<0$，$A<0$，亦即系统对外做负功，由热力学第一定律 $Q=\Delta E + A$ 知 $\Delta E > 0$，系统内能增加．

(2)取水蒸气为研究对象，并将其近似为理想气体．水沸腾后变成的水蒸气进行的是等温膨胀过程，由于系统体积增大，即 $\Delta V>0$，所以 $A>0$，系统对外做正功；水蒸气温度不变，$\Delta T=0$，系统内能变化 $\Delta E=0$，由热力学第一定律可得 $Q=A+\Delta E=A>0$，即水蒸气在等温膨胀时需要吸热．

6-2-1 **解题过程** 气体的热容定义为在没有化学反应和相变的条件下气体的温度每升高 1K 所吸收的热量，微分表达式为 $C=\dfrac{dQ}{dT}$，dQ 是过程微元交换的热量，然而气体从一个平衡态变化到

另一个平衡态,可能经历的过程理论上可以有无穷多个,正如 p-V 图上从一个状态点到另一个状态点可以连无穷多条曲线,每一条曲线都是一个中间过程,每条曲线上气体温度升高 1K 所吸收的热量都不同,因此热容 C 的数值可以有无穷多个,1 mol 气体的热容称为气体的摩尔热容,由热容微分式可得:

当 $dQ=0$ 时,气体的摩尔热容 $C_m=0$,此时为绝热过程.

当 $dT=0$ 时,气体的摩尔热容 $C_m=\infty$,此时为等温过程.

当 $dQ>0$,$dT>0$ 时,气体的摩尔热容 $C_m>0$,等压过程的 $C_m=C_{p,m}>0$,等容过程的 $C_m=C_{V,m}>0$.

当 $dQ>0$,$dT<0$ 或 $dQ<0$,$dT>0$ 时,气体的摩尔热容 $C_m<0$,气体经历多方指数 $1<n<\gamma$ 的多方过程时将出现负热容,此时会出现外界对系统做功,系统既升温又放热的现象.

6-2-2 <u>解题过程</u> 由答 6-2-2 图可知,这三个过程初末态的温度都相同,即温度变化相同,由于是理想气体,因此内能增量也相同. 在 p-V 图上,远离坐标轴的等温线温度高,即 $T_2>T_1$,$\Delta T>0$,于是三过程的内能增量 $\Delta E_1=\Delta E_2=\Delta E_3>0$;比较 p-V 图上过程曲线下的面积可知 $|A_1|>|A_2|>|A_3|$,由于 $\Delta V>0$,都是系统对外界做负功,即有 $A_1<A_2<A_3<0$. 而过程 2 是绝热过程, $Q_2=0$,由热力学第一定律可得 $Q_2=\Delta E_2+A_2=0$,$Q_1=\Delta E_1+A_1<\Delta E_2+A_2=0$,$Q_3=\Delta E_3+A_3>\Delta E_2+A_2=0$,所以过程 1 放热,过程 3 吸热,由以上分析可得:

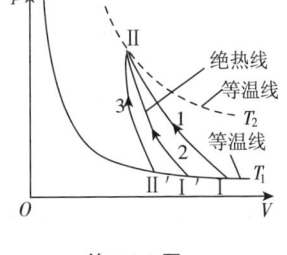

答 6-2-2 图

(1)过程Ⅰ→Ⅱ中,摩尔热容为负.

(2)过程Ⅰ′→Ⅱ中,摩尔热容为零.

(3)过程Ⅱ′→Ⅱ中,摩尔热容为正.

6-2-3 <u>解题过程</u> 这两种情况都有可能.

这是因为一切系统的热力学过程都必须遵守热力学第一定律 $Q=\Delta E+A$,对物体进行加热即向物体输入能量,吸收的能量既可以转化为增加的内能,也可以对外做功. 例如晶体在融化时虽然吸收热量但是温度保持不变,吸收的热量用于增加其内能;理想气体在等温膨胀过程中,系统温度保持不变,系统吸收的热量全部用于对外界做功. 又例如摩擦使物体温度上升,在这个过程中没有热量的交换.

6-3-1 <u>解题过程</u> 卡诺循环是只在两个恒温热源(一个高温热源,一个低温热源)之间进行的可逆循环过程,循环中,工作物质(又叫工质)仅和热源之间交换能量,循环过程仅由两个平衡的等温过程和两个平衡的绝热过程组成. 所以它是所有循环中最简单、最理想化的可逆循环.

任意一个可逆循环,其中间过程必须无限缓慢,才能接近平衡态,才可以细分为许多微小的卡诺循环. 每个卡诺循环都对应两个有温差的恒温热源,细分的卡诺循环数目越多越接近于实际的循环过程,每个卡诺循环的两个热源温差就越微小,因此任意可逆循环需要无穷多个不同温度的热源.

6-3-2 〖解题过程〗 对于一个卡诺循环,系统的内能不变,由热力学第一定律可知,吸热与放热的差值等于系统对外做的功,在 pV 图上表示为循环曲线所包围部分的面积. 而卡诺循环的效率 $\eta = 1 - \dfrac{T_2}{T_1}$ (T_1 为高温热源的温度,T_2 为低温热源的温度),效率的高低取决于高低温热源的温度比值. 从图中可以看出两个循环曲线所围面积相等,所以它们对外所做的净功相同,吸热和放热的差值也相同,但是两个循环的热源温度比值不相同,它们的效率也不相同.

6-3-3 〖解题过程〗 这种说法不正确. 效率的高低取决于净功与吸热的比值,在一个循环过程中,若所做的净功增加,其在循环过程中的吸热量也有可能增加,由效率的公式 $\eta = A/Q_{吸}$ 可知,其效率不一定增大. 虽然可以使体积膨胀来获取更多的净功,但是由 $\eta = 1 - \dfrac{T_2}{T_1}$ 可知,高低热源的温度不变,效率也不会变化.

6-4-1 〖解题过程〗 (1)这种说法不全面. 在非循环过程中可以实现功和热的全部转化,如理想气体的等温膨胀和等温压缩过程,使热全部转化为功,功全部转化为热,但此过程中外界条件发生了变化,即气体的体积发生了变化. 然而要想通过一个热循环使热全部转化为功,这将成为一个从单一热源取热全部转化为功而不引起其他变化的热机,其效率为1,这与热力学第二定律相违背,是不可能的.

(2)这种说法也是不全面的,应该说热量可以自发地从高温物体传到低温物体,但是不能自发地从低温物体传到高温物体. 虽然不能自发地从低温物体传到高温物体,但是却可以通过外界对物体做功来使热量从低温物体传到高温物体. 如空调、冰箱等都是利用外界做功使热量从低温物体传到高温物体.

6-4-2 〖解题过程〗 不能.(反证法)

假设一条等温线与一条绝热线能相交两次,这可以分为两种情况,如答 6-4-2 图(a)和(b)所示.

答 6-4-2 图(a)中可以构成一个正循环 $a \rightarrow b \rightarrow c \rightarrow d \rightarrow a$,该循环过程对外做正功(所围面积),由 $a \rightarrow b \rightarrow c$ 的绝热过程与外界不交换热量,而在由 $c \rightarrow d \rightarrow a$ 的等温过程放热,整个循环既对外做功,又放热,而无吸热,这显然是违背热力学第一定律的.

答 6-4-2 图(b)中也同样可以构成一个正循环,该循环也对外做功(所围面积),但只有等温过程的吸热,而无放热过程,也就是说系统从单一热源吸热,全部转化为有用功而不引起外界变化,这显然是违背热力学第二定律的.

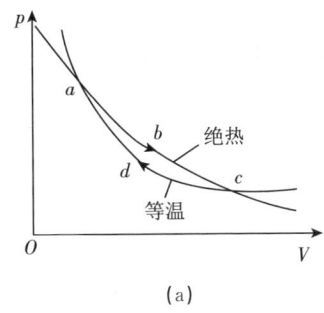
(a)

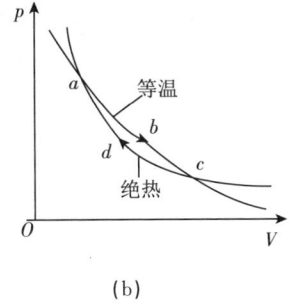
(b)

答 6-4-2 图

6-4-3 <u>解题过程</u> 证明两条绝热线不能相交.(反证法)

假设有两条绝热线可以相交于 1 点,如答 6-4-3 图所示,再分别在两条绝热线上取 2、3 两点,则在同一绝热线上满足充要条件.

$p_1 V_1^\gamma = p_2 V_2^\gamma$,$p_1 V_1^\gamma = p_3 V_3^\gamma$,所以有 $p_2 V_2^\gamma = p_3 V_3^\gamma$,即点 2,3 在同一绝热线上,这显然是自相矛盾的,因此两条绝热线不能相交.

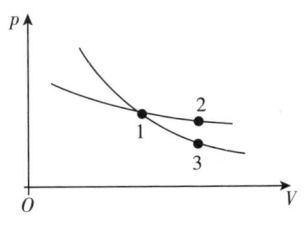

答 6-4-3 图

又由于上题中已证一条等温线与一条绝热线至多相交一次,因此两条绝热线与一条等温线不能构成一个循环.

6-5-1 <u>解题过程</u> 当两热源的温差大时对制冷不利. 卡诺机的制冷系数 $w_C = \dfrac{T_2}{T_2 - T_1}$,由此可见温差越大,卡诺机的制冷系数越小,也就是说从低温热源吸走相同的热量外界消耗的功就越多,这对制冷显然是不利的.

6-6-1 <u>解题过程</u> 由于熵是系统的状态函数,对于确定的初末态,两态间的熵变是确定的,与所经历的过程无关,而又由于可逆微元过程的熵变 $dS = \dfrac{dQ}{T}$,因此可以在初末态之间任意设定一个可逆过程,其熵变可由公式 $S_2 - S_1 = \int_1^2 \dfrac{dQ}{T}$ 算得,它等于不可逆过程引起的物体的熵变值.

6-6-2 <u>解题过程</u> 只要涉及热的问题,就和热力学第二定律有关,由熵增加的原理可知,在封闭系统中发生的任何与热相关的不可逆过程都将导致熵增加. 因此(1)中热传导使热量从食物传向空气中,最终两者温度相同,这是一个不可逆过程,与热力学第二定律有关,系统的熵增大,但是食物的熵是减小的.(2)若不考虑空气摩擦力,此过程完全是机械能的相互转化,与热力学第二定律无关. 如果考虑空气摩擦生热,使一部分机械能转化为热能,则与热力学第二定律有关,此过程是不可逆的,系统熵增大,物体吸热升温,熵增大.(3)与热力学第二定律有关.燃料燃烧将化学能转化为热能释放到周围环境中,使可用的能量减少,这是一个熵增大的不可逆过程,燃料的熵也是增大的.

6-7-1 解题过程 这与熵增加的原理不矛盾,熵增加的原理运用的前提是封闭系统或绝热系统.若只考虑水,它向外界环境散热,熵是减小的,但它不是一个封闭系统.若将这杯热水与环境作为一个系统来考虑,它是一个封闭系统,热水向环境散热是一个不可逆过程,导致这个封闭系统的熵增大(环境的熵增与水的熵增之和是增大的),因此在这个封闭系统中,熵加的原理同样适用.

6-7-2 解题过程 在 pV 图上,过同一状态点的绝热线较之等温线要陡,又因为一条绝热线与一条等温线只能相交一次,因此从同一初态点出发将同一气体压缩到相同的体积时,绝热过程最后得到的气体的压强大,如答 6-7-2 图所示.

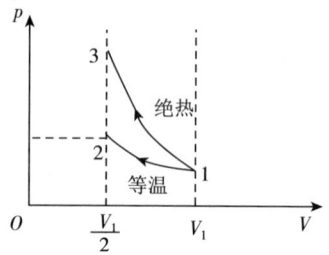

答 6-7-2 图

pV 图上所示的绝热、等温过程都是可逆过程.绝热过程的熵变为零,是等熵过程,等温压缩过程中,气体放热,由 $dS=\dfrac{dQ}{T}<0$ 可知熵减小.

习题全解

6-1 解题过程 根据热力学定律可知
$$Q=\Delta E+A$$
由题意得 $\Delta E=Q-A=350-126=224\text{J}$
(1) $Q_1=\Delta E+A=42+224=266\text{J}$,吸收了 266J 的热量.
(2) 由 $a\to b$,$\Delta E=224\text{J}$,则由 $b\to a$,$\Delta E'=-224\text{J}$,得
$$Q=\Delta E'+A=-224-84=-308\text{J}$$
该过程系统放出的热量为 308J.

6-2 解题过程 本题是等容与等压过程中吸热量的求解问题,可直接利用公式.

氮气是双原子气体，$C_{V,m}=\dfrac{5}{2}R$，$C_{p,m}=\dfrac{7}{2}R$.

由 $p_0V_0=\dfrac{m}{M_{N_2}}RT_0$，可得氮气的物质的量为

$$\nu_{N_2}=\dfrac{m}{M_{N_2}}=\dfrac{p_0V_0}{RT_0}=\dfrac{1.0\times10^5\times0.0082}{8.31\times300}=0.329\text{ mol}$$

(1) 等容过程的吸热量为

$$Q_V=\nu_{N_2}C_{V,m}\Delta T=0.329\times\dfrac{5}{2}\times8.31\times(400-300)=683\text{ J}$$

(2) 等压过程的吸热量为

$$Q_p=\nu_{N_2}C_{p,m}\Delta T=0.329\times\dfrac{7}{2}\times8.31\times(400-300)=957\text{ J}$$

由上述计算可知等压过程的吸热量大，这是因为两个过程的内能变化相同，但等压膨胀过程中系统对外做功，等容过程中系统对外做功为零，由热力学第一定律可得等压过程需要的热量更多.

6-3 分析 根据热力学第一定律 $Q=\Delta E+A$ 解题.

解题过程 (1) 等容过程中 $A=0$，系统吸收的热量全部转化为内能，而理想气体的内能是温度的单值函数，由

$$Q_V=\Delta E=\dfrac{m}{M_{\text{mol}}}C_{V,m}\Delta T=\dfrac{m}{M_{\text{mol}}}C_{V,m}(T-T_0)$$

得

$$T=T_0+\dfrac{Q_V}{\dfrac{m}{M_{\text{mol}}}C_{V,m}}=285\text{K}$$

(2) 等温过程中 $\Delta E=0$，系统所吸收的热量全部用于对外界做功，由

$$Q_T=A=\int_{V_1}^{V_2}p\,\text{d}V=\dfrac{m}{M_{\text{mol}}}RT_0\ln\dfrac{V_2}{V_1}$$

得

$$V_2=V_1\text{e}^{\frac{Q_TM_{\text{mol}}}{mRT_0}}=0.05\text{m}^3$$

由状态方程 $p_1V_1=p_2V_2$ 得

$$p_2=\dfrac{V_1}{V_2}p_1=9.07\times10^4\text{Pa}$$

(3) 等压过程中，系统吸收的热量一部分用于对外界做功，一部分转化为内能，由

$$Q_p=\dfrac{m}{M_{\text{mol}}}C_{p,m}(T_2-T_1)$$

得

$$T=T_0+\Delta T=T_0+\dfrac{Q_p}{\dfrac{m}{M_{\text{mol}}}C_{p,m}}=282\text{K}$$

由状态方程 $p\Delta V = \dfrac{m}{M_{mol}} R\Delta T$ 得

$$V_2 = V_1 + \Delta V = V_1 + \dfrac{1}{p}\dfrac{m}{M_{mol}} R\Delta T = 0.046 \text{m}^3$$

小　结　考查热力学第一定律对理想气体等值过程的应用.

6-4 【解题过程】

$$A = \int_{V_1}^{V_2} p\,\mathrm{d}V = \int_{V_1}^{V_2} \dfrac{c}{V^2}\mathrm{d}V = c\left(\dfrac{1}{V_1} - \dfrac{1}{V_2}\right)$$

$$pV = \dfrac{m}{M_{mol}} RT$$

将 $p = \dfrac{c}{V^2}$ 代入上式得

$$\dfrac{c}{V^2}V = \dfrac{m}{M_{mol}} RT$$

所以　　　　　$T = \dfrac{M_{mol}}{mR}\dfrac{c}{V}$

$$T_1 = \dfrac{M_{mol}}{mR}\dfrac{c}{V_1},\ T_2 = \dfrac{M_{mol}}{mR}\dfrac{c}{V_2}$$

因为 $V_2 > V_1$，故 $T_2 < T_1$，做功后气体温度降低.

6-5 【解题过程】　作过程 p-V 图，如题 6-5 图解所示.

(1) $i = 5, T_a = 293\text{K}, T_b = 353\text{K}$，则

$$E_b - E_a = \dfrac{i}{2} R(T_b - T_a)$$

$$= \dfrac{5}{2} \times 8.31 \times (353 - 293)$$

$$= 1.25 \times 10^3 \text{J}$$

$$A_{abc} = A_{ab} + A_{bc} = 0 + A_{bc}$$

$$= RT_b \ln\dfrac{V_c}{V_b} = RT_b \ln\dfrac{2V_0}{V_0}$$

$$= 8.31 \times 353 \times \ln 2 = 2.03 \times 10^3 \text{J}$$

$$Q_{abc} = Q_{ab} + Q_{bc} = (E_b - E_a) + A_{bc}$$

$$= 1.25 \times 10^3 + 2.03 \times 10^3 = 3.28 \times 10^3 \text{J}$$

(2) 　　$A_{ad} = Q_{ad} = RT_a \ln\dfrac{V_d}{V_a} = RT_a \ln\dfrac{2V_0}{V_0}$

$$= 8.31 \times 293 \times \ln 2 = 1.69 \times 10^3 \text{J}$$

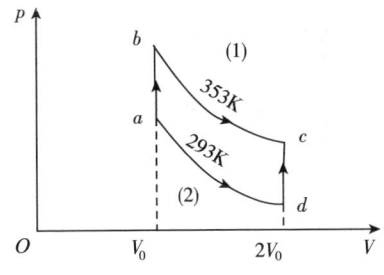

题 6-5 图解

$$E_c - E_a = E_c - E_d = \frac{i}{2}R(T_c - T_d) = \frac{i}{2}R(T_b - T_a) = 1.25 \times 10^3 \text{ J}$$

可见从状态 a 出发经过不同的过程到达相同的状态 c,内能改变是相同的. 内能的改变只取决于做功的起点与终点,而与过程无关.

$$Q_{dc} = \frac{i}{2}R(T_b - T_a) = 1.25 \times 10^3 \text{ J}$$

$$Q_{adc} = Q_{ad} + Q_{dc} = 1.69 \times 10^3 + 1.25 \times 10^3 = 2.94 \times 10^3 \text{ J}$$

abc 与 adc 两过程吸热做功不等,所以热量和功与过程有关.

6-6 证明 (1) 绝热过程中有 $Q=0$,$A + \Delta E = Q = 0$,所以

$$A = -\Delta E = -\frac{m}{M}C_{V,m}\Delta T = -\frac{m}{M}C_{V,m}(T - T_0)$$

而 $p_0V_0 = \frac{m}{M}RT_0$,$pV = \frac{m}{M}RT$,由此可解得

$$T - T_0 = \frac{pV - p_0V_0}{\frac{m}{M}R}$$

于是

$$A = -\frac{m}{M}C_{V,m} \cdot \frac{pV - p_0V_0}{\frac{m}{M}R} = C_{V,m}\frac{p_0V_0 - pV}{R}$$

对理想气体又有 $R = C_{p,m} - C_{V,m}$,$\gamma = \frac{C_{p,m}}{C_{V,m}}$

所以

$$A = \frac{C_{V,m}(p_0V_0 - pV)}{C_{p,m} - C_{V,m}} = \frac{p_0V_0 - pV}{\frac{C_{p,m}}{C_{V,m}} - 1} = \frac{p_0V_0 - pV}{\gamma - 1}$$

(2) 将各量代入(1)中证得的公式即得气体所做的功为

$$A = \frac{1.0 \times 10^6 \times 0.001 - 2.0 \times 10^5 \times 0.00316}{1.4 - 1} \text{ J} = 920 \text{ J}$$

6-7 解题过程 等温过程:内能改变量为 0,气体所做的功=吸收(或放出)的热量,$pV=$ 常量,体程被压缩 $\frac{1}{2}$,压强增大 2 倍,则

$$Q_r = \frac{m}{M} \cdot R \cdot T \cdot \ln\frac{V_2}{V_1}$$

$$= \frac{1}{2} \times 8.31 \times 273.15 \cdot \ln\frac{1}{2} \approx -786\text{J}$$

气体所做的功 $A = -786\text{J}$,内能改变量为 0.

绝热过程:吸收(或放出)的热量为 0,对外做功 $A = -\frac{m}{M}C_{V,m}(T_2 - T_1)$.

根据绝热方程 T 与 V 的关系得

$$V_1^{\gamma-1}T_1 = V_2^{\gamma-1}T_2$$

$$T_2 = \left(\frac{V_1}{V_2}\right)^{\gamma-1}T_1 = 2^{0.41} \times 273.15\text{K}$$

解得 $A = -915\text{J}$,内能改变量为 -915J.

6-8 解题过程 edc 为正循环,其面积表示系统对外做功 70J,abe 为负循环,其面积表示外界系统做功 30J,故系统整体对外做功 $70 - 30 = 40\text{J}$. 则 $dceab$ 过程中内能改变量为

$$E = Q - A = 100 - (-40) = 140\text{J}$$

故 bed 过程系统吸热 140J.

6-9 解题过程 如题 6-9 图解所示.

(1)气体对外做功等于 p-V 图象所围几何图形面积,即

$$A = \frac{(0.5 + 1.5) \times 10^5 \times 2 \times 10^{-3}}{2} = 200\text{J}$$

由于 $p_1V_1 = p_2V_2 = 150$(常数),故内能改变量为 0,吸收的热量为 200J.

(2)由 p-V 图可知 p-V 的关系式为

$$p = \frac{-1}{2}V + 2$$

$$pV = -\frac{1}{2}(V-2)^2 + 2$$

当 $V = 2$ 时,pV 最大等于 2,又 $pV = \nu RT$,当 pV 最大时,温度 T 最大,最大温度 $T = \frac{pV}{\nu R} = \frac{200}{0.1 \times 8.31} = 240.7\text{K}$,在 p-V 曲线的中点.

(3)不是,变化过程中温度先升高后降低,故气体先吸热后放热.

6-10 解题过程 (1)A:等容过程:导热板可传热,整个系统温度始终相等.

B:等压过程,所以 A 和 B 的温度增量必相等.

A:$Q_A = C_{V,m}\Delta T$

B：$Q_B = C_{p,m} \Delta T$

$Q = Q_A + Q_B = (C_{V,m} + C_{p,m})\Delta T = 335\text{J}$

$C_{V,m} = \dfrac{5}{2}R, \Delta T = \dfrac{335}{6R} = \dfrac{335}{6 \times 8.31} = 6.71\text{K}$

$Q_A = 6.71 \times \dfrac{5}{2}R = 139\text{J}$

$Q_B = 6.71 \times \dfrac{7}{2}R = 196\text{J}$

(2)隔板可滑动，A 气体吸收全部热量，压强不变，不导热，则

$$\Delta T_A = \dfrac{Q}{C_{p,m}} \approx 11.5\text{K}$$

B：气体不吸热量压强不变，则

$$p_1 V_1^\gamma = p_2 V_2^\gamma$$

$T_B' = T_B, Q_B = 0, \Delta T_B = 0, Q_A = 335\text{J}$

A、B 温度改变 6.71K，A 吸收 139J，B 吸收 196J.

6-11 解题过程 (1)由于加热缓慢，B 经历一个绝热可逆过程，则

$$T_B = T \cdot \left(\dfrac{p}{p_B}\right)^{\frac{\gamma-1}{\gamma}}, \gamma = \dfrac{C_{p,m}}{C_{V,m}} = 1.4, T = 273\text{K}$$

故 $T_B = 273 \times \left(\dfrac{5}{2}\right)^{\frac{2}{7}} = 355\text{K}.$

由理想气体状态方程 $pV = \nu RT$ 得

$$T_A = \dfrac{pV_A}{\nu R}$$

$$\nu = \dfrac{pV}{RT} = \dfrac{1 \times 10^5 \times 0.05}{8.31 \times 273} = 2.204\text{mol}$$

$$V_A = 2V - V_B = 0.1 - \dfrac{2.204 \times 8.31 \times 355}{2.5 \times 10^5} = 0.074\text{m}^3$$

$$T_A = \dfrac{2.5 \times 10^5 \times 0.074}{2.204 \times 8.31} = 1010\text{K}$$

(2) $Q_A = \Delta E$

$= \nu_A C_{V,m(A)} \cdot (T_A - T) + \nu_B C_{V,m(B)} \cdot (T_B - T)$

$= 2.204 \times \dfrac{5}{2}R \times (1010 + 355 - 2 \times 273)$

$= 37500 = 3.75 \times 10^4 \text{J}$

故 A 在整个过程中吸收的热量为 3.75×10^4 J.

因此 A 的末态温度为 1010K，B 的末态温度为 355K.

6-12 解题过程 设气体温度、体积初末态时分别为(T_1, V_1)、(T_2, V_2)，由理想气体绝热方程得

$$T_1 V_1^{\gamma-1} = T_2 V_2^{\gamma-1}, \quad \frac{T_2}{T_1} = \left(\frac{V_1}{V_2}\right)^{\gamma-1}$$

由已知可得

$$\frac{298}{277} = \left(\frac{6 \times 10^{-3}}{5 \times 10^{-3}}\right)^{\gamma-1}$$

故 $\gamma = 1.4$

因为 $\gamma = \dfrac{C_{p,m}}{C_{V,m}} = \dfrac{i+2}{i}$，所以 $i = 5$，为双原子分子气体 N_2。

6-13 分析 相变过程一般为等压状态，由物质相变前后的密度变化可知体积变化。

解题过程 (1)依题意已知纯水的汽化热 $\lambda = 2.26 \times 10^6$ J/kg

纯水的质量 $m = \rho V = 1 \times 10^3 \times 1 \times 10^{-6}$ kg $= 1.0 \times 10^{-3}$ kg

纯水完全汽化需吸热 $Q = \lambda m = 2.26 \times 10^6 \times 1.0 \times 10^{-3} = 2.26 \times 10^3$ J

完全汽化后的水蒸气在等压条件下对外界做功为

$A = p\Delta V = 1.013 \times 10^5 \times (1.671 \times 10^{-3} - 1 \times 10^{-6}) \approx 1.69 \times 10^2$ J

根据热力学第一定律可知，水变气后，内能改变量为

$$\Delta E = Q - A = 2.26 \times 10^3 - 1.69 \times 10^2 \approx 2.09 \times 10^3 \text{ J}$$

(2)已知冰的溶解热 $L = 3.34 \times 10^5$ J/kg，$m = 1.0 \times 10^{-3}$ kg 的冰化为同温度的水，需吸热

$$Q = Lm = 3.34 \times 10^5 \times 1.0 \times 10^{-3} = 3.34 \times 10^2 \text{ J}$$

等压条件下，冰化为水后因体积变化对外做的功为

$$A = p\Delta V$$
$$= 1.013 \times 10^5 \times \left(1.0 \times 10^{-3} - \frac{11}{10} \times 10^{-3}\right) \times 1.0 \times 10^{-3}$$
$$= -1.013 \times 10^{-2} \text{ J}$$

内能改变量为 $\Delta E = Q - A = 3.34 \times 10^2 + 1.013 \times 10^{-2} \approx 3.34 \times 10^2$ J

6-14 解题过程 (1)气体在循环期间所做的功就是 $abcd$ 的面积，即

$$A = (p - p_0)(V - V_0)$$
$$= (2p_0 - p_0)(2V_0 - V_0) = p_0 V_0$$
$$= (1.01 \times 10^5)(0.0225) = 2.27 \times 10^3 \text{ J}$$

(2)在 abc 过程中吸收的热量为

$$Q_{abc} = Q_{ab} + Q_{bc} = \nu C_{V,m}(T_b - T_a) + \nu C_{p,m}(T_c - T_b)$$
$$= \frac{3}{2}\nu R(T_b - T_a) + \frac{5}{2}\nu R(T_c - T_b)$$

$$= -\frac{3}{2}\nu R T_a - \nu R T_b + \frac{5}{2}\nu R T_c$$

$$= -\frac{3}{2}p_a V_a - p_b V_b + \frac{5}{2}p_c V_c$$

$$= -\frac{3}{2}p_0 V_0 - 2p_0 V_0 + \frac{5}{2}(2p_0)(2V_0)$$

$$= \frac{13}{2}p_0 V_0 = \frac{13}{2}(1.01\times 10^5)(0.0225) = 1.48\times 10^4 \text{J}$$

6-15 解题过程 $c\to a$ 为等压过程,体积减小,外界对气体做功,故为放热过程,则

$$Q_\text{放} = \nu C_{p,\text{m}}(T_c - T_a)$$

由理想气体状态方程得 $\dfrac{T_a}{V_2} = \dfrac{T_c}{V_1}, \dfrac{T_c}{T_a} = \dfrac{V_1}{V_2}$.

$a\to b$ 为等容过程,压强增大,内能增大,故为吸热过程,则

$$Q_\text{吸} = \nu C_{V,\text{m}}(T_b - T_a)$$

由理想气体状态方程得 $\dfrac{T_b}{T_a} = \dfrac{p_1}{p_2}$,则效率为

$$\eta = 1 - \frac{Q_\text{放}}{Q_\text{吸}}$$

$$= 1 - \frac{\nu C_{p,\text{m}}(T_c - T_a)}{\nu C_{V,\text{m}}(T_b - T_a)}$$

$$= 1 - \gamma\cdot\frac{\dfrac{T_c}{T_a} - 1}{\dfrac{T_b}{T_a} - 1} = 1 - \gamma\frac{\dfrac{V_1}{V_2} - 1}{\dfrac{p_1}{p_2} - 1}$$

6-16 解题过程 根据理想气体状态方程及等压过程方程 $p_1 V_1 = \dfrac{m}{M_\text{mol}}RT_1$, $p_2 V_2 = \dfrac{m}{M_\text{mol}}RT_2$, $p_1 = p_2$, 得

$$\frac{V_2}{V_1} = \frac{T_2}{T_1}$$

可知 a、b 状态的温度分别为

$$T_1 = \frac{M_\text{mol} p_1 V_1}{mR} = 40\text{K}$$

$$T_2 = \frac{V_2}{V_1}T_1 = 60\text{K}$$

(1)由图可知 $a\to b$ 为等压膨胀过程,气体吸热为

$$Q_p = \frac{m}{M_\text{mol}}C_{p,\text{m}}(T_2 - T_1) = 1.04\times 10^4 \text{ J}$$

内能改变量为 $\quad \Delta E = \dfrac{m}{M_\text{mol}}C_{V,\text{m}}(T_2 - T_1) = 6.23\times 10^3 \text{ J}$

做功为 $A = Q_p - \Delta E = 4.17 \times 10^3$ J

$b \rightarrow c$ 为等容过程,气体放热为

$$Q_V = \frac{m}{M_{mol}} C_{V,m}(T_1 - T_2) = -6.23 \times 10^3 \text{ J}$$

做功为 $A = 0$

$c \rightarrow a$ 为等温压缩过程,气体放热为

$$Q_T = \frac{mRT_1}{M_{mol}} \ln \frac{V_1}{V_2} = -3.37 \times 10^3 \text{ J}$$

内能改变量为 $\Delta E = 0$

做功为 $A = Q_T = -3.37 \times 10^3$ J

(2)循环效率为

$$\eta = 1 - \frac{Q_2}{Q_1} = 1 - \frac{Q_V + Q_T}{Q_p} = 1 - \frac{(6.23 + 3.37) \times 10^3}{10.4 \times 10^3} = 7.7\%$$

小　结 考查热力学第一定津对理想气体等值过程的应用及循环效率的求解.

6-17 解题过程 (1)由状态 a 到状态 b 为等温过程,体积增大,气体对外做功,故该过程为吸热过程,则

$$Q_{吸} = \nu RT \cdot \ln\left(\frac{V_b}{V_a}\right) = 1 \times 8.31 \times 300 \times \ln 2 = 1727.89 \text{ J}$$

状态 b 到状态 c 为等压过程,体积减小,外界对气体做功,故该过程为放热过程,则 $|Q_{放}| = |\nu C_{p,m}(T_b - T_c)|$,$T_b = 300\text{K}$,求 T_c.

由状态 c 到状态 a 为绝热过程,故有

$$p_a^{\gamma-1} T_a^\gamma = p_c^{\gamma-1} T_c^\gamma, T_c = 366\text{K}$$

故 $|Q_{放}| = 1 \times 28.6 \times (366 - 300) = 1887.6$ J

该循环过程的效率为

$$\eta = 1 - \frac{Q_{放}}{Q_{吸}} = 9.2\%$$

(2)由题意有

$$\eta' = 1 - \frac{T_a}{T_c} = 1 - \frac{300}{366} = 18\%$$

故效率为 18%.

6-18 解题过程 由卡诺定理可知,卡诺热机的效率最高,其效率为 $\eta = 1 - \frac{T_2}{T_1}$.

效率与功率的关系式为

$$\eta = \frac{W}{Q} = \frac{Pt}{Q}$$

联立上述两式可得热机获得的最大功率为

$$P = \frac{\eta Q}{t} = \left(1 - \frac{T_2}{T_1}\right)\frac{Q}{t} = 2.0 \times 10^7 \, \text{J} \cdot \text{s}^{-1}$$

6-19 解题过程 ab、cd 为吸热过程，bc、de、fa 为绝热过程，ef 为放热过程．

吸热过程：ab 过程气体吸热，有

$$Q_{ab} = A = \int p \, dV = \int_{V_a}^{V_b} \frac{\nu RT}{V} dV = \nu RT_1 \ln \frac{V_b}{V_a}$$

cd 过程气体吸热，有

$$Q_{cd} = \nu RT_2 \cdot \ln \frac{V_d}{V_c}$$

放热过程：

$$|Q_{ef}| = A = \nu RT_3 \cdot \ln \frac{V_e}{V_f}$$

循环效率为 $\eta = 1 - \dfrac{Q_{放}}{Q_{吸}} = 1 - \dfrac{|Q_{ef}|}{Q_{ab} + Q_{cd}} = 1 - \dfrac{T_3 \ln \dfrac{V_e}{V_f}}{T_2 \ln \dfrac{V_d}{V_c} + T_1 \ln \dfrac{V_b}{V_a}}$

故 $\eta = 1 - \dfrac{T_3 \ln \dfrac{V_e}{V_f}}{T_2 \ln \dfrac{V_d}{V_c} + T_1 \left(\ln \dfrac{V_e}{V_f} \quad \ln \dfrac{V_d}{V_c}\right)} = 1 - \dfrac{T_2 \ln \dfrac{V_d}{V_c}}{T_2 \ln \dfrac{V_d}{V_c} + T_1 \ln \dfrac{V_e}{V_f} - \ln \dfrac{V_d}{V_c}}$

$$= 1 - \dfrac{T_2 \ln \dfrac{V_d}{V_c}}{T_1 \left(\dfrac{T_2}{T_3} \ln \dfrac{V_d}{V_c} - \ln \dfrac{V_d}{V_c}\right) + T_2 \ln \dfrac{V_d}{V_c}} = 1 - \dfrac{T_2 T_3}{T_1(T_2 - T_3) + T_2 T_3}$$

bc、de、fa 为绝热过程，则

$$T_1 V_b^{\gamma-1} = T_2 V_c^{\gamma-1}, \quad \frac{T_2}{T_1} = \left(\frac{V_b}{V_c}\right)^{\gamma-1}$$

$$T_2 V_d^{\gamma-1} = T_3 V_e^{\gamma-1}$$

$$T_3 V_f^{\gamma-1} = T_1 V_a^{\gamma-1}, \quad T_2 = T_1 \left(\frac{V_b}{V_c}\right)^{\gamma-1}$$

$$T_1 = T_3 \left(\frac{V_f}{V_a}\right)^{\gamma-1}, \frac{V_b}{V_a} = \frac{V_e V_c}{V_f V_d}, \text{又因为 } Q_{cd} = Q_{ef}, \text{故 } \frac{T_3}{T_2} = \frac{\ln \dfrac{V_d}{V_c}}{\ln \dfrac{V_e}{V_f}}.$$

6-20 解题过程 $w = w_C \times 50\% = \dfrac{T_2}{T_1 - T_2} \times 50\% = 6.59$

$$w = \frac{Q_2}{|w|} = \frac{Q_2}{|Q_1|-Q_2}$$

因此 $Q_2 = \frac{w}{w+1}|Q_1| = 2.6 \times 10^5$ J.

每天做功：$|A| = \frac{Q_2}{w} = |Q_1|-Q_2 = 3.95 \times 10^4$ J

故电流每天要做 3.95×10^4 J 的功，于是

$$T_2 = 25 + 273 = 298\text{K}$$
$$T_1 = 4 + 273 = 277\text{K}$$

6-21 解题过程 最初热机效率为

$$\eta_{C0} = 1 - \frac{T_2}{T_1} = 1 - \frac{300}{1000} = 0.7$$

(1) 热机效率为

$$\eta_{C1} = 1 - \frac{T'_2}{T'_1} = 1 - \frac{300}{1100} = 0.727$$

$$\Delta \eta_1 = 0.727 - 0.7 = 2.7\%$$

(2) 热机效率为

$$\eta_{C2} = 1 - \frac{T''_2}{T''_1} = 1 - \frac{200}{1000} = 0.8$$

$$\Delta \eta_2 = 0.8 - 0.7 = 10\%$$

方案1热机效率增加了2.7%，方案2热机效率增加了10%，为了提高热机效率，方案2更好.

6-22 解题过程 (1) 放出热量5000J，则

$$T_1 = 27 + 273 = 300\text{K}$$
$$T_2 = 127 + 273 = 400\text{K}$$
$$\eta_C = 1 - \frac{T_1}{T_2} = \frac{1}{4} = 0.25$$
$$\eta_C = 1 - \frac{Q_1}{Q_2}$$
$$Q_1 = Q_2(1-\eta_C) = 5000 \times 0.75 = 3750\text{J}$$

做功 $A = Q_2 - Q_1 = 1250$ J

(2) 吸收热量5000J，则

制冷系数 $w = \frac{Q_2}{A} = \frac{T_1}{T_2 - T_1} = \frac{300}{100} = 3$

外界做功 $A = \frac{Q_2}{w} = \frac{5000}{3} = 1666$ J

向高温热源放出热量

$$Q_1 = |Q_2 - A| = |5000 - 6666| = |666|$$

6-23 解题过程 绝热气体自由膨胀过程中,$Q=0$,$A=0$,根据热力学第一定律可知 $\Delta E = 0$,于是膨胀前后气体温度 T 不变.

根据理想气体状态方程得

$$p_0 V_1 = p_2 V'_2$$
$$V_2 = 2V_1$$

故 $p_2 = \dfrac{1}{2} p_0$.

故气体再次达到热平衡时其压强为 $\dfrac{1}{2} p_0$.

6-24 解题过程 不可能实现.

甲为热机,热机效率为

$$\eta = 1 - \frac{Q_2}{Q_1} = 1 - \frac{T_2}{T_1}$$

$$\frac{Q_2}{Q_1} = \frac{T_2}{T_1} = \frac{Q_2}{Q_2 + A_1 + A_2}$$

乙为制冷机,制冷系数为

$$w = \frac{Q_2}{A_2} = \frac{T_2}{T_1 - T_2}$$

$$Q_2(T_1 - T_2) = T_2 A_2$$

$$T_2(Q_2 + A_2) = Q_2 T_1$$

若可以实现,即 $\dfrac{T'_2}{T'_1} = \dfrac{Q_2}{Q_2 + A_2}$,则热机过程与制冷过程 $\dfrac{T_2}{T_1}$ 的结果相同,由上述计算可知,两过程计算的 $\dfrac{T_2}{T_1}$ 不相同,因此上述过程不可能实现.

6-25 解题过程 (1) $1 \to 3 \to 2$ 过程的熵变为

$$\Delta S = \int_{T_1}^{T_3} \frac{(\mathrm{d}Q)_p}{T} + \int_{T_3}^{T_2} \frac{(\mathrm{d}Q)_V}{T} = \int_{T_1}^{T_3} \frac{\nu C_{p,m} \mathrm{d}T}{T} + \int_{T_3}^{T_2} \frac{\nu C_{V,m} \mathrm{d}T}{T}$$

$$= C_{p,m} \ln \frac{T_3}{T_1} + C_{V,m} \ln \frac{T_2}{T_3}$$

$$T_3 = T_1 \frac{V_2}{V_1} = 2T_1 = 600\text{K}, T_2 = T_1$$

$$\Delta S_{1 \to 3 \to 2} = (C_{p,m} - C_{V,m}) \ln \frac{T_3}{T_1} = R \cdot \ln 2 = 5.76 \text{J/K}$$

(2) $1 \to 2$ 过程的熵变为

$$\Delta S_{1\to 2} = \int_{(1)}^{(2)} \frac{(\mathrm{d}Q)_T}{T} = \int_{(1)}^{(2)} \frac{(\mathrm{d}Q)_T}{T} = \nu R \cdot \ln\frac{V_2}{V_1} = R\ln 2 = 5.76 \mathrm{J/K}$$

(3) $1 \to 4 \to 2$ 过程的熵变为

$$\Delta S_{1\to 4\to 2} = \int_{T_4}^{T_2} \frac{(\mathrm{d}Q)_p}{T} = \int_{T_4}^{T_2} \frac{C_{p,\mathrm{m}}\mathrm{d}T}{T} = C_{p,\mathrm{m}}\ln\frac{T_2}{T_4} = C_{p,\mathrm{m}}\ln\frac{T_1}{T_4}$$

从状态 1 到状态 4，由绝热方程 $p_1^{\gamma-1}T_1^{-\gamma} = p_4^{\gamma-1}T_4^{-\gamma}$ 得

$$\frac{T_1}{T_4} = \left(\frac{p_1}{p_4}\right)^{\frac{\gamma-1}{\gamma}}$$

故 $\Delta S_{1\to 4\to 2} = C_{p,\mathrm{m}} \cdot \ln\left(\frac{p_1}{p_4}\right)^{\frac{\gamma-1}{\gamma}} = C_{p,\mathrm{m}} \cdot \frac{\gamma-1}{\gamma}\ln\left(\frac{p_1}{p_2}\right) = C_{p,\mathrm{m}}\frac{\gamma-1}{\gamma}\ln\frac{V_2}{V_1}$

$$= R\ln 2 = 5.76 \mathrm{J/K}$$

结论：熵是一个状态函数，不管沿着什么样的过程，始末状态的熵变是一定的．

6-26 解题过程　(1) 水温升高是不可逆的，为便于计算设计一系列温差无限小的热源与水逐一接触，近似为可逆过程．

水的熵变为

$$\Delta S_{\text{水}} = \int\frac{\mathrm{d}Q}{T} = \int_{T_1}^{T_2}\frac{mc\mathrm{d}T}{T} = mc \cdot \ln\frac{T_2}{T_1} = 1.02\times 10^3 \mathrm{J/K}$$

(2) 热源的热量损失：

$$Q_{\text{热放}} = -Q_{\text{水吸}} = -mc(T_2 - T_1) = -3.34\times 10^5 \mathrm{J}$$

$$\Delta S_{\text{热源}} = \frac{Q_{\text{热放}}}{T_2} = -895 \mathrm{J/K}$$

(3) 系统的总熵变为

$$\Delta S = \Delta S_{\text{热源}} + \Delta S_{\text{水}} = 115 \mathrm{J/K}$$

6-27 解题过程　如题 6-27 图解所示．

(1) $\nu = \frac{m}{M} = \frac{1000}{18}$

$\Delta S = \Delta S_1 + \Delta S_1(T_1) + \Delta S_2$

$$= \int_{T_2}^{T_1}\frac{\nu C_{p,\mathrm{m}}(\text{冰})}{T}\mathrm{d}T + \int_{T_1}^{T_3}\frac{\nu C_{p,\mathrm{m}}(\text{水})}{T}\mathrm{d}T + \Delta S_1(T_1) \qquad ①$$

$$\Delta S_1(T_1) = \frac{\nu H}{T}$$

将数据代入式 ① 可得

$$\Delta S = \left(4.18\ln\frac{283}{273} + 2.09\ln\frac{273}{263}\right)\times 18 + \frac{3.34\times 10^2}{273}\times 18$$

$$= 261 \mathrm{J/K}$$

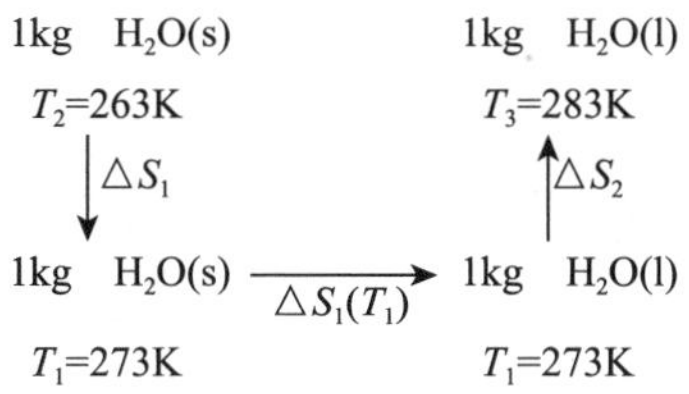

```
1kg  H₂O(s)           1kg  H₂O(l)
T₂=263K               T₃=283K
  │ ΔS₁                 ↑ ΔS₂
  ↓                     │
1kg  H₂O(s)  ──────→  1kg  H₂O(l)
                ΔS₁(T₁)
T₁=273K               T₁=273K
```

题 6-27 图解

（2）根据玻尔兹曼熵公式可得

$$S_{冰} = k \cdot \ln\Omega_{冰}, \quad S_{水} = k \cdot \ln\Omega_{水}$$

$$\Delta S = S_{水} - S_{冰} = k \cdot \ln\frac{\Omega_{水}}{\Omega_{冰}}$$

$$\frac{\Omega_{水}}{\Omega_{冰}} = e^{\frac{\Delta S}{k}} = e^{\frac{\Delta S \cdot 1000 N_A}{18R}} = e^{\frac{22 \times 1000 \times 6.02 \times 10^{23}}{18 \times 8.31}} = e^{8.85 \times 10^{25}}$$

第七章

静止电荷的电场

本章知识要点

1. 电场强度和电势的概念以及电场强度叠加原理和电势叠加原理.
2. 电势与电场强度的关系及应用.
3. 点电荷、简单点电荷系统和形状简单的带电体的场强和电势的计算.
4. 高斯定理和环路定理的内容及应用.
5. 导体静电平衡的条件及静电平衡导体的基本性质.
6. 电容的定义及计算方法.
7. 有电介质存在时,利用高斯定理对简单、对称分布的各向同性线性电介质中电位移的电场强度的计算.

知识点归纳

一、两条实验定律

1. 电荷守恒定律

在孤立系统内,不论进行什么过程,正负电荷的代数和恒定不变,这一结论称为电荷守恒定律. 它是自然界的基本定律之一.

2. 库仑定律

真空中两个静止的点电荷之间相互作用的静电力 F 的大小与它们的电荷量 q_1 和 q_2 的乘积成正

比,而与它们之间的距离 r 的平方成反比,作用力的方向沿着这两个点电荷的连线,其表达式为

$$F=\frac{1}{4\pi\varepsilon_0}\frac{q_1q_2}{r^2}e_r$$

式中, $\varepsilon_0=8.85\times10^{-12}C^2\cdot N^{-1}\cdot m^{-2}$,为真空电容率(又称真空介电常量); e_r 为从场源电荷指向场点的单位矢量.

■ 二、两个基本性质

1. 电场强度

$$E=\frac{F}{q_0}$$

电场强度的单位是 N/C 或 V/m. E 是表征静电场中给定点电场性质的物理量,与试验电荷 q_0 存在与否无关. E 是从电荷在电场中受力的角度来描述电场性质的物理量,它是矢量,是空间的点函数. 电场中某点 E 的数值和方向等于位于该点处的单位正电荷受到的库仑力的大小和方向.

由库仑定律可得到一个点电荷电场强度的表达式:

$$E=\frac{1}{4\pi\varepsilon_0}\frac{q}{r^2}e_r$$

当 $q>0$ 时, E 与 e_r 同向;当 $q<0$ 时, E 与 e_r 反向,即 E 指向点电荷.

2. 电势

(1) 电势能.

电荷在电场中任一给定点具有一定的势能,称为电势能. 如果带电系统局限在有限空间里,通常选择无穷远处为电势能零点,则 q_0 在电场中 a 点的电势能为

$$W_a=\int_a^\infty q_0 E\cdot dl$$

(2) 电势.

电势是从能量角度描述电场性质的物理量,是电场自身的属性,与试验电荷无关,是标量,可正可负,是空间坐标的函数. 定义式为

$$V_a=\frac{W_a}{q_0}=\int_a^\infty E\cdot dl$$

对于无限大或无限长的带电体,只能选择电场中任一场点"p"为电势零点,即令 $V_p=0$,则空间任一场点 a 的电势将为

$$V_a=\int_a^p E\cdot dl$$

点电荷 q 的电势为 $\quad V_a=\dfrac{q}{4\pi\varepsilon_0 r}$

点电荷系的电势为 $\quad V_a = \sum_{i=1}^{n} V_i = \dfrac{1}{4\pi\varepsilon_0} \sum_{i=1}^{n} \dfrac{q_i}{r_i}$

连续带电体的电势为 $\quad V_a = \dfrac{1}{4\pi\varepsilon_0} \int \dfrac{\mathrm{d}q}{r}$

(3)电势差为 $\quad U_{ab} = V_a - V_b = \int_a^b \boldsymbol{E} \cdot \mathrm{d}\boldsymbol{l}$

3. 场强和电势的微分关系

$$\boldsymbol{E} = -\nabla V = -\dfrac{\mathrm{d}V}{\mathrm{d}n} \boldsymbol{e}_n$$

$\boldsymbol{E}$ 的三个分量为

$$E_x = -\dfrac{\partial V}{\partial x}, \quad E_y = -\dfrac{\partial V}{\partial y}, \quad E_z = -\dfrac{\partial V}{\partial z}$$

因此,如果已知电势分布 $V = V(x, y, z)$,则可求出电场强度.

三、两条基本定理

静电场的性质通过电场强度的通量和环流规律反映出来.根据点电荷电场强度和电场强度叠加原理可以导出静电场的两个基本定理,即

高斯定理

$$\oint_S \boldsymbol{E} \cdot \mathrm{d}\boldsymbol{S} = \dfrac{1}{\varepsilon_0} \sum_{(S\text{内})} q_i$$

环路定理

$$\oint_L \boldsymbol{E} \cdot \mathrm{d}\boldsymbol{l} = 0$$

高斯定理说明,静电场中通过任一闭合曲面的电通量等于该闭合曲面包围的电荷量的代数和除以 ε_0. 环路定理说明,静电场中电场强度沿任一闭合路径的线积分恒等于零,它和静电场力做功与路径无关的结论是等价的.两个定理各自从一个侧面反映了静电场的性质,前者反映了电场与场源的普遍关系,说明静电场是有源场,正电荷是源头,负电荷是尾部,电场线始于正电荷,止于负电荷;后者反映了静电场是保守场,静电力是保守力,因而能在静电场中引入电势能和电势的概念,说明静电场的势场、电场线不构成闭合曲线.两个定理结合起来,才能全面地反映静电场的性质.

四、导体的静电平衡条件

(1)导体内部任何一点的电场强度为零,即 $\boldsymbol{E}_\text{内} = \boldsymbol{0}$.

(2)导体表面上任何一点的电场强度方向均与该处导体表面垂直,否则电场强度沿导体表面的切向

分量将引起自由电子沿导体表面做宏观运动,导体就不是处于静电平衡状态了.

■ 五、导体处于静电平衡时的性质

(1) 电场强度.

① 导体内部电场强度处处为零, $E_内 = 0$.

② 紧靠导体表面处的电场强度大小与该处电荷面密度 σ 成正比,即

$$E = \frac{\sigma}{\varepsilon_0}$$

方向与该处导体表面垂直.

(2) 电势.

导体是等势体,表面是等势面.

(3) 电荷分布.

① 导体内部没有净电荷,电荷只分布在导体表面上. 对于电荷量为 q 的空腔带电导体,当空腔内无带电体时,电荷 q 只分布在导体的外表面;当空腔内有带电体 Q 时,空腔内表面所带电荷量为 $-Q$, 外表面所带电荷量为 $Q+q$.

② 孤立导体的电荷沿表面的分布与表面曲率有关,越"尖"的地方,电荷面密度越大.

　　本章中处理导体问题的方法不是去分析电场、电荷在相互作用下怎样达到平衡分布的复杂过程,而是假定这种平衡分布已经达到,即以导体的静电平衡条件为根本出发点和前提,并结合静电场的普遍规律(高斯定理和环路定理)去进一步解决问题.

　　例如两块"无限大"带电平板,分别带电荷 q_A 和 q_B,在静电平衡条件下的电荷分布为

$$\sigma_1 = \sigma_4 \text{(两板的外侧电荷面密度等量同号)}$$

$$\sigma_2 = -\sigma_3 \text{(两板的内侧电荷面密度等量异号)}$$

且满足电荷守恒定律:

$$q_A = (\sigma_1 + \sigma_2) S$$

$$q_B = (\sigma_3 + \sigma_4) S$$

■ 六、静电场中的电介质

有电介质时的高斯定理:

$$\oint_S \boldsymbol{D} \cdot \mathrm{d}\boldsymbol{S} = q_0$$

上式左边是闭合曲面 S 的电位移通量,右边是闭合曲面 S 内自由电荷的代数和.
对于各向同性电介质,有

$$D = \varepsilon_0 \varepsilon_r E$$

七、电容器的电容

$$C = \frac{q}{V_A - V_B}$$

对于给定的电容器,C 与 q 和 $(V_A - V_B)$ 无关,只取决于电容器的结构和材料.
计算 C 的步骤:设极板所带电荷量为 q,计算两极板之间的 E;再计算两极板间的电势差 $V_A - V_B = \int_A^B E \cdot \mathrm{d}l$;最后根据 C 的定义式求得 C 的表达式.

八、静电场的能量

1. 电场能量密度

$$w_e = \frac{1}{2}\varepsilon E^2 = \frac{1}{2}DE$$

2. 电场总能量

$$W_e = \int_V w_e \mathrm{d}V = \int_V \frac{1}{2}\varepsilon E^2 \mathrm{d}V$$

式中的积分遍及电场存在的空间.

3. 电容器的静电能

$$W = \frac{Q^2}{2C} = \frac{1}{2}CU^2 = \frac{1}{2}QU$$

复习思考题解答

7-1-1 **解题过程** 带正电荷是因为金属球失去电子,电子质量虽然非常小,但是具有一定质量,所以该球质量减小.

7-1-2 **解题过程** 不一定. 点电荷只是相对而言的,并非一定是很小的物体. 只有带电体的形状和大小与它们之间的距离相比可以忽略时,它们才可以看作点电荷.

7-1-3 **解题过程** 这是一种由摩擦产生的静电现象. 冬季当人们脱毛衣时,由于衣物之间的摩擦,原子外层的电子发生转移,产生静电荷,静电放电时就可以听到噼里啪啦的声音.

7-1-4 解题过程 当带电棒靠近木屑时,由于带电棒周围的非均匀电场使软木屑被极化而带有分开的正负电荷,与带电体相异的电荷靠近带电木棒,此时引力大于斥力,木屑就会被带电棒吸引. 当带电棒接触木屑之后,木屑带有与带电棒相同的电荷,由于同种电荷相互排斥,所以又剧烈地跳离.

7-2-1 解题过程 (1)错误. 电场中场强方向是将正的检验电荷放入电场,该电荷所受力的方向. 因为检验电荷的加入不影响原电场的分布,而点电荷的进入可能会影响原来电场的分布.
(2)错误. 由电场力的公式 $F = q \cdot E$ 可知,电场力不仅与场强有关,还与电荷的电荷量有关.
(3)错误. 电场强度是矢量,只有大小和方向都相等,场强才相等. 而球面上各点场强大小相等,方向不同,所以场强不相等.

7-2-2 解题过程 点电荷的电场强度公式是为了定量描述电场的. 在实际中,场点无法做到无限接近点电荷.

7-2-3 解题过程 点电荷只受电场力作用而运动,点电荷的运动轨迹不是电场线. 因为电场力的方向与点电荷的受力方向也就是加速度方向相同,不一定与速度方向相同.

7-2-4 解题过程 如答 7-2-4 图所示.

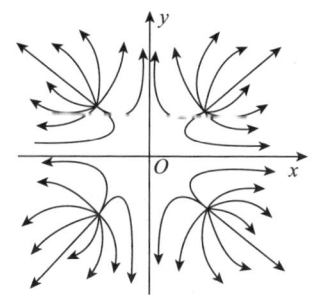

答 7-2-4 图

7-3-1 解题过程 由高斯定理 $\oint_S \boldsymbol{E} \cdot \mathrm{d}\boldsymbol{S} = \dfrac{q}{\varepsilon_0}$ 可知,如果高斯面上 $\boldsymbol{E}$ 处处为零,则可以肯定高斯面内一定没有净电荷;而由电偶极子的电场分布可知反之不成立.

7-3-2 解题过程 (1) $\oint_S \boldsymbol{E} \cdot \mathrm{d}\boldsymbol{S} = \dfrac{1}{\varepsilon_0} q$,设通过任一面的 $\boldsymbol{E}$ 通量为 Φ,因为立方体的对称性,通过六个面的 $\boldsymbol{E}$ 通量全相等,所以 $6\Phi = q/\varepsilon_0$, $\Phi = \dfrac{q}{6\varepsilon_0}$.

(2)如答 7-3-2 图所示,点电荷位于 A 点,易知其对 $\square A_1 B_1 BA$、$\square A_1 D_1 DA$、$\square ABCD$ 电通量为 0.

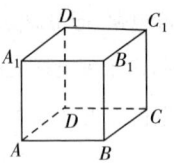

答 7-3-2 图

由对称性,其对另外三面的 E 通量相等,设为 Φ. A 点处于边长为 $\overline{2AB}$ 的立方体中心,$8\times(3\Phi)=\dfrac{q}{\varepsilon_0}$.

所以 $\Phi=\dfrac{1}{24}\dfrac{q}{\varepsilon_0}$.

7-3-3 <u>解题过程</u> 如答 7-3-3 图所示. 因为各点电场强度不同,难以求各点积分,所以不能用高斯定理来求,如果 $r\ll l$,则认为导线无限长,电场强度 E 方向垂直于电导线,且离导线等距离处电场大小相等,A 点的场强就可以计算出来.

7-3-4 <u>解题过程</u> 可以. 电场线的定义与库仑定律没有关系,不发生冲突.

7-4-1 <u>解题过程</u> 电荷在电场内移动,如果第(4)小题移动负电荷,电场力做正功,B 点电势高与此判断矛盾. 如果电场力做负功则移动后电势变高. 由此可得:

答 7-3-3 图

(1)B 电势高;(2)A 电势高;(3)A 电势高;(4)B 电势高;(5)A 电势高;(6)B 电势高.

7-4-2 <u>解题过程</u> 如答 7-4-2 图所示.

(1)(a)图中从 P 点到 Q 点,电荷沿电场方向移动,电场力做正功,P 点电势高. (b)图中电场力做负功,Q 点电势高.

(2)负电荷在电场中移动,电场力做功情况与正电荷相反. (a)图中电场力做负功,P 点电势高. (b)图中电场力做正功,Q 点电势高.

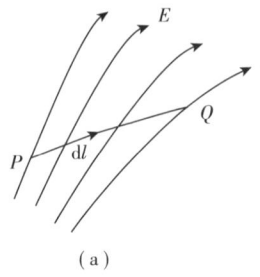
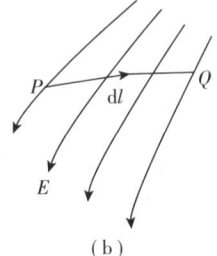

答 7-4-2 图

7-4-3 <u>解题过程</u> 该说法部分正确. 在同一等势面上的电场线的疏密程度是不同的,而电场线的疏密程度表示该处位置上电场强度的大小,因此在同一等势面上的电场强度并不一定相等. 由定义可知电场强度在方向上与等势面处处正交. 因此,电场强度在方向上与等势面垂直.

7-5-1 解题过程 要计算该点的场强,必须知道该点邻域内的电势分布,公式为:$E = -\nabla V$ 或 $E = -\dfrac{\mathrm{d}V}{\mathrm{d}n}e_n$,所以(1)不能;(2)能.

7-5-2 解题过程 由公式 $E = -\dfrac{\partial V}{\partial n}$ 可知:

(1)电势不变,其电场强度为零.

(2)电势为零,其变化率不一定为零,故场强不一定为零.

(3)不一定,如两正电荷连线的中点处,场强为零,但是电势不为零.

(4)在均匀电场中,各点的电势梯度相等,各点的电势不相等.

7-5-3 解题过程 由主教材公式(7-50):$\boldsymbol{E} = E_x\boldsymbol{i} + E_y\boldsymbol{j} + E_z\boldsymbol{k} = -\left(\dfrac{\partial V}{\partial x}\boldsymbol{i} + \dfrac{\partial V}{\partial y}\boldsymbol{j} + \dfrac{\partial V}{\partial z}\boldsymbol{k}\right)$ 可知,电场强度等于电势梯度的负值. 改变电势零点仅在 V 上增加一个常量,公式变为 $\boldsymbol{E} = E_x\boldsymbol{i} + E_y\boldsymbol{j} + E_z\boldsymbol{k} = -\left[\dfrac{\partial(V+V_0)}{\partial x}\boldsymbol{i} + \dfrac{\partial(V+V_0)}{\partial y}\boldsymbol{j} + \dfrac{\partial(V+V_0)}{\partial z}\boldsymbol{k}\right]$,因为 V_0 是一个常量,所以对微分结果不会有任何影响. 因此,改变电势零点的位置,不会影响各点电场强度的大小.

7-6-1 解题过程 根据电荷守恒定律,导体在电场中感应出的正负电荷一定相等,这时导体是等势体. 如果把导体分开,则导体电势不相等,因为有电场线从带正电部分指向带负电部分,电势随着电场线方向降落.

7-6-2 解题过程 孤立导体球表面附近场强与其表面垂直. 当把另一带电体移近此导体时,球表面附近场强方向会发生变化. 导体球上电荷分布会变得不均匀,其表面电势相等,但是会有变化,球内场强不会发生变化.

7-6-3 解题过程 (1)将不带电导体放在带电体的电场中,则其净电荷为零而电势不为零.

(2)不带电导体在带电体附近产生静电感应再将其接地,则会有过剩电荷但其电势为零.

(3)带负电导体放在相距很近但又带有很多正电荷的带电体的电场中.

(4)带正电导体放在相距很近但又带有很多负电荷的带电体的电场中.

7-6-4 解题过程 如答 7-6-4 图所示. 由于静电感应,金属球 A 两个球形空腔内表面均匀分布电荷 $-q_1$、$-q_2$,而金属球 A 表面均匀分布电荷 (q_1+q_2). 在金属球外很远处放一点电荷 q,q 受力为 $\dfrac{1}{4\pi\varepsilon_0} \cdot \dfrac{(q_1+q_2)q}{r^2}$,而 q_1、q_2 不受力.

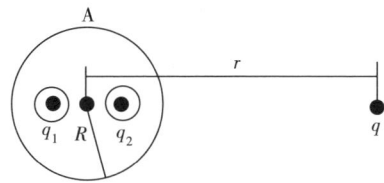

答 7-6-4 图

7-6-5 解题过程　(1)壳内的电场不会改变,金属壳以及壳内带电体电势会发生改变. 由于壳内电场不会发生改变,所以金属壳内带电体间的电势差不会改变.

(2)将金属壳内部带电导体在壳内移动或者与壳接触时,壳外电场不会改变.

(3)壳内有两个带异号等值电荷的带电体,则壳外电场为零.

7-7-1 解题过程　(1)电容不为零. 因为电容是导体或电容器本身的物理性质,与其是否带电或者所带电荷量的多少无关.

同理可知(2)(3)中的电容也不会发生变化.

7-7-2 解题过程　不同. 实心金属球由于有电介质的存在,所以比空心金属球的电容大.

7-7-3 解题过程　平板电容器电容的计算公式为: $C = \varepsilon_0 \dfrac{S}{d} = \dfrac{Q}{U}$. 由公式可知, d 增大则 C 减小, 而电荷量 Q 不变,则 U 增大, $\varepsilon_0 \dfrac{S}{Q} = \dfrac{d}{U}$, $\dfrac{U}{d} =$ 常数,所以 E 不变.

7-7-4 解题过程　$C = \varepsilon_0 \dfrac{S}{d} = \dfrac{Q}{U}$, d 增大则 C 减小,而 U 不变,所以 Q 减小, $E = \dfrac{U}{d}$, 所以 E 减小.

7-7-5 解题过程　如果电极板上所带电荷量大,则比较危险,因为并联电容大,相同的电压,电荷量大,所以并联时用手触摸极板会比较危险.

7-8-1 解题过程　导体的静电感应是导体中的自由电荷在外电场作用下定向运动形成的,最终达到静电平衡,这时导体内部电场强度处处为零,电荷分布在导体表面. 电介质的极化是在外电场作用下电介质显示电性的现象. 在外电场的作用下,束缚电荷的局部移动导致宏观上显示出电性,在电介质的表面和内部不均匀的地方出现电荷,这种现象称为极化,出现的电荷称为极化电荷.

7-8-2 解题过程　不带净电荷. 因为极化的电介质分开两部分后,两个部分会产生新的极化,当撤除电场后两极化的电介质分别会恢复初始状态,不会有净电荷产生.

7-8-3 解题过程　(1) $C = \varepsilon_0\varepsilon_r S/d$, $Q = CU$, 因为 U 不变,所以 Q 为原来的 ε_r 倍, $E = U/d$, U、d 均没有变化,所以 E 不变.

(2)充电后切断电源,则极板上 Q 不变,填入介质后 $C = \varepsilon_0\varepsilon_r S/d$, 所以 $U = \dfrac{Q}{C}$, 为原来的 $\dfrac{1}{\varepsilon_r}$; $E = U/d$, 为原来的 $\dfrac{1}{\varepsilon_r}$.

7-9-1 解题过程　通过 S_1 的 E 通量、D 通量为零.

通过 S_2 的 E 通量为　　　$\oiint_{S_2} \boldsymbol{E} \cdot \mathrm{d}\boldsymbol{S} = \dfrac{1}{\varepsilon_0}q$

通过 S_2 的 D 通量为　　　$\oiint_{S_2} \boldsymbol{D} \cdot \mathrm{d}\boldsymbol{S} = q$

由于题中系统不具备良好的对称性,所以不能找出用高斯定理求场强的闭合曲面.

7-9-2 〖解题过程〗 因为点电荷在球壳中心,电介质球壳内外的场强与没有电介质球壳时不相同,因为在球壳内外表面有极化电荷分布. 电介质球壳内外的 E 线和 D 线分布见答 7-9-2 图.

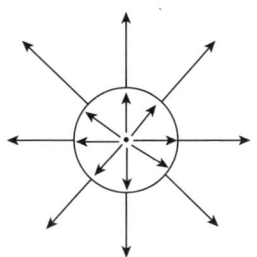

答 7-9-2 图

7-9-3 〖解题过程〗 (1)不是. 因为球壳外为真空,根据高斯定理可以得到其电场分布为 $E = \dfrac{Q}{4\pi\varepsilon_0 r^2}$,电势为 $\int_R^{+\infty} E \cdot \mathrm{d}r = \dfrac{Q}{4\pi\varepsilon_0 R}$.

(2) 球壳外充满电介质,电场分布为 $E = \dfrac{Q}{4\pi\varepsilon_0 \varepsilon_r r^2}$,电势为 $\int_R^{+\infty} E \cdot \mathrm{d}r = \dfrac{Q}{4\pi\varepsilon_0 \varepsilon_r R}$.

7-10-1 〖解题过程〗 并联电容 $C = C_1 + C_2$,电荷量 $Q = (C_1 + C_2)U$,能量 $W = \dfrac{1}{2}(C_1 + C_2)U^2$;而串联电容 $C = \dfrac{C_1 C_2}{C_1 + C_2}$,电荷量 $Q = \dfrac{2C_1 C_2}{C_1 + C_2}U$,能量 $W = \dfrac{C_1 C_2}{C_1 + C_2}U^2$,所以并联形式存储的电荷量和能量较大.

7-10-2 〖解题过程〗 空气电容器在切断电源后,极板上的电荷量 Q 不变,灌入煤油后电容 C 变为原来的 ε_r(ε_r 为煤油的相对电容率)倍,$W = \dfrac{Q^2}{2C}$ 能量变为原来的 $\dfrac{1}{\varepsilon_r}$;若电容器一直与电源相连,则电压 U 保持不变,灌入煤油时电容 C 变为原来的 ε_r 倍,$W = \dfrac{1}{2}CU^2$ 能量增大为原来的 ε_r 倍.

习题全解

7-1 〖解题过程〗 (1)库仑力 $F = k\dfrac{q_1 q_2}{r^2} = 8.23 \times 10^{-8}$ N

万有引力 $F' = \dfrac{Gm_1 m_2}{r^2} = 3.63 \times 10^{-47}$ N

(2)库仑力是万有引力的 $\dfrac{F}{F'} = 2.27 \times 10^{39}$ 倍.

(3)电子的速度:因为电子所受库仑力 $F \gg$ 万有引力 F',故电子做圆周运动的向心力=库仑力,$F = m\dfrac{v^2}{r} = \dfrac{ke^2}{r^2}$,$v = e \cdot \sqrt{\dfrac{k}{mr}} = 2.19 \times 10^6 \, \text{m/s}$.

7-2 解题过程 建立直角坐标系 Oxy. 对 q_1、q_2、q_3 进行受力分析,如题 7-2 图解所示,设所受合力分别为 $\boldsymbol{F}_1$、$\boldsymbol{F}_2$、$\boldsymbol{F}_3$,则有

$$\boldsymbol{F}_1 = \boldsymbol{F}_{12} + \boldsymbol{F}_{13} = F_{12}\cos\alpha(-\boldsymbol{i}) + F_{12}\sin\alpha(-\boldsymbol{j}) + F_{13}\boldsymbol{i}$$
$$= (-F_{12}\cos\alpha + F_{13})\boldsymbol{i} - F_{12}\sin\alpha \boldsymbol{j}$$
$$\boldsymbol{F}_2 = \boldsymbol{F}_{21} + \boldsymbol{F}_{23} = (F_{21}\cos\alpha + F_{23}\cos\alpha)\boldsymbol{i} + (F_{21}\sin\alpha - F_{23}\sin\alpha)\boldsymbol{j}$$
$$\boldsymbol{F}_3 = \boldsymbol{F}_{31} + \boldsymbol{F}_{32} = F_{31}(-\boldsymbol{i}) + F_{32}\cos\alpha(-\boldsymbol{i}) + F_{32}\sin\alpha \boldsymbol{j}$$

式中,相互作用力的大小分别为

$$F_{12} = F_{21} = \dfrac{1}{4\pi\varepsilon_0}\dfrac{q_1 q_2}{a^2} = 67.5\,\text{N}$$

$$F_{23} = F_{32} = \dfrac{q_2 q_3}{4\pi\varepsilon_0 a^2} = 67.5\,\text{N}$$

$$F_{13} = F_{31} = \dfrac{q_1 q_3}{4\pi\varepsilon_0 a^2} = 22.5\,\text{N}$$

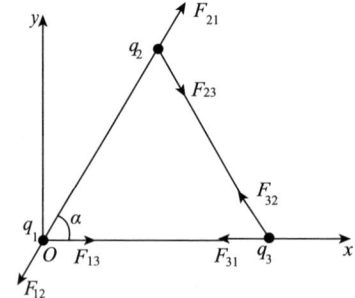

题 7-2 图解

而 $\cos\alpha = \cos 60° = \dfrac{1}{2}$

$\sin\alpha = \sin 60° = \dfrac{\sqrt{3}}{2}$

故 $F_1 = \sqrt{F_{1x}^2 + F_{1y}^2} = 59.5\,\text{N}$

$F_2 = \sqrt{F_{2x}^2 + F_{2y}^2} = 67.5\,\text{N}$

$F_3 = \sqrt{F_{3x}^2 + F_{3y}^2} = 81.1\,\text{N}$

由此可见,q_3 所受的力最大.

(2) $\boldsymbol{F}_2 = (F_{21}\cos\alpha + F_{23}\cos\alpha)\boldsymbol{i} + (F_{21}\sin\alpha - F_{23}\sin\alpha)\boldsymbol{j}$

$$= (F_{21}\cos\alpha + F_{23}\cos\alpha)\boldsymbol{i} = 67.5\boldsymbol{i} \text{ N}$$

其方向沿题 7-2 图解 x 轴的正方向.

7-3 解题过程　设 A 球带电 $+q_1$，B 球带电 $-q_2$，初始情况下，设间距 $x_1 = 50\text{cm} = 0.5\text{m}$，则

$$F_1 = k\frac{q_1 q_2}{x_1^2} = 0.108\text{N}$$

导线连接后带电均为 $\dfrac{q_1 - q_2}{2}$，则

$$F_2 = k\frac{\left(\dfrac{q_1 - q_2}{2}\right)^2}{x_1^2} = 0.036\text{N}$$

所以 $\dfrac{q_1 q_2}{\left(\dfrac{q_1 - q_2}{2}\right)^2} = 3$，解得 $\dfrac{q_2}{q_1} = 3$ 或 $\dfrac{q_2}{q_1} = \dfrac{1}{3}$.

即一球所带电荷量为另一球的 3 倍.

又因为 $k = 9\times 10^9 \text{ N}\cdot\text{m}^2/\text{C}^2$，代入解得 $q_1 = -1\times 10^{-6}\text{C}$，$q_2 = 3\times 10^{-6}\text{C}$.

7-4 解题过程　受力分析如题 7-4 图解所示，设带电小球所受库仑力为 $F = k\dfrac{q^2}{x^n}$.

带电小球受力平衡，有

$$F_T \sin\theta = F$$
$$F_T \cos\theta = mg$$

所以 $\tan\theta = \dfrac{F}{mg}$

θ 角很小，有

$$\tan\theta \approx \dfrac{x}{2l},\ x = 2l\cdot\tan\theta = \dfrac{2lF}{mg}$$

对于两次测定，由上述方程有

$$\dfrac{x_1}{x_2} = \dfrac{F_1}{F_2} = \dfrac{q_1^2 x_2^n}{q_2^2 x_1^n} = 4\dfrac{x_2^n}{x_1^n}$$

$$\left(\dfrac{x_1}{x_2}\right)^{n+1} = 4$$

对上式等号两边取对数，有

$$(n+1)\lg\left(\dfrac{x_1}{x_2}\right) = \lg 4$$

$$n = \dfrac{\lg 4}{\lg\left(\dfrac{x_1}{x_2}\right)} - 1$$

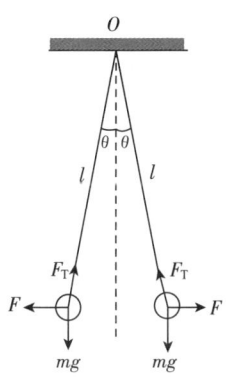

题 7-4 图解

7-5 解题过程　如题 7-5 图解所示，设 α 粒子在 A 处受力最大，由 $F = qE$，得氢分子在 A 处产生的

电场最大.

设 A 距氢原子连线中点 O 的距离为 x,则

$$E = 2\frac{1}{4\pi\varepsilon_0}\frac{e}{x^2+\left(\dfrac{d}{2}\right)^2}\cos\alpha$$

$$\cos\alpha = \frac{x}{\sqrt{x^2+\left(\dfrac{d}{2}\right)^2}}$$

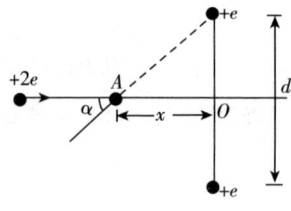

题 7-5 图解

所以

$$E = \frac{e}{2\pi\varepsilon_0}\frac{x}{\left[x^2+\left(\dfrac{d}{2}\right)^2\right]^{3/2}}$$

令 $\dfrac{dE}{dx}=0$,则

$$\frac{8e^2}{x\varepsilon_0}\left[\frac{1}{(4x^2+d^2)^{3/2}}-\frac{3}{2}\frac{8x^2}{(4x^2+d^2)^{5/2}}\right]=0$$

$$1-\frac{3}{2}\cdot\frac{8x^2}{4x^2+d^2}=0$$

$$x=\pm\frac{\sqrt{2}}{4}d$$

7-6 解题过程　以 C 为原点建立坐标系,如题 7-6 图解所示,其中 $AC=r_1=0.03\text{m},BC=r_2=0.4\text{m}$,则 q_1、q_2 在 C 点产生的场强为

$$\boldsymbol{E}_C = \boldsymbol{E}_1 + \boldsymbol{E}_2$$

$$= \frac{q_1}{4\pi\varepsilon_0 r_1^2}(-\boldsymbol{j})+\frac{|q_2|}{4\pi\varepsilon_0 r_2^2}\boldsymbol{i}$$

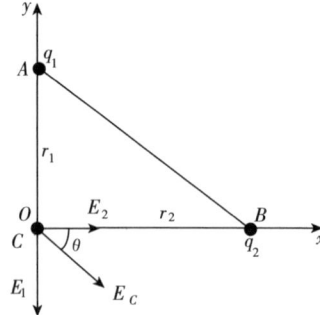

题 7-6 图解

$\boldsymbol{E}_C$ 大小为

$$E_C = \sqrt{\boldsymbol{E}_1^2+\boldsymbol{E}_2^2}$$

$$= \sqrt{(1.8\times10^4)^2+(2.7\times10^4)^2}$$

$$= 3.24\times10^4 \text{ V/m}$$

方向与水平方向的夹角为

$$\theta = \arctan \frac{E_1}{E_2} = \arctan \frac{2}{3} = 33.7°$$

7-7 证明 由主教材中的例题可知,电偶极子在其延长线上的场强公式为 $E = \dfrac{p_e}{2\pi\varepsilon_0 r^3}$,其中 $p_e = ql$,P 点电场为两个方向相反的电偶极子在其上电场的叠加.

$$E = E_2 - E_1 = \frac{ql}{2\pi\varepsilon_0 \left(r - \dfrac{l}{2}\right)^3} - \frac{ql}{2\pi\varepsilon_0 \left(r + \dfrac{l}{2}\right)^3}$$

$$= \frac{ql}{2\pi\varepsilon_0} \cdot \frac{l\left(3r^2 + \dfrac{l^2}{4}\right)}{\left(r^2 - \dfrac{l^2}{4}\right)^3}$$

因为 $l \ll r$,所以 $\left(r^2 - \dfrac{l^2}{4}\right)^3 \approx r^6$,$3r^2 + \dfrac{l^2}{4} \approx 3r^2$,而 $ql^2 = \dfrac{Q}{2}$,代入上式化简得

$$E = \frac{3Q}{4\pi\varepsilon_0 r^4}$$

7-8 解题过程 (1) 以 P 点为原点建立 x 轴,在距 P 点 x 处取长度微元 $\mathrm{d}x$,$\mathrm{d}q = \lambda \mathrm{d}x$,则

$$E = \int_d^{d+l} \frac{\lambda}{4\pi\varepsilon_0 x^2} \mathrm{d}x = \frac{\lambda}{4\pi\varepsilon_0} \left(-\frac{1}{x}\right)\Big|_d^{d+l} = \frac{\lambda}{4\pi\varepsilon_0} \cdot \left(\frac{1}{d} - \frac{1}{d+1}\right)$$

(2) 同理 $\mathrm{d}E_Q = \dfrac{\lambda}{4\pi\varepsilon_0} \cdot \dfrac{1}{x^2+d^2} \mathrm{d}x$,此时以 AB 中点 O 为原点建立直角坐标系,由于对称性,在 x 轴方向 $\int_2 \mathrm{d}E_x = 0$,只有 y 分量,故 $E = \int_{-\frac{l}{2}}^{\frac{l}{2}} \dfrac{\lambda}{4\pi\varepsilon_0} \cdot \dfrac{1}{x^2+d^2} \cdot$

$$\frac{d}{\sqrt{x^2+d^2}} \mathrm{d}x = \frac{\lambda}{4\pi\varepsilon_0 d} \cdot \frac{1}{\sqrt{d^2 + \left(\dfrac{l}{2}\right)^2}}$$

7-9 分析 根据电荷分布的对称性求解本题.

解题过程 如题 7-9 图解所示,以 O 为原点建立坐标系.

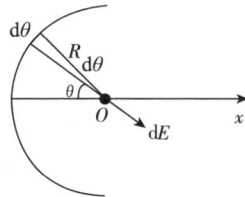

题 7-9 图解

设 $Q > 0$,则圆心 O 处的电场强度大小为

$$dE = \frac{1}{4\pi\varepsilon_0} \cdot \frac{dQ}{R^2} = \frac{1}{4\pi\varepsilon_0} \cdot \frac{\lambda R d\theta}{R^2} = \frac{\lambda d\theta}{4\pi\varepsilon_0 R}$$

式中 $\lambda = \dfrac{Q}{\pi R}$

由电荷对称分布可知,圆心 O 处的电场强度沿 x 轴正方向,得

$$E = \int dE_x = 2\int_0^{\frac{\pi}{2}} \frac{\lambda\cos\theta}{4\pi\varepsilon_0 R} d\theta = \frac{2\lambda}{4\pi\varepsilon_0 R}\int_0^{\frac{\pi}{2}}\cos\theta d\theta = \frac{\lambda}{2\pi\varepsilon_0 R}$$

$$= \frac{Q}{2\pi^2\varepsilon_0 R^2}$$

7-10 解题过程 我们知道均匀带电圆环轴线上的电场强度为 $E = \dfrac{qx}{4\pi\varepsilon_0(x^2+R^2)^{3/2}}$,可以利用此式解此题.

如题 7-10 图解所示,取一段宽度为 dl 的圆带进行微元分析,有

$$dl = Rd\theta, dq = \sigma dS, dS = 2\pi R\sin\theta dl$$

所以 $dq = 2\pi\sigma r^2 \sin\theta d\theta$

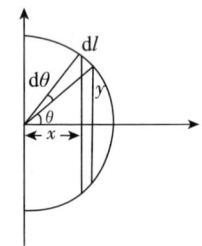

题 7-10 图解

$$E = \int dE = \int \frac{xdq}{4\pi\varepsilon_0(x^2+y^2)^{\frac{3}{2}}}$$

又因为 $x = R\cos\theta, y = R\sin\theta$

代入上式得

$$E = \int dE = \int_0^{x/2} \frac{R\cos\theta \cdot 2\pi\sigma R^2\sin\theta d\theta}{4\pi\varepsilon_0(R^2\cos^2\theta+R^2\sin^2\theta)^{\frac{3}{2}}}$$

$$= \int_0^{\frac{\pi}{2}} \frac{\sigma}{2\varepsilon_0}\cos\theta\sin\theta d\theta = \frac{\sigma}{4\varepsilon_0}$$

7-11 解题过程 如题 7-11 图解所示,以左端面处为坐标原点,x 轴沿轴线向右为正,在距 O 点为 x 处取宽 dx 的圆环,其上电荷 $dq = \dfrac{Q}{L}dx$,小圆环在 P 点产生的电场强度为

$$dE = \frac{dq(L-x)}{4\pi\varepsilon_0[R^2+(L-x)^2]^{\frac{3}{2}}}$$

$$= \frac{Q(L-x)\mathrm{d}x}{4\pi\varepsilon_0 L[R^2+(L-x)^2]^{\frac{3}{2}}}$$

$$= \frac{Q}{8\pi\varepsilon_0 L} \cdot \frac{\mathrm{d}[R^2+(L-x)^2]}{[R^2+(L-x)^2]^{\frac{3}{2}}}$$

$$E = \int \mathrm{d}E = \int \frac{Q}{8\pi\varepsilon_0 L} \cdot \frac{\mathrm{d}[R^2+(L-x)^2]}{[R^2+(L-x)^2]^{\frac{3}{2}}}$$

$$= \frac{Q}{4\pi\varepsilon_0 L} \cdot \left(\frac{1}{R} - \frac{1}{\sqrt{R^2+L^2}}\right)$$

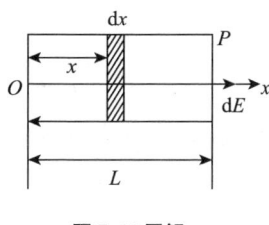

题 7-11 图解

当 $R \to 0$ 时,$E \to \infty$ 与(1)的结果不同.

7-12 解题过程 补偿法:在圆孔处补充密度与平板一致的同性和异性电荷,这样,P 点场强就变成了一密度为 σ 的无限大带电平板与一半径为 r、密度为 $-\sigma$ 的圆盘的电场的叠加.

无限大带电平板在 P 点产生的场强大小:$E_1 = \frac{\sigma}{2\varepsilon_0}$.

半径为 r 的带电圆盘在其轴线上 P 点的场强大小为

$$\mathrm{d}E_x = \frac{x \cdot \mathrm{d}q}{4\pi\varepsilon_0 (x^2+r^2)^{\frac{3}{2}}} = \frac{\sigma x r \mathrm{d}r}{2\varepsilon_0 (x^2+r^2)^{\frac{3}{2}}}, E_2 = \int_0^a \mathrm{d}E_x$$

$$E_2 = \frac{\sigma x}{2\varepsilon_0} \cdot \left(\frac{1}{\sqrt{x^2}} - \frac{1}{\sqrt{x^2+a^2}}\right) = \frac{\sigma}{2\varepsilon_0}\left(1 - \frac{x}{\sqrt{x^2+a^2}}\right)$$

$$\vec{E} = \vec{E}_1 + \vec{E}_2$$

$$= \frac{\sigma}{2\varepsilon_0}\vec{i} - \frac{\sigma}{2\varepsilon_0}\left(1 - \frac{x}{\sqrt{x^2+a^2}}\right)\vec{i}$$

$$= \frac{\sigma x}{2\varepsilon_0 \sqrt{x^2+a^2}}\vec{i}$$

故 P 点的电场强度为 $\frac{\sigma x}{2\varepsilon_0 \cdot \sqrt{x^2+a^2}}$.

7-13 解题过程 如题 7-13 图解所示,球心 O 处的场强 E 是由均匀带电球面在球心处的电场强度 E_1 和 Δq 在球心处的电场强度 E_2 叠加而成的,即

$$\boldsymbol{E} = \boldsymbol{E}_1 + \boldsymbol{E}_2$$

其中,由于球面的电荷均匀分布,$\boldsymbol{E}_1 = \boldsymbol{0}$,所以 $\boldsymbol{E} = \boldsymbol{E}_2$.

设 $Q > 0$,电荷面密度为 $\sigma = \frac{Q}{4\pi R^2}$

则 $\Delta q = -\sigma \Delta S = -\frac{Q\Delta S}{4\pi R^2}$

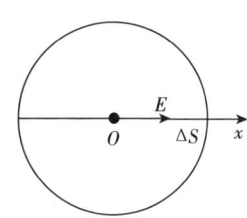

题 7-13 图解

由于 E_2 是由非常小的面积 ΔS 上的负电荷产生的,故可作点电荷电场处理,即

$$E = E_2 = \frac{1}{4\pi\varepsilon_0} \cdot \frac{\Delta q}{R^2} = \frac{Q\Delta S}{(4\pi R^2)^2 \varepsilon_0}$$

E 的方向指向 ΔS 处，即指向 x 轴正方向.

7-14 解题过程 (1) $\Phi_{e底} = ES \cdot \cos\pi = -\pi R^2 E$

$\Phi_{e半球} = -\Phi_{e底} = \pi R^2 E$

(2) 根据高斯定理 $\Phi_e = \dfrac{q}{\varepsilon_0}$，由于闭合曲面内的总电通量 $\Phi_e = 0$，故半球面内的总电荷量 $q = 0$.

7-15 解题过程 设圆板边缘到点电荷的距离为 r，以点电荷为球心，r 为半径作一球面. 该球面的面积为 $S_0 = 4\pi r^2$，球冠面积为 $S = 2\pi r(r-d)$，则通过球面 S_0 的 E 通量为

$$\oiint_{S_0} \boldsymbol{E} \cdot \mathrm{d}\boldsymbol{S} = ES_0 = \frac{q}{\varepsilon_0}$$

通过球冠面 S 的 E 通量为

$$\oiint_S = \int_S \boldsymbol{E} \cdot \mathrm{d}\boldsymbol{S} = ES$$

则可得 $\dfrac{\oiint_S}{\oiint_{S_0}} = \dfrac{\oiint_S}{q/\varepsilon_0} = \dfrac{S}{S_0}$

$$\oiint_S = \frac{q}{\varepsilon_0} \frac{S}{S_0} = \frac{q}{2\varepsilon_0} \frac{(\sqrt{R^2+d^2}-d)}{\sqrt{R^2+d^2}}$$

7-16 解题过程 (1) $\oiint_E = \oiint_S \boldsymbol{E}\mathrm{d}\boldsymbol{S} = (E_{x2} - E_{x1})d^2$

$= (b\sqrt{2d} - b\sqrt{d})d^2$

$= 1.05\,\mathrm{N \cdot m^2/C}$

(2) $\dfrac{1}{\varepsilon_0} q = \oiint_E$

得 $q = \varepsilon_0 \oiint_E = 9.3 \times 10^{-12}\,\mathrm{C}$.

7-17 证明 作半径为 r（设 $r < R$）的同心球面为高斯面，则此高斯面内包围的电荷的代数和为

$$\sum q = Ze + \frac{4}{3}\pi r^3 \rho = Ze + \frac{4}{3}\pi r^3 \left(\frac{-Ze}{\frac{4}{3}\pi R^3}\right) = Ze\left(1 - \frac{r^3}{R^3}\right)$$

根据高斯定理，有

$$\oiint_S \boldsymbol{E} \cdot \mathrm{d}\boldsymbol{S} = E \cdot 4\pi r^2 = \frac{\sum q}{\varepsilon_0}$$

所以 $E = \dfrac{Ze}{4\pi\varepsilon_0}\left(\dfrac{1}{r^2} - \dfrac{r}{R^3}\right)$.

7-18 解题过程 分别以 $r_1=0.05\text{m}, r_2=0.15\text{m}, r_3=0.50\text{m}$ 为半径,作与带电球壳同心的球面为高斯面,在同一高斯面上场强 E 的大小相等,方向沿径向向外,与高斯面的外法线方向相同.

根据高斯面定理 $\oint_S \boldsymbol{E} \cdot \text{d}\boldsymbol{S} = \dfrac{\sum q}{\varepsilon_0}$ 有

$$E_1 \cdot 4\pi r_1^2 = \dfrac{q_1}{\varepsilon_0}, \quad E_2 \cdot 4\pi r_2^2 = \dfrac{q_2}{\varepsilon_0}, \quad E_3 \cdot 4\pi r_3^2 = \dfrac{q_3}{\varepsilon_0}$$

而各高斯面内包围的净电荷分别为

$$q_1 = 0, \quad q_2 = \rho \cdot \dfrac{4}{3}\pi(r_2^3 - R_1^3), \quad q_3 = \rho \cdot \dfrac{4}{3}\pi(R_2^3 - R_1^3)$$

式中, $R_1 = 10\text{cm}, R_2 = 20\text{cm}$,则

$$E_1 = 0, \quad E_2 = \dfrac{\rho(r_2^3 - R_1^3)}{3\varepsilon_0 r_2^2} = 4.0\text{V/m}$$

$$E_3 = \dfrac{\rho(R_2^3 - R_1^3)}{3\varepsilon_0 r_3^2} = 1.05\text{V/m}$$

E_2、E_3 的方向沿径向向外.

7-19 解题过程 根据高斯定理 $\oint_S \boldsymbol{E} \cdot \text{d}\boldsymbol{S} = \dfrac{1}{\varepsilon_0}\int \rho \text{d}V$ 可得:

球体内 $E(r) 4\pi r^2 = \dfrac{1}{\varepsilon_0} \int_0^r kr' 4\pi r'^2 \text{d}r' = \dfrac{\pi k}{\varepsilon_0} r^4$

$$\boldsymbol{E}(r) = \dfrac{kr^2}{4\varepsilon_0} \boldsymbol{e}_r \quad (0 < r < R)$$

球体外 $E(r) 4\pi r^2 = \dfrac{1}{\varepsilon_0} \int_0^R kr' 4\pi r'^2 \text{d}r' = \dfrac{\pi k}{\varepsilon_0} R^4$

$$E(r) = \dfrac{kR^4}{4\varepsilon_0 r^2} \boldsymbol{e}_r \quad (r > R)$$

可画出 E-r 关系曲线,如题 7-19 图解所示.

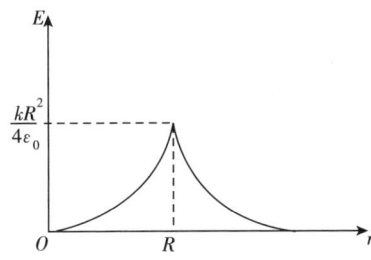

题 7-19 图解

7-20 解题过程 (1)由对称性,薄层中央的电场强度为 0.

(2)如题 7-20 图解(a)所示,作高斯面,则

$$\oint_S \boldsymbol{E} \cdot \mathrm{d}\boldsymbol{S} = \frac{\rho \cdot V}{\varepsilon_0}$$

$$\oint_S \boldsymbol{E} \cdot \mathrm{d}\boldsymbol{S} = 2ES$$

$$\rho V = \rho S d$$

所以 $\quad 2ES = \dfrac{\rho S d}{\varepsilon_0}$

得 $\quad E = \dfrac{\rho d}{2\varepsilon_0} = 1.69 \times 10^4 \,\mathrm{V/m}$

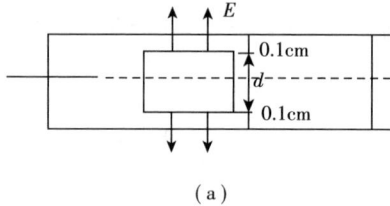

(a)

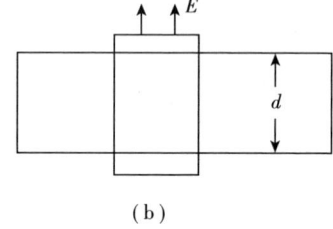

(b)

题 7-20 图解

(3)作圆柱形高斯面，如题 7-20 图解(b)所示，则

$$\oint_S \boldsymbol{E} \cdot \mathrm{d}\boldsymbol{S} = \frac{\rho V}{\varepsilon_0}$$

$$2ES = \frac{\rho S d}{\varepsilon_0}$$

$$E = \frac{\rho d}{2\varepsilon_0} = 2.82 \times 10^4 \,\mathrm{V/m} \text{(其中 } d = 0.5 \text{ cm)}$$

7-21 **解题过程** 轴对称的电荷分布所形成的电场强度 E 同样具有轴对称的分布，所以我们不妨作长为 l、半径为 r 的同轴闭合圆柱面.

根据高斯定理，有

$$\oint_S \boldsymbol{E} \cdot \mathrm{d}\boldsymbol{S} = E \cdot 2\pi r l = \frac{1}{\varepsilon_0} \int_{V'} \rho \mathrm{d}V$$

且 $\int_{V'} \rho \mathrm{d}V$ 的含义为圆柱面所包围的电荷，有

$$\int_V \rho dV = \int_0^r \frac{\rho_0}{\left[1+\left(\frac{r}{a}\right)^2\right]^2} \cdot 2\pi r l\, dr = 2\pi l \rho_0 \int_0^r \frac{r\, dr}{\left[1+\left(\frac{r}{a}\right)^2\right]^2} = \frac{\rho_0 \pi l a^2 r^2}{a^2+r^2}$$

所以离轴 r 处的电场强度为 $E = \frac{\rho_0 a^2 r}{2\varepsilon_0 (a^2+r^2)}$.

7-22 **分析** 本题考查高斯定理的应用.

解题过程 (1)在贴近地球表面处作与地球同心的高斯球面,半径为 $R \approx R_E$,使得地球表面的电荷全部为高斯面所包围.

根据高斯定理有 $\oiint_S \boldsymbol{E} \cdot d\boldsymbol{S} = -E \cdot 4\pi R_E^2 = \frac{Q}{\varepsilon_0}$

其中"$-$"号是由于场强方向与高斯面的面法线方向相反.

得 $Q = -4\pi\varepsilon_0 E R_E^2 = -4.51 \times 10^5\,\mathrm{C}$

由此可见,$Q<0$,即地球带负电.

(2)设在离地球表面 $h=1400\,\mathrm{m}$ 高度以下的大气层均匀带电,所带电荷量为 q. 以地心为球心,$r=R_E+h$ 为半径作高斯球面 S'. 在该高斯面 S' 上电场强度为 $\boldsymbol{E}'$,方向仍指向地心.

根据高斯定理有 $\oiint_{S'} \boldsymbol{E}' \cdot d\boldsymbol{S}' = -E' \cdot 4\pi(R_E+h)^2 = \frac{q+Q}{\varepsilon_0}$

可得 $E' = -\frac{1}{4\pi\varepsilon_0} \frac{q+Q}{(R_E+h)^2}$

解得 $q = -(Q + 4\pi\varepsilon_0 r^2 E') = -[Q + 4\pi\varepsilon_0 (R_E+h)^2 E']$
$= 3.43 \times 10^5\,\mathrm{C}$

$q>0$,即大气层带正电.

而大气层体积为 $V = \frac{4}{3}\pi(r^3 - R_E^3) = \frac{4}{3}\pi[(R_E+h)^3 - R_E^3]$
$= 7.65 \times 10^{17}\,\mathrm{m}^3$

故大气层平均电荷密度为

$$\bar{\rho} = \frac{q}{V} = 4.48 \times 10^{-13}\,\mathrm{C/m}^3$$

7-23 **解题过程** 用补偿法.

如题 7-23 图解所示,在大球内挖空处补上电荷体密度为 ρ 的小球,再补上一电荷体密度为 $-\rho$ 的小球,则大球与电荷体密度为 $-\rho$ 的小球对各处电场的叠加即为实际电场,下面分别计算.

P' 处:大球场强为 $E \cdot 4\pi r_1^2 = \frac{4}{3}\pi\rho R^3 / \varepsilon_0$

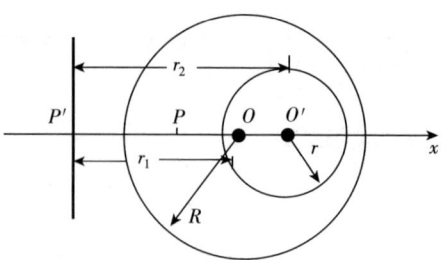

题 7-23 图解

$$E = \frac{\rho R^3}{3\varepsilon_0 r_1^2}(-\boldsymbol{i})$$

小球场强为 $E \cdot 4\pi r_2^2 = \frac{4}{3}\pi \rho r^3/\varepsilon_0$

所以 $\boldsymbol{E} = \frac{\rho r^3}{3\varepsilon_0 r_2^2}\boldsymbol{i}$

所以 P' 处合场强为 $\frac{1}{3}\frac{\rho}{\varepsilon_0}\left(\frac{r^3}{r_2^2} - \frac{R^3}{r_1^2}\right)\boldsymbol{i}$

P 处设 P 距 O' 为 r_3，距 O 为 r_4，则

大球对 P 处的场强为 $\frac{\rho r_4}{3\varepsilon_0}(-\boldsymbol{i})$

小球对 P 处的场强为 $E \cdot 4\pi r_3^2 = \rho \frac{4}{3}\pi r^3/\varepsilon_0$

$$\boldsymbol{E} = \frac{\rho}{3\varepsilon_0}\frac{r^3}{r_3^2}\boldsymbol{i}$$

所以 P 处合场强为 $\frac{\rho}{3\varepsilon_0}\left(\frac{r^3}{r_3^2} - r_4\right)\boldsymbol{i}$

O 处大球对其场强为 0，设 $OO' = r_5$，小球对 O 处的场强为

$$E \cdot 4\pi r_5^2 = \frac{4}{3}\rho \pi r_5^3/\varepsilon_0$$

所以 $\boldsymbol{E} = \frac{\rho r_5}{3\varepsilon_0}\boldsymbol{i}$

O' 处小球对其场强为零，大球对其场强为

$$E \cdot 4\pi r_5^2 = \frac{4}{3}\rho \pi r_5^3/\varepsilon_0$$

所以 $\boldsymbol{E} = \frac{\rho r_5}{3\varepsilon_0}\boldsymbol{i}$

*7-24 **解题过程** PN 结外的场强为 0，电场只存在于 PN 结内．

作底面积为 ΔS，一个底面在 PN 结外与另一个底面过 x 处的圆柱形高斯面 S，

由高斯定理可得

$$\oiint_S \vec{E} \cdot d\vec{S} = -E \cdot \Delta S = \frac{1}{\varepsilon_0} \cdot \iiint \rho_e dV = \frac{1}{\varepsilon_0} \int_x^{x_p} \rho_0 \cdot \Delta S \cdot dV = \frac{1}{\varepsilon_0} \int_x^{x_p} -eax\Delta S dx$$

$$E = \frac{ea}{2\varepsilon_0}(x_p^2 - x^2)$$

因为 $x_p = \frac{x_m}{2}$,故 $E = \frac{ea}{8\varepsilon_0}(x_m^2 - 4x^2)$.

7-25  (1)A 点的电势为 $V_A = \frac{1}{4\pi\varepsilon_0}\frac{q_1}{r} + \frac{1}{4\pi\varepsilon_0}\frac{q_2}{(r^2+d^2)^{1/2}} = 1.8 \times 10^3 \text{V}$

B 点电势由对称性知为 0,电荷从 A 点移到 B 点电场力做功为

$$W = q(V_A - V_B) = 3.6 \times 10^{-6} \text{J}$$

(2)C 点的电势为 $V_C = \frac{1}{4\pi\varepsilon_0}\frac{q_2}{r} + \frac{1}{4\pi\varepsilon_0}\frac{q_1}{(r^2+d^2)^{\frac{1}{2}}} = -1.8 \times 10^3 \text{V}$

D 点电势由对称性知为 0,电荷从 C 点移到 B 点电场力做功为

$$W = q(V_C - V_D) = -3.6 \times 10^{-6} \text{J}$$

7-26 如题 7-26 图解所示,设两个正点电荷到 P 点的距离分别为 r_1 和 r_2,负电荷到 P 点的距离为 r,根据电势叠加原理,P 点的电势为

$$V_P = \frac{1}{4\pi\varepsilon_0}\left(\frac{q}{r_1} - \frac{2q}{r} + \frac{q}{r_2}\right)$$

当 P 点为远场点时,$r \gg l$,$r_1 \approx r - a$,$r_2 \approx r + a$,$a \approx l\cos\theta$,将 r_1、r_2 的表达式代入 V_P,整理后得

$$V_P = \frac{1}{4\pi\varepsilon_0}\left(\frac{q}{r_1} - \frac{2q}{r} + \frac{q}{r_2}\right)$$

$$= \frac{1}{4\pi\varepsilon_0}\left(\frac{q}{r-a} - \frac{2q}{r} + \frac{q}{r+a}\right)$$

$$= \frac{1}{4\pi\varepsilon_0} \cdot \frac{2a^2q}{r(r^2-a^2)} \approx \frac{1}{4\pi\varepsilon_0}\frac{2a^2q}{r^3} \approx \frac{q}{2\pi\varepsilon_0}\frac{l^2\cos^2\theta}{r^3}$$

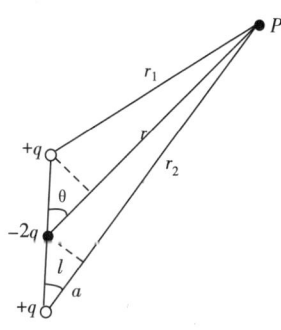

题 7-26 图解

7-27 (1)依题意由 $V = \frac{q}{4\pi\varepsilon_0 r}$ 得

$$q = 4\pi\varepsilon_0 rV = 6.67 \times 10^{-11} \text{C}$$

(2)设大水滴是半径为 R 的球体,则应有 $\frac{4}{3}\pi R^3 = 2 \times \frac{4}{3}\pi r^3$,所带电荷量 $Q = 2q$,求得大水滴的半径为 $R = 2.52$ mm,其电势为

$$V = \frac{Q}{4\pi\varepsilon_0 R} = \frac{2q}{4\pi\varepsilon_0 R} = 476 \text{V}$$

7-28 解题过程 如题 7-28 图解所示,以 O 为中心,r 为半径建立球形高斯面,由高斯定理得

$$\oint_S \mathbf{E} \cdot d\mathbf{S} = E \cdot 4\pi r^2 = \frac{q}{\varepsilon_0}$$

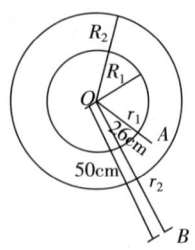

题 7-28 图解

当 $R_1 < r < R_2$ 时,$E_1 \cdot 4\pi r^2 = \frac{q}{\varepsilon_0} = \frac{1}{\varepsilon_0} \times q_1$,所以 $E_1 = \frac{q_1}{4\pi\varepsilon_0 r^2}$.

当 $r > R_2$ 时,$E_2 \cdot 4\pi r^2 = \frac{1}{\varepsilon_0} \times (q_1 + q_2)$,所以 $E_2 = \frac{q_1 + q_2}{4\pi\varepsilon_0 r^2}$.

A 点在大球壳内部,设其电势为 V_1,则

$$V_1 = \int_{r_1}^{\infty} E dr = \int_{r_1}^{R_2} E_1 dr + \int_{R_2}^{\infty} E_2 dr$$

$$= \int_{r_1}^{R_2} \frac{1}{4\pi\varepsilon_0} \frac{q_1}{r^2} dr + \int_{R_2}^{\infty} \frac{1}{4\pi\varepsilon_0} \frac{q_1 + q_2}{r^2} dr$$

$$= \frac{q_1}{4\pi\varepsilon_0} \left(\frac{1}{r_1} - \frac{1}{R_2} \right) + \frac{1}{4\pi\varepsilon_0} \frac{q_1 + q_2}{R_2}$$

代入数据得 $V_1 = 900 \text{V}$.

设 B 点电势为 V_2,则

$$V_2 = \int_{r_2}^{\infty} E dr = \int_{r_2}^{\infty} \frac{1}{4\pi\varepsilon_0} \frac{q_1 + q_2}{r^2} dr = \frac{1}{4\pi\varepsilon_0} \frac{q_1 + q_2}{r_2} = 450 \text{V}$$

所以离球心 20cm 处电势为 900V,50cm 处电势为 450V.

7-29 解题过程 (1)根据库仑定律,点电荷 q 在距其 r 处产生的电势为

$$V = \frac{1}{4\pi\varepsilon_0} \cdot \frac{q}{r}$$

假设球内取一半径为 r 的球形微元,其电荷为 dq,则球内任意一点的电势为

$$dV = \frac{1}{4\pi\varepsilon_0} \cdot \frac{dq}{r} = \frac{1}{4\pi\varepsilon_0} \cdot \frac{\rho}{3} r dr$$

式中,$\rho = \dfrac{Q}{\frac{4}{3}\pi R^3}$ 表示球的电荷体密度. 将上式积分可得球内的电势分布:

$$V_{球内} = \frac{1}{4\pi\varepsilon_0} \int_0^r \frac{\rho}{3} r dr = -\frac{1}{4\pi\varepsilon_0} \cdot \frac{\rho}{6} r^2 + C_1$$

式中,C_1 为积分常数.

当 $r = 0$ 时,$V_{球内} = 0$,所以 $C_1 = 0$. 则

$$V_{球内} = -\frac{1}{4\pi\varepsilon_0} \cdot \frac{\rho}{6} r^2 = -\frac{1}{4\pi\varepsilon_0} \cdot \frac{Q}{8\pi R^3} r^2$$

当 $r > R$ 时,

$$V_{球外} = \frac{1}{4\pi\varepsilon_0} \cdot \frac{Q}{r}$$

(2) 球体表面一点与球心之间的电势差为球面上两点电势之差.
因为球体表面上所有点到球心的距离均为 R,故

$$V_{表面} = V_{球外} - V_{球内} = \frac{1}{4\pi\varepsilon_0} \cdot \frac{Q}{R} - \left(-\frac{1}{4\pi\varepsilon_0} \cdot \frac{Q}{8\pi R^3} \cdot R^2 \right)$$

$$= \frac{1}{4\pi\varepsilon_0} \cdot \frac{Q}{2R} = \frac{Q}{8\pi R \varepsilon_0}$$

7-30 解题过程 (1) 电势为

$$V = \int_r \mathrm{d}V = \int_r \frac{1}{4\pi\varepsilon_0} q \cdot \mathrm{d}x = \int_r^{1+r} \frac{q}{4\pi\varepsilon_0 x} \mathrm{d}x$$

$$= \frac{q}{4\pi\varepsilon_0} [\ln(1+r) - \ln r] = \frac{q}{4\pi\varepsilon_0} \ln \frac{1+r}{r} = \frac{q}{4\pi\varepsilon_0} \ln\left(1 + \frac{1}{r}\right)$$

电场强度为 $\vec{E} = -\mathrm{grad}\,\mathbf{V}$,故 $E = -\dfrac{\mathrm{d}V}{\mathrm{d}x} = \dfrac{q}{4\pi\varepsilon_0}\left(\dfrac{1}{r} - \dfrac{1}{1+r}\right)$

(2) 电势 $\mathrm{d}q = x \cdot \mathrm{d}s$,$\lambda = \dfrac{q}{l}$

微元 $\mathrm{d}q$ 处的电势为

$$\mathrm{d}V = \frac{\mathrm{d}q}{4\pi\varepsilon_0 \sqrt{r^2 + x^2}}$$

$$V_P = \frac{q}{8\pi\varepsilon_0} \cdot \int_{-\frac{l}{2}}^{\frac{l}{2}} \frac{\mathrm{d}x}{\sqrt{a^2 + x^2}} = \frac{q}{2\pi\varepsilon_0 l} \ln\left(\frac{l + \sqrt{4r^2 + l^2}}{2r}\right)$$

$$E = \int_{-\frac{l}{2}}^{\frac{l}{2}} \frac{qr}{4\pi\varepsilon_0 (x^2 + r^2)^{\frac{3}{2}}} \mathrm{d}x$$

$$= \frac{q}{4\pi\varepsilon_0 r} \cdot \frac{2}{\sqrt{4r^2 + l^2}} = \frac{q}{2\pi\varepsilon_0 r} \frac{1}{\sqrt{l^2 + 4r^2}}$$

7-31 解题过程 O 点的电势为直线段 ab,cd 和半圆弧 bc 分别在 O 点产生的电势的叠加,其中

$$V_{bc} = \frac{\lambda \pi R}{4\pi\varepsilon_0 R} = \frac{\lambda}{4\varepsilon_0}$$

$$V_{ab} = V_{cd} = \int_R^{2R} \cdot \frac{\lambda \mathrm{d}x}{4\pi\varepsilon_0 x} = \frac{\lambda}{4\pi\varepsilon_0} \ln 2$$

三部分叠加 $V = V_{bc} + V_{ab} + V_{cd} = \dfrac{\lambda}{4\pi\varepsilon_0}(\ln 2 + \pi)$

7-32 解题过程 (1)设轴线上任一点的坐标为 x，两带电圆环在该点产生的电势分别为

$$V_+ = \dfrac{q}{4\pi\varepsilon_0 \sqrt{R^2 + \left(x - \dfrac{l}{2}\right)^2}}, V_- = \dfrac{-q}{4\pi\varepsilon_0 \cdot \sqrt{R^2 + \left(x + \dfrac{l}{2}\right)^2}}$$

$$V = V_+ + V_- = \dfrac{q}{4\pi\varepsilon_0} \cdot \left[\dfrac{1}{\sqrt{R^2 + \left(x - \dfrac{l}{2}\right)^2}} - \dfrac{1}{\sqrt{R^2 + \left(x - \dfrac{l}{2}\right)^2}}\right]$$

(2)当 $x \gg R$ 时：

$$V_+ = \dfrac{q}{4\pi\varepsilon_0 \left(x - \dfrac{l}{2}\right)}, V_- = \dfrac{-q}{4\pi\varepsilon_0 \left(x + \dfrac{l}{2}\right)}$$

$$V = V_+ + V_- = \dfrac{q}{4\pi\varepsilon_0}\left[\dfrac{1}{x - \dfrac{l}{2}} - \dfrac{1}{x + \dfrac{l}{2}}\right]$$

因为 $R \gg l, x \gg R$，所以

$$V = \dfrac{ql}{4\pi\varepsilon_0 x^2}$$

(3) $V = E \cdot d, E = \dfrac{V}{d}, x \gg R, l \ll R$，所以

$$E_0 = \dfrac{V}{x} = \dfrac{ql}{4\pi\varepsilon_0 x^3}$$

由于有两个圆环，所以在无穷远处的场强大小 $E = 2E_0 = \dfrac{ql}{2\pi\varepsilon_0 x^3}$.

7-33 解题过程 (1)如题 7-33 图解所示，建立坐标系.

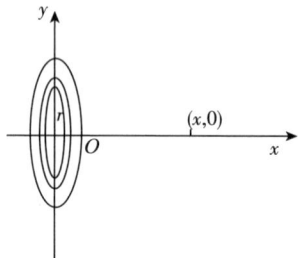

题 7-33 图解

取半径为 r，宽度为 dr 的一段圆环进行微元分析，其对 $(x,0)$ 点的电势为

$$dV = \dfrac{1}{4\pi\varepsilon_0} \dfrac{\sigma l}{(r^2 + x^2)^{1/2}}$$

$$l = 2\pi r dr$$

所以 $V = \int dV = \int_0^R \dfrac{1}{4\pi\varepsilon_0} \dfrac{\sigma 2\pi r dr}{(r^2+x^2)^{1/2}} = \dfrac{\sigma}{2\varepsilon_0}\int_0^R \dfrac{r dr}{\sqrt{r^2+x^2}}$

$= \dfrac{\sigma}{2\varepsilon_0}(\sqrt{R^2+x^2}-x)$

(2) $E = E_x = -\dfrac{dV}{dx} = -\dfrac{\sigma}{2\varepsilon_0}\left(\dfrac{x}{\sqrt{R^2+x^2}}-1\right)$

(3) 把 $R = 8\times 10^{-2}$ m, $x = 6\times 10^{-2}$ m 代入上述 E、V 的表达式,得

$V = 4.52\times 10^4$ V, $E = 4.52\times 10^5$ V/m

7-34 **分析** 利用公式 $E_x = -\dfrac{\Delta V}{\Delta x}$.

解题过程 依题意可知:

在 $a\sim b$ 区间 $E_x = -\dfrac{\Delta V}{\Delta x} = -\dfrac{-12-0}{-4+6} = -6.0$ V/m

在 $b\sim c$ 区间 $E_x = -\dfrac{\Delta V}{\Delta x} = 0$

在 $c\sim e$ 区间 $E_x = -\dfrac{\Delta V}{\Delta x} = -\dfrac{0-12}{2+2} = 3.0$ V/m

在 $e\sim f$ 区间 $E_x = -\dfrac{\Delta V}{\Delta x} = -\dfrac{-6-0}{2.5-2} = 12$ V/m

在 $f\sim g$ 区间 $E_x = -\dfrac{\Delta V}{\Delta x} = 0$

在 $g\sim h$ 区间 $E_x = -\dfrac{\Delta V}{\Delta x} = -\dfrac{0+6}{7-4.5} = -2.4$ V/m

则可作出 E_x-x 关系曲线,如题 7-34 图解所示.

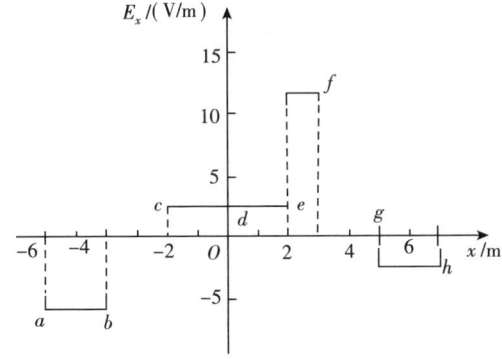

题 7-34 图解

7-35 **解题过程** (1) O 点电势 $V_O = 0$,D 点电势为

$$V_D = \frac{1}{4\pi\varepsilon_0}\frac{q}{3l} - \frac{1}{4\pi\varepsilon_0}\frac{q}{l} = -\frac{q}{6\pi\varepsilon_0 l}$$

电场力做功为

$$A_{OD} = q(V_O - V_D) = \frac{q^2}{6\pi\varepsilon_0 l}$$

(2)无穷远处电势 $V_\infty = 0$,电场力做功为

$$A_{D\infty} = q(V_D - V_\infty) = -\frac{q^2}{6\pi\varepsilon_0 l}$$

7-36 [解题过程] 氢原子核外的电场强度 $E = \frac{e}{4\pi\varepsilon_0 r^2}$,所以电势为

$$V = \int_A^\infty \vec{E} \cdot d\vec{l} = \int_a^\infty \frac{e}{4\pi\varepsilon_0 r^2} dr = \frac{e}{4\pi\varepsilon_0 a^2}$$

电子在氢原子中的电势能为

$$W_p = eV = \frac{e^2}{4\pi\varepsilon_0 a} = 4.35 \times 10^{-18} \text{J} = 27.1 \text{eV}$$

7-37 [解题过程] 为了找到电子速度增加到其初始速度两倍的位置,我们使用能量守恒定律. 电子和质子之间的电势能为

$$U(r) = \frac{k \cdot q_1 \cdot q_2}{r}$$

式中,$k = 8.99 \times 10^9 \text{N} \cdot \text{m}^2/\text{C}^2$ 是库仑常数,$q_1 = -e$ 和 $q_2 = e$ 是电子和质子的电荷,$e = 1.60219 \times 10^{-19}$ C. r 是电子和质子之间的距离.

电子的动能为

$$E_k = \frac{1}{2} m_e v^2$$

式中,$m_e = 9.109 \times 10^{-31}$ kg 是电子的质量,v 是电子的速度.

根据能量守恒得

$$E_{ki} + U_i = E_{kf} + U_f$$

初始时,$U_i = 0$,$E_{ki} = \frac{1}{2} m_e (3.2 \times 10^5)^2$.

最终时,$U_f = -\frac{ke^2}{r}$,$E_{kf} = \frac{1}{2} m_e (2 \times 3.2 \times 10^5)^2$.

解方程得

$$\frac{1}{2} m_e (3.2 \times 10^5)^2 = \frac{1}{2} m_e (2 \times 3.2 \times 10^5)^2 - \frac{ke^2}{r}$$

解出 r:

$$r = \frac{ke^2}{\frac{1}{2}m_e(3.2\times 10^5)^2}$$

代入数值计算 r：

$$r = \frac{8.99\times 10^9 \times (1.60219\times 10^{-19})^2}{\frac{1}{2}\times 9.109\times 10^{-31}\times (3.2\times 10^5)^2}$$

$$\approx \frac{8.99\times 10^9 \times 2.5669\times 10^{-38}}{\frac{1}{2}\times 9.109\times 10^{-31}\times 1.024\times 10^{11}}$$

$$\approx \frac{2.3078\times 10^{-28}}{4.66515\times 10^{-21}}$$

$$\approx 4.9504\times 10^{-8}\,\mathrm{m} \approx 49.5\,\mathrm{nm}$$

这样，我们得到了电子速度增加到其初始速度两倍时，其与质子的距离 r 约为 49.5nm.

7-38 解题过程 静电平衡时导体表面电场强度 $\vec{E} = \dfrac{\sigma}{2\varepsilon_0}\vec{n}$.

表面微元面积上电荷受力为

$$\vec{F} = q\vec{E} = \sigma \mathrm{d}S \times \frac{\sigma}{2\varepsilon_0}\vec{n} = \frac{\sigma^2}{2\varepsilon_0}\mathrm{d}\vec{S}$$

单位面积上受力 $\vec{F} = \dfrac{\sigma^2}{2\varepsilon_0}\vec{e}_r$.

正电荷时，电荷受力沿着场强方向，负电荷时，电荷受力沿场强负方向，即总指向导体外部.

7-39 解题过程 电子在加速电场中加速，由动能定理得

$$\frac{1}{2}mv_0^2 = eu_1$$

$$v_0 = \sqrt{\frac{2eu_1}{m}}$$

电子在偏转电场中加速度为 $\qquad a = \dfrac{eu_2}{m\cdot a}$

在偏转电场中运动的时间为 $\qquad t = \dfrac{b}{v_0}$

垂直于板面方向的偏移距离为 $\qquad y = \dfrac{1}{2}at^2$

离开电场时，垂直板面的分速度为

$$v_y = at = \frac{eu_2}{ma}\cdot \frac{b}{v_0}$$

设离开电场时,偏转角度为 θ,则

$$\tan\theta = \frac{v_y}{v_0} = \frac{u_2 b}{2u_1 a} = 0.1$$

P 到荧光屏中心的距离 $s = y + b\tan\theta = 1.8 + 0.2 = 2\text{cm}$.

7-40 【解题过程】以棒的一端为坐标原点,棒长为 x 轴,方向 $\mathrm{d}F = \mathrm{d}q'E$,则

$$F = \int_{2l}^{3l} \lambda \mathrm{d}r \cdot \int_0^l \frac{\lambda \mathrm{d}x}{4\pi\varepsilon_0 (r-x)^2}$$

$$= \frac{\lambda^2}{4\pi\varepsilon_0} \cdot \int_{2l}^{3l} \left(\frac{1}{r-l} - \frac{1}{r}\right) \mathrm{d}r$$

$$= \frac{\lambda^2}{4\pi\varepsilon_0} \cdot \ln\frac{4}{3}$$

方向沿 x 轴正向.

7-41 【解题过程】(1)将 $+q$ 从无穷远处移到球心,只受电场力作用,电场力所做的功为

$$W_1 = -q(V_r - V_\infty) = -qV_r = -\frac{qQ}{4\pi\varepsilon_0 r}$$

(2)将 $-q$ 从无穷远处移到 $r+l$ 处,$-q$ 受 $+Q$ 和 $+q$ 的作用,$r+l$ 处的电势为

$$V_{r+l} = \frac{Q}{4\pi\varepsilon_0 (r+l)} + \frac{q}{4\pi\varepsilon_0 l}$$

$$W_2 = -[-qV_{r+l} - (-qV_\infty)] = qV_{r+l} = \frac{Qq}{4\pi\varepsilon_0 (r+l)} + \frac{q^2}{4\pi\varepsilon_0 l}$$

故全程电场力做功为

$$W = W_1 + W_2 = \frac{-qQ}{4\pi\varepsilon_0 r} + \frac{Qq}{4\pi\varepsilon_0 (r+l)} + \frac{q^2}{4\pi\varepsilon_0 l}$$

$$= \frac{q^2}{4\pi\varepsilon_0 l} - \frac{qQl}{4\pi\varepsilon_0 (r+l)r}$$

$$\approx \frac{q^2}{4\pi\varepsilon_0 l} - \frac{qQl}{4\pi\varepsilon_0 r^2}$$

7-42 【解题过程】如题 7-42 图解所示.

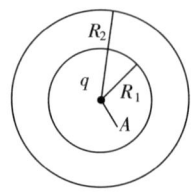

题 7-42 图解

(1)导体内表面感应出电荷 $-q$,外表面带上电荷 q,导体球壳的电势为

$$V = \frac{q}{4\pi\varepsilon_0 R_2} + \frac{-q}{4\pi\varepsilon_0 R_2} + \frac{q}{4\pi\varepsilon_0 R_2} = \frac{q}{4\pi\varepsilon_0 R_2} = 120\text{V}$$

(2)$V_A = V_q + V_内 + V_外$，球心处 q 对 A 点电势的贡献为

$$\frac{q}{4\pi\varepsilon_0 R_{qA}}$$

内表面电荷对 A 点电势的贡献为

$$\frac{-q}{4\pi\varepsilon_0 R_1}$$

外表面电荷对 A 点电势的贡献为

$$\frac{q}{4\pi\varepsilon_0 R_2}$$

所以 $$V_A = \frac{q}{4\pi\varepsilon_0}\left(\frac{1}{R_{qA}} - \frac{1}{R_1} + \frac{1}{R_2}\right) = 300\text{V}$$

(3)因为球内电荷移动不会改变球外电场分布，所以球壳的电势不变，仍为 120V. 球心处的电势为 300V.

7-43 解题过程 (1)依题意可知内球的电势为

$$V_1 = \frac{1}{4\pi\varepsilon_0}\left(\frac{q_1}{R_1} - \frac{q_1}{R_2} + \frac{q_1+Q}{R_2}\right) = 3.3\times 10^2\text{V}$$

外球的电势为 $$V_2 = \frac{q_1+Q}{4\pi\varepsilon_0 R_2} = 2.7\times 10^2\text{V}$$

(2)用导线将球与壳连接后有

$$V_1 = V_2 = \frac{q_1+Q}{4\pi\varepsilon_0 R_2} = 2.7\times 10^2\text{V}$$

(3)外球接地后，外球的电势 $V_2 = 0$，内球的电势为

$$V_1 = \frac{1}{4\pi\varepsilon_0}\left(\frac{q_1}{R_1} - \frac{q_1}{R_2}\right) = 60\text{V}$$

7-44 解题过程 (1)外球内侧所带电荷量为 $-q$，外侧为 q，外球的电势为

$$V_1 = \frac{q}{4\pi\varepsilon_0 r_2}$$

(2)外球接地后，外球外表面电荷量为零，内表面电荷量仍为 $-q$，外球的电势为

$$V_2 = \frac{q}{4\pi\varepsilon_0 r_2} + \frac{-q}{4\pi\varepsilon_0 r_2} = 0$$

(3)内球接地后，内球的电荷并非"跑到地球上去了"，由于静电屏蔽作用仍有电荷留在内球上. 设接地后内球的电荷量为 q_1，此时内球的电势为

$$V_内 = \frac{q_1}{4\pi\varepsilon_0 r_1} + \frac{q}{4\pi\varepsilon_0 r_2}$$

①

要注意的是当内球接地时,仅表示内球的电势等于地球的电势,而式①所得到的电势是以无穷远处作为电势零点的,无穷远处的电势并不一定等于地球的电势. 由题意可知,此球离地球很远,所以无穷远处的电势等于地球的电势,其值为零,即

$$V_{内} = V_{地球} = V_{\infty} = \frac{-q}{4\pi\varepsilon_0 r_2} + \frac{+q_1}{4\pi\varepsilon_0 r_1} = 0$$

故

$$q_1 = \frac{r_1}{r_2} q$$

此时外球的电势为

$$V_3 = \frac{-q}{4\pi\varepsilon_0 r_2} + \frac{q_1}{4\pi\varepsilon_0 r_2} = \frac{q_1 - q}{4\pi\varepsilon_0 r_2} = \frac{(r_1 - r_2)}{4\pi\varepsilon_0 r_2^2} q$$

$$\Delta V = V_3 - V_1 = \frac{(r_1 - r_2)q}{4\pi\varepsilon_0 r_2^2} - \frac{q}{4\pi\varepsilon_0 r_2} = \frac{(r_1 - 2r_2)}{4\pi\varepsilon_0 r_2^2} q$$

7-45 解题过程 如题 7-45 图解所示:设金属球上的感应电荷为 $+q'$ 和 $-q'$,根据静电平衡条件,电荷应该分布在球的表面上.

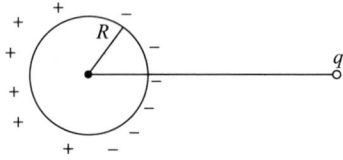

题 7-45 图解

球心 O 点的电场强度 E_0 为正负感应电荷的电场强度 E 和点电荷电场强度 E' 的叠加,即 $E_0 = E + E'$,由于金属球内电场强度处处为零,即 $E_0 = 0$,则

$$E = -E' = -\frac{q}{4\pi\varepsilon_0 r^2}(-e_r) = \frac{q}{4\pi\varepsilon_0 r^2} e_r$$

根据电势叠加,球心的电势仅为点电荷在球心的电势

$$V = E \cdot r = \frac{q}{4\pi\varepsilon_0 r}$$

故金属球的电势为

$$V = \frac{q}{4\pi\varepsilon_0 r}$$

球接地后:

$$V_{球心} = \int \frac{\mathrm{d}q}{4\pi\varepsilon_0 R} + \frac{q}{4\pi\varepsilon_0 r} = 0, \frac{q_x}{4\pi\varepsilon_0 R} + \frac{q}{4\pi\varepsilon_0 r} = 0$$

故 $q_x = -\frac{qR}{r}$.

7-46 解题过程 (1)设 A 板所带电荷量为 q，静电平衡时，B、C 两板在相对 A 板一侧表面应有感应电荷分布，其电荷分布设为 $-q_B$、$-q_C$。根据电荷守恒定律，得

$$q_B + q_C = q \qquad ①$$

因 B、C 两板接地，$U_{AB} = U_{AC}$，得

$$E_{AB} \cdot d_{AB} = E_{AC} \cdot d_{AC} \qquad ②$$

式中：

$$E_{AB} = \frac{\sigma_B}{\varepsilon_0} = \frac{q_B}{\varepsilon_0 S}, \quad E_{AC} = \frac{\sigma_C}{\varepsilon_0} = \frac{q_C}{\varepsilon_0 S} \qquad ③$$

联立式①、式②、式③，可解得 B、C 板上的感应电荷分别为

$$q_B = \frac{1}{3}q = 1.0 \times 10^{-7} \text{C}, \quad q_C = \frac{2}{3}q = 2.0 \times 10^{-7} \text{C}$$

(2)因 B、C 两板接地，故

$$V_B = V_C = 0$$

A 板电势为 $V_A = E_{AB} \cdot d_{AB} = \dfrac{|q_B|}{\varepsilon_0 S} \cdot d_{AB} = 2.26 \times 10^3 \text{V}$。

7-47 解题过程 设 $R_1 = 0.155\text{mm}$，$R_2 = 1\text{cm}$，在 $R_1 < r < R_2$ 处取同轴高为 l 的圆柱形高斯面，由高斯定理有

$$\oiint_S \boldsymbol{E} \cdot \mathrm{d}\boldsymbol{S} = E \cdot 2\pi r l = \frac{\lambda l}{\varepsilon_0}$$

得

$$E = \frac{\lambda}{2\pi\varepsilon_0 r} \quad (R_1 < r < R_2)$$

导线与圆筒之间的电压为

$$U = V_1 - V_2 = \int_{R_1}^{R_2} \boldsymbol{E} \cdot \mathrm{d}\boldsymbol{r} = \frac{\lambda}{2\pi\varepsilon_0} \int_{R_1}^{R_2} \frac{\mathrm{d}r}{r} = \frac{\lambda}{2\pi\varepsilon_0} \ln \frac{R_2}{R_1}$$

由以上两式可得电场强度与电压的关系为

$$E = \frac{U}{r \ln \dfrac{R_2}{R_1}}$$

(1)导线外表面附近处的电场强度为

$$E_1 = \frac{U}{R_1 \ln \dfrac{R_2}{R_1}} = \frac{850}{0.155 \times 10^{-3} \times \ln \dfrac{10}{0.155}}$$

$$= 1.32 \times 10^6 \text{V/m}$$

(2)圆筒内表面附近处的电场强度为

$$E_2 = \frac{U}{R_2 \ln \dfrac{R_2}{R_1}} = \frac{850}{1 \times 10^{-2} \times \ln \dfrac{10}{0.155}} \text{V/m}$$

$$= 2.04 \times 10^4 \text{V/m}$$

7-48 解题过程 (1)
$$C_{AB} = \frac{(C_1+C_2)C_3}{C_1+C_2+C_3}$$

$$= \frac{(5+10) \times 5}{10+5+5} = 3.75 \mu\text{F}$$

A、B 间的电容为 $3.75\mu\text{F}$.

(2)
$$(C_1+C_2)U_1 = C_3U_2$$
$$U_1 + U_2 = U = 100\text{V}$$

由以上两式得 C_3 上电压为 75V，所以 C_2 上电压为 25V，则

$$Q_2 = C_2U_2 = 25 \times 5.0 \times 10^{-6} = 1.25 \times 10^{-4}\text{C}$$

(3) C_1 被击穿，则 C_1 为通路，C_2 上无电压，所以 C_3 上电压为 100V，C_3 上电荷量 $Q_3 = C_3U = 5.0 \times 10^{-4}\text{C}$.

7-49 解题过程 (1)解析步骤如下：

①初始电容计算.

平板电容器的电容公式为

$$C_0 = \frac{\varepsilon_0 S}{d}$$

式中，ε_0 是真空电容率，S 是极板面积，d 是极板间的距离.

②插入玻璃板后的电容计算.

电容器可以看作两个电容器的串联组合：玻璃板部分和真空部分.

玻璃板部分的电容为

$$C_1 = \frac{\varepsilon_r \varepsilon_0 S}{\delta}$$

真空部分的电容为

$$C_2 = \frac{\varepsilon_0 S}{d-\delta}$$

③总电容计算.

串联电容的总电容 C 为

$$\frac{1}{C} = \frac{1}{C_1} + \frac{1}{C_2}$$

代入 C_1 和 C_2 的表达式，得

$$\frac{1}{C} = \frac{\delta}{\varepsilon_r \varepsilon_0 S} + \frac{d-\delta}{\varepsilon_0 S}$$

简化得

$$C = \frac{\varepsilon_r \varepsilon_0 S}{\delta + (d-\delta)\varepsilon_r}$$

④特殊情况验证.

当 $\delta=0$ 和 $\varepsilon_r=1$ 时,电容公式变为

$$C = \frac{\varepsilon_0 S}{d}$$

与初始电容 C_0 相同,验证结果正确.

这样,我们得到了插入玻璃板后电容器的电容计算方法,并验证了特殊情况下的结果.

(2)设电容器极板上电荷面密度为 σ,未插入玻璃板时极板间的电势差为 U_0,插入玻璃板后,板间的电势差为 U. 有

$$U_0 = Ed = \frac{\sigma}{\varepsilon_0} d$$

$$U = E(d-\delta) + E'\delta = \frac{\sigma}{\varepsilon_0}(d-\delta) + \frac{\sigma}{\varepsilon_0 \varepsilon_r}\delta$$

得

$$\frac{U_0}{U} = \frac{\varepsilon_r d}{\varepsilon_r d - (\varepsilon_r-1)\delta}$$

7-50 解题过程　假定导线表面单位长度带电 $+\lambda, -\lambda$.

p 点的场强为

$$E = \frac{\lambda}{2\pi\varepsilon_0 x} + \frac{\lambda}{2\pi\varepsilon_0 (d-x)}$$

$$= \frac{\lambda}{2\pi\varepsilon_0} \cdot \left(\frac{1}{x} + \frac{1}{d-x}\right)$$

$$U = \int_a^{d-a} E\,dx = \frac{\lambda}{2\pi\varepsilon_0} \int_a^{d-a} \left(\frac{1}{x} + \frac{1}{d-x}\right)dx = \frac{\lambda}{2\pi\varepsilon_0} \cdot [\ln x - \ln(d-x)]_a^{d-a}$$

$$= \frac{\lambda}{2\pi\varepsilon_0} [\ln(d-a) - \ln a - \ln a + \ln(d-a)]$$

$$= \frac{\lambda}{\pi\varepsilon_0} [\ln(d-a) - \ln a] = \frac{\lambda}{\pi\varepsilon_0} \cdot \ln\frac{d-a}{a} \approx \frac{\lambda}{\pi\varepsilon_0} \ln\frac{d}{a}$$

$$C = \frac{Q}{U} = \frac{\lambda \cdot 1}{\frac{\lambda}{\pi\varepsilon_0} \ln\frac{d}{a}} = \frac{\pi\varepsilon_0}{\ln\frac{d}{a}}$$

7-51 解题过程　整体不是平板电容器,但在小块面积 $a\,dx$ 上可认为是平板电容器:

$$dC = \frac{\varepsilon_0 a\,dx}{d + x \cdot \sin\theta}$$

$$C = \int dC = \int_0^a \frac{\varepsilon_0 \cdot a \cdot dx}{d + x \cdot \sin\theta} = \frac{\varepsilon_0 a}{\sin\theta} \cdot \ln\left(1 + \frac{a}{d}\sin\theta\right)$$

因为 $\theta \ll \dfrac{b}{a}$，$\sin\theta \ll \dfrac{d}{a}$，则 $\dfrac{a}{d}\sin\theta \ll 1$，于是

$$\ln\left(1+\dfrac{a}{d}\sin\theta\right) = \dfrac{a}{d}\sin\theta - \dfrac{1}{2}\left(\dfrac{a}{d}\sin\theta\right)^2 + \cdots$$

所以 $C = \dfrac{\varepsilon_0 a}{\sin\theta}\left(\dfrac{a}{d}\sin\theta - \dfrac{1}{2}\dfrac{a^2}{d^2}\sin^2\theta\right) = \dfrac{\varepsilon_0 a^2}{d}\left(1-\dfrac{a}{2d}\sin\theta\right)$

$$= \dfrac{\varepsilon_0 a^2}{d}\left(1-\dfrac{a\theta}{2d}\right)$$

7-52 解题过程　厚度为 d_0-d 的空气电容器的电容 C_1 为

$$C_1 = \dfrac{\varepsilon_0 S}{d_0-d}$$

厚度为 d 的介质电容器的电容 C_2 为

$$C_2 = \dfrac{\varepsilon_0\varepsilon_r S}{d}$$

总电容为

$$C = \dfrac{C_1 C_2}{C_1+C_2} = \dfrac{\varepsilon_0\varepsilon_r S}{d+\varepsilon_r(d_0-d)}$$

得

$$d = \dfrac{\varepsilon_r d_0}{\varepsilon_r-1} - \dfrac{\varepsilon_0\varepsilon_r S}{(\varepsilon_r-1)C}$$

如果流水线上金属材料通过传感装置的速率不是很大，在 A、B 之间的金属材料处于静电平衡状态，其内部的场强为零，这时 A、B 间的电容为 C_1，即

$$C = C_1 = \varepsilon_0\dfrac{S}{(d_0-d)}$$

式中 d 为金属材料的厚度．

7-53 解题过程　设内外圆筒单位长度所带电荷量为 $\pm\lambda$，则介质中的场强 $E_1 = \dfrac{\lambda}{2\pi\varepsilon_0\varepsilon_r \cdot R_1}$，介质内外表面的场强 $E_2 = \dfrac{\lambda}{2\pi\varepsilon_0\varepsilon_r R_2}$．

因为 $R_2 = 2.5R_1$，故 $E_1 = 2.5E_2$．

因为 $E_1 > E_2$，故电压升高时，中心先被击穿，令 $E_1 = E_m = 40\text{kV/cm}$，则有 $\lambda = 2\pi\varepsilon_0\varepsilon_r \cdot R_1 E_m$，电缆能承受的最大电压为

$$U_m = \int_{R_1}^{R_2} \dfrac{\lambda}{2\pi\varepsilon_0\varepsilon_r r}\mathrm{d}r = R_1 \cdot E_m \cdot \ln\dfrac{R_2}{R_1} = 18.3\text{kV}$$

7-54 解题过程　如题 7-54 图解所示．此题可用等效的方法求解．先假设插入的金属板不带电，则因为金属块处于两极板中间，可知其上电势为 $\dfrac{V}{2}$，再假设两极板电势均为零，现有

一带电荷量为 q 的金属板从中插入，求金属板的电势.

题 7-54 图解

插入的金属板与原来的金属板形成两个电容器，电容均为 $\varepsilon_0 \dfrac{S}{\frac{d}{2}}$，这两个电容器是并联关系，所以合电容为 $4\dfrac{\varepsilon_0 S}{d}$.

由 $U = \dfrac{Q}{C}$ 得 $U = \dfrac{q}{4\dfrac{\varepsilon_0 S}{d}} = \dfrac{qd}{4\varepsilon_0 S}$，此为插入的金属板的电势.

实际板上电势为两者叠加，即 $U = \dfrac{V}{2} + \dfrac{qd}{4\varepsilon_0 S}$.

7-55 解题过程　此电容可等效为两个不同介质的电容器并联，则 ε_1 介质对应电容器的电容为 $C_1 = \varepsilon_1 \dfrac{S_1}{d}$，$\varepsilon_2$ 介质对应电容器的电容为 $C_2 = \varepsilon_2 \dfrac{S_2}{d}$.

所以电容为 $\qquad C = \varepsilon_1 \dfrac{S_1}{d} + \varepsilon_2 \dfrac{S_2}{d}$

又 $S_1 + S_2 = S, S_1/S_2 = 3$，代入上式得

$$C = \varepsilon_1 \dfrac{3S}{4d} + \varepsilon_2 \dfrac{S}{4d} = \dfrac{(3\varepsilon_1 + \varepsilon_2)S}{4d}$$

$$U = \dfrac{Q}{C} = Q \bigg/ \dfrac{(3\varepsilon_1 + \varepsilon_2)S}{4d} = \dfrac{4Qd}{S(3\varepsilon_1 + \varepsilon_2)}$$

$$Q_1 = C_1 U = \dfrac{\varepsilon_1 \times \frac{3}{4} S}{d} \times \dfrac{4Qd}{S(3\varepsilon_1 + \varepsilon_2)} = \dfrac{3\varepsilon_1 Q}{3\varepsilon_1 + \varepsilon_2}$$

$$Q_2 = C_2 U = \dfrac{\varepsilon_2 \times \frac{1}{4} S}{d} \times \dfrac{4Qd}{S(3\varepsilon_1 + \varepsilon_2)} = \dfrac{\varepsilon_2 Q}{3\varepsilon_1 + \varepsilon_2}$$

$$\sigma_1 = \dfrac{Q_1}{S_1} = \dfrac{3\varepsilon_1 Q}{3\varepsilon_1 + \varepsilon_2} \bigg/ \dfrac{3}{4} S = \dfrac{4\varepsilon_1 Q}{S(3\varepsilon_1 + \varepsilon_2)}$$

$$\sigma_2 = \dfrac{Q_2}{S_2} = \dfrac{\varepsilon_2 Q}{3\varepsilon_1 + \varepsilon_2} \bigg/ \dfrac{1}{4} S = \dfrac{4\varepsilon_2 Q}{S(3\varepsilon_1 + \varepsilon_2)}$$

$$E = \dfrac{V}{d} = \dfrac{4Q}{S(3\varepsilon_1 + \varepsilon_2)}$$

$$P_1 = (\varepsilon_1 - \varepsilon_0)E = \frac{4Q(\varepsilon_1 - \varepsilon_0)}{S(3\varepsilon_1 + \varepsilon_2)} = \sigma_1'$$

$$P_2 = (\varepsilon_2 - \varepsilon_0)E = \frac{4Q(\varepsilon_2 - \varepsilon_0)}{S(3\varepsilon_1 + \varepsilon_2)} = \sigma_2'$$

7-56 **解题过程** 第一层电介质对应的电容 $C_1 = \dfrac{\varepsilon_1 S}{d_1}$

第二层电介质对应的电容 $C_2 = \dfrac{\varepsilon_2 S}{d_2}$

当两电容串联时 $\dfrac{1}{C} = \dfrac{1}{C_1} + \dfrac{1}{C_2}$

则 $\quad C = \dfrac{\varepsilon_1 \varepsilon_2 S}{\varepsilon_2 d_1 + \varepsilon_1 d_2}$

$Q = CU = \dfrac{\varepsilon_1 \varepsilon_2 SU}{\varepsilon_2 d_1 + \varepsilon_1 d_2}$，则 $D = \dfrac{Q}{S} = \dfrac{\varepsilon_1 \varepsilon_2 U}{\varepsilon_2 d_1 + \varepsilon_1 d_2}$

$P_1 = D - \varepsilon_0 E_1 = D\left(1 - \dfrac{\varepsilon_0}{\varepsilon_1}\right)$

$P_2 = D - \varepsilon_0 E_2 = D\left(1 - \dfrac{\varepsilon_0}{\varepsilon_2}\right)$

两介质交界上极化电荷密度

$$\sigma' = P_1 - P_2 = D\left(\dfrac{\varepsilon_0}{\varepsilon_2} - \dfrac{\varepsilon_0}{\varepsilon_1}\right) = \varepsilon_0 U \dfrac{\varepsilon_1 - \varepsilon_2}{\varepsilon_2 d_1 + \varepsilon_1 d_2}$$

7-57 **分析** 设平行板电容器的上极板带有正的自由电荷,下极板带有等量负的自由电荷.自由电荷面密度大小为 σ_0.

解题过程 (1)依题意电介质中电位移矢量的大小为

$$D = \sigma_0 = \varepsilon_r \varepsilon_0 E = 3.0 \times 8.85 \times 10^{-12} \times 1.0 \times 10^6$$
$$= 2.66 \times 10^{-5} \text{ C/m}^2$$

(2)平板上的自由电荷面密度为

$$\sigma_0 = D = 2.66 \times 10^{-5} \text{ C/m}^2$$

(3)电介质中的极化强度大小为

$$P = \sigma' = \left(1 - \dfrac{1}{\varepsilon_r}\right)\sigma_0 = 1.77 \times 10^{-5} \text{ C/m}^2$$

(4)电介质面上的极化电荷面密度为

上表面 $\quad \sigma' = \boldsymbol{P} \cdot \boldsymbol{e}_n = -P = -1.77 \times 10^{-5} \text{ C/m}^2$

下表面 $\quad \sigma_2' = \boldsymbol{P} \cdot \boldsymbol{e}_n = P = 1.77 \times 10^{-5} \text{ C/m}^2$

即 $\quad \sigma_2' = -\sigma_1' = \sigma'$

由此可见在介质的两个等势界面上分布有等量异号的极化电荷.

(5) 上下两块极板上的自由电荷激发的电场强度的大小为

$$E_0 = \frac{\sigma_0}{\varepsilon_0} = \frac{2.66 \times 10^{-5}}{8.85 \times 10^{-12}} = 3.0 \times 10^6 \text{ V/m}$$

方向向下.

上下两层极化电荷激发的电场强度的大小为

$$E' = \frac{\sigma'}{\varepsilon_0} = 2.0 \times 10^6 \text{ V/m}$$

方向向上.

故电介质中的合场强为

$$E = E_0 - E' = 1.0 \times 10^6 \text{ V/m}$$

方向向下.

7-58 解题过程 (1) 如题 7-58 图解中虚线所示,作一球形高斯面,由有电介质时的高斯定理得

$$\oint_S \mathbf{D} \cdot d\mathbf{S} = Q$$

$$D \cdot 4\pi r^2 = Q$$

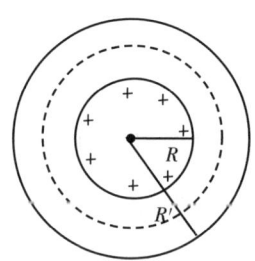

题 7-58 图解

所以
$$D = \frac{Q}{4\pi r^2}$$

又因为 $\mathbf{D} = \varepsilon_0 \varepsilon_r \mathbf{E}$,故 $\mathbf{E} = \frac{\mathbf{D}}{\varepsilon_0 \varepsilon_r} = \frac{Q}{4\pi \varepsilon_0 \varepsilon_r r^3} \mathbf{r}$ $(R < r < R')$

$$\mathbf{E} = \frac{Q}{4\pi \varepsilon_0 r^3} \mathbf{r} \qquad (r > R')$$

(2) 当 $R < r < R'$ 时:

$$V = \int_r^{+\infty} \mathbf{E} \cdot d\mathbf{l}$$

$$= \int_r^{R'} \mathbf{E} \cdot d\mathbf{l} + \int_{R'}^{+\infty} \mathbf{E} \cdot d\mathbf{l}$$

$$= \frac{Q}{4\pi \varepsilon_0 \varepsilon_r} \int_r^{R'} \frac{1}{r^2} dr + \frac{Q}{4\pi \varepsilon_0} \int_{R'}^{+\infty} \frac{1}{r^2} dr$$

$$= \frac{Q}{4\pi\varepsilon_0\varepsilon_r}\left(\frac{1}{r} - \frac{1}{R'}\right) + \frac{Q}{4\pi\varepsilon_0}\frac{1}{R'}$$

$$= \frac{Q}{4\pi\varepsilon_0\varepsilon_r}\left(\frac{1}{r} + \frac{\varepsilon_r - 1}{R'}\right)$$

当 $r > R'$ 时：

$$V = \int_r^{+\infty} \boldsymbol{E} \cdot \mathrm{d}\boldsymbol{l} = \int_r^{+\infty} \frac{Q}{4\pi\varepsilon_0}\frac{1}{r^2}\mathrm{d}l = \frac{Q}{4\pi\varepsilon_0 r}$$

(3) 令 $r = R$，即可求出金属球的电势为

$$V = \frac{Q}{4\pi\varepsilon_0\varepsilon_r}\left(\frac{1}{R} + \frac{\varepsilon_r - 1}{R'}\right)$$

7-59 解题过程 (1) 以导体球心为球心，作一半径 $R_1 < r < R_2$ 的球形高斯面. 由有电介质时的高斯定理得

$$\oiint_S \boldsymbol{D} \cdot \mathrm{d}\boldsymbol{S} = Q$$

$$\boldsymbol{D} \cdot \boldsymbol{S} = Q$$

$$D = \frac{Q}{4\pi r^2}$$

又 $\boldsymbol{D} = \varepsilon_1\varepsilon_r\boldsymbol{E}$，有 $\boldsymbol{E} = \dfrac{\boldsymbol{D}}{\varepsilon_0\varepsilon_r} = \dfrac{Q}{4\pi\varepsilon_0\varepsilon_r r^3}\boldsymbol{r}.$

当 $r > R_2$ 时，由真空中的高斯定理可得

$$\boldsymbol{E} = \frac{Q}{4\pi\varepsilon_0 r^3}\boldsymbol{r}$$

此时 D 为 $\dfrac{Q}{4\pi r^2}.$

(2) $\boldsymbol{P} = \chi_e\varepsilon_0\boldsymbol{E} = (\varepsilon_r - 1)\varepsilon_0\boldsymbol{E}.$

当 $R_1 < r < R_2$ 时：

$$\boldsymbol{P} = \frac{(\varepsilon_r - 1)Q}{4\pi\varepsilon_r r^3}\boldsymbol{r}$$

当 $r > R_2$ 时：

$$\boldsymbol{P} = 0$$

内表面极化电荷面密度为 $\sigma'_{R_1} = \boldsymbol{P} \cdot \boldsymbol{e}_n|_{r=R_1} = -\dfrac{(\varepsilon_r - 1)}{4\pi\varepsilon_r R_1^2}Q$

外表面极化电荷面密度为 $\sigma'_{R_2} = \boldsymbol{P} \cdot \boldsymbol{e}_n|_{r=R_2} = \dfrac{\varepsilon_r - 1}{4\pi\varepsilon_r R_2^2}Q$

7-60 解题过程 如题 7-60 图解所示.

(1) 根据有电介质时的高斯定理得

$$\oiint_S \mathbf{D} \cdot d\mathbf{S} = D 2\pi r l = \lambda_0 l$$

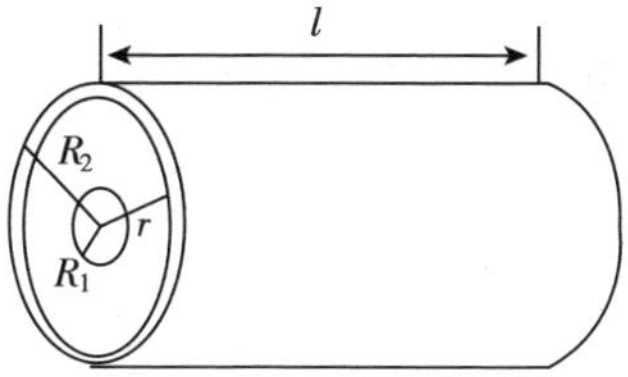

题 7-60 图解

于是
$$\mathbf{D} = \frac{\lambda_0}{2\pi r} \mathbf{e}_0 \qquad (R_1 < r < R_2)$$

则电介质中电场强度 $\mathbf{E}$ 为

$$\mathbf{E} = \frac{\lambda_0}{2\pi\varepsilon_0\varepsilon_r r} \mathbf{e}_0 \qquad (R_1 < r < R_2)$$

由 $\mathbf{P} = \mathbf{D} - \varepsilon_0 \mathbf{E}$, 得电介质内电极化强度的大小为

$$\mathbf{P} = \mathbf{D} - \varepsilon_0 \mathbf{E} = \frac{(\varepsilon_r - 1)\lambda_0}{2\pi\varepsilon_r r} \mathbf{e}_0 \qquad (R_1 < r < R_2)$$

可见电介质层内为非均匀极化.

(2) 电介质表面的极化电荷面密度, 由 $\sigma' = \mathbf{P} \cdot \mathbf{e}_n$ 得

在电介质内表面 $\sigma_1' = -P_{r=R_1} = -\frac{\varepsilon_r - 1}{2\pi\varepsilon_r R_1}\lambda_0$

在电介质外表面 $\sigma_2' = P_{r=R_2} = \frac{\varepsilon_r - 1}{2\pi\varepsilon_r R_2}\lambda_0$

7-61 **分析** 电场的能量储藏于电场空间, 利用高斯定理求得各处的场强 E, 通过电能密度 w_e 对电场空间积分, 可求得电能. 利用电容器储能公式, 或者由电荷分布和各面的电势, 也可得到相同结果.

如果用导线把球壳与导体球连在一起, 球壳内 $(r < R_2)$ 的场强为零. 系统储藏的电能将减小.

解题过程 (1) 当导体球所带电荷量为 q 时, 电场分布在导体球与球壳之间和球壳外部的整个空间.

设这两部分电场的能量分别为 W_1 和 W_2, 电场的能量密度分别为 w_{e1} 和 w_{e2}, 则系统储藏的电能为

$$W = W_1 + W_2 = \int_{V_1} w_{e1} dV + \int_{V_2} w_{e2} dV$$

$$= \int_{V_1} \frac{1}{2}\varepsilon_0 E_1^2 dV + \int_{V_2} \frac{1}{2}\varepsilon_0 E_2^2 dV$$

式中: $E_1 = \frac{1}{4\pi\varepsilon_0} \cdot \frac{q}{r^2} (R < r < R_1)$

所以
$$E_2 = \frac{1}{4\pi\varepsilon_0} \cdot \frac{q}{r^2} \quad (r > R_2)$$

$$W = \int_R^{R_1} \frac{1}{2}\varepsilon_0 \left(\frac{q}{4\pi\varepsilon_0 r^2}\right)^2 4\pi r^2 \, dr + \int_{R_2}^{\infty} \frac{1}{2}\varepsilon_0 \left(\frac{q}{4\pi\varepsilon_0 r^2}\right)^2 4\pi r^2 \, dr$$

$$= \frac{q^2}{8\pi\varepsilon_0}\left(\frac{1}{R} - \frac{1}{R_1} + \frac{1}{R_2}\right) = 1.82 \times 10^{-4} \text{ J}$$

(2)如果用导线把球壳与导体球连在一起,在静电平衡状态时,导体球所带电荷将全部分布在球壳的外表面,球壳内($r<R_2$)的场强为零,所以系统储藏的电能将减少,为

$$W' = W_2 = \frac{q^2}{8\pi\varepsilon_0 R_2} = 8.1 \times 10^{-5} \text{ J}$$

7-62 解题过程 (1)铜板从电容器中抽出,电容器内的电场强度为

$$E = \frac{\sigma}{\varepsilon_0} = \frac{q}{\varepsilon_0 S}$$

由于电荷量 q 不变,面积 S 也不变,所以电场强度 E 不变,为

$$E = \frac{U_1}{d_1 - d_2} = \frac{300}{3 \times 10^{-3} - 10^{-3}} = 1.5 \times 10^5 \text{ V/m}$$

(2)抽出铜板外界所做的功为

$$A = \Delta W = \frac{1}{2}\varepsilon_0 E^2 \cdot \Delta V = \frac{1}{2}\varepsilon_0 E^2 S d_2$$

$$= \frac{1}{2} \times 8.854 \times (1.5 \times 10^5)^2 \times 3 \times 10^{-2} \times 1 \times 10^{-3} \text{ J}$$

$$= 2.99 \times 10^{-6} \text{ J}$$

7-63 解题过程 (1)设空气电容器的电容量为 C,则

$$W = \frac{1}{2}\frac{Q^2}{C} = \frac{1}{2}CU^2$$

将电容器浸入煤油,设电容增大为 C',保持电荷量 Q 不变,C' 的静电场能为

$$W' = \frac{Q^2}{2C'}$$

浸入煤油前后静电能的增量为

$$\Delta W = W' - W = \frac{1}{2}\frac{Q^2}{C'} - \frac{1}{2}\frac{Q^2}{C} = \frac{1}{2}C^2 U^2 \left(\frac{1}{\varepsilon_r C} - \frac{1}{C}\right)$$

$$= -1.82 \times 10^{-4} \text{ J}$$

即浸入煤油过程中损失的静电能为 1.82×10^{-4} J。

(2)并联前两电容器均带电荷,有

$$Q = CU$$

两电容器的静电能为 $W = \frac{1}{2}\frac{Q^2}{C} + \frac{1}{2}\frac{Q^2}{C'}$

并联后等效电容器的电容为 $C'' = C + C' = (1+\varepsilon_r)C$

电荷量为 $Q'' = 2Q$

静电能为 $W'' = \frac{1}{2}\frac{Q''^2}{C''}$

则并联前后静电能的增量为

$$\Delta W = W'' - W = -\frac{1}{12}CU^2 = -6.08\times 10^{-5}\text{ J}$$

即并联过程中损失的静电能为 6.08×10^{-5} J.

7-64 解题过程 (1)场强 E 与电压 U 的关系 $U = E_1 d_1 + E_2 d_2$

则 $E_1 = \dfrac{U}{d_1 + \dfrac{\varepsilon_{r_1}}{\varepsilon_{r_2}}d_2} = \dfrac{200}{2\times 10^{-3} + \dfrac{4}{2}\times 3\times 10^{-3}} = 2.5\times 10^4 \text{ V/m}$

$E_2 = \dfrac{\varepsilon_{r_1}}{\varepsilon_{r_2}}d_2 = \dfrac{4}{2}\times 2.5\times 10^4 = 5\times 10^4 \text{ V/m}$

(2)电场能量密度

$w_1 = \dfrac{1}{2}\varepsilon_1 E_1^2 = \dfrac{1}{2}\varepsilon_{r_1}\varepsilon_0 E_1^2 \approx 1.11\times 10^{-2} \text{ J/m}^3$

$w_2 = \dfrac{1}{2}\varepsilon_2 E_2^2 = \dfrac{1}{2}\varepsilon_{r_2}\varepsilon_0 E_2^2 \approx 2.22\times 10^{-2} \text{ J/m}^3$

$W_1 = w_1 V_1 = w_1 d_1 S = 8.88\times 10^{-8} \text{ J}$

$W_2 = w_2 V_2 = w_2 d_2 S = 2.66\times 10^{-7} \text{ J}$

(3) $W = W_1 + W_2 = 8.88\times 10^{-8} + 2.66\times 10^{-7} \approx 3.55\times 10^{-7} \text{ J}$

7-65 解题过程 (1) C_1 充电后 $Q_1 = C_1 U_1 = 4\times 10^{-6}\times 800 = 3.2\times 10^{-3}$ C.

连接后,设电荷为 Q_1'、Q_2',则

$$\begin{cases} Q_1' + Q_2' = Q_1 \\ \dfrac{Q_1'}{Q_2'} = \dfrac{C_1 U'}{C_2 U'} = \dfrac{C_1}{C_2} = \dfrac{2}{3} \end{cases}$$

$Q_1' = 1.28\times 10^{-3}$ C, $Q_2' = 1.92\times 10^{-3}$ C.

(2)连接前 $W = \dfrac{Q_1^2}{2C} = \dfrac{(3.2\times 10^{-3})^2}{2\times 4\times 10^{-6}} = 1.28$ J

连接后 $W' = \dfrac{Q_1'^2}{2C_1} + \dfrac{Q_2'^2}{2C_2} = 0.512$ J

7-66 解题过程 (1)设两圆柱无限长,电荷均匀分布.其电场具有轴对称性.根据有电介质时高斯

定理,可得圆柱壳中任一 P 点的电位移为

$$D = \frac{Q}{2\pi l r}$$

电场强度为 $\quad E = \dfrac{Q}{2\pi l r \varepsilon}$

电场能量密度为 $\quad w_e = \dfrac{1}{2} DE = \dfrac{Q^2}{8\pi^2 \varepsilon r^2 l^2}$

(2)壳中的总电场能为

$$dW = w_e dV = \frac{Q^2}{8\pi^2 \varepsilon r^2 l^2} 2\pi r l dr = \frac{Q^2}{4\pi \varepsilon r l} dr$$

(3)电介质中的总电场能为

$$W = \int dW = \int_{R_1}^{R_2} \frac{Q^2}{4\pi \varepsilon r l} dr = \frac{Q^2}{4\pi \varepsilon l} \ln \frac{R_2}{R_1}$$

(4)由 $W = \dfrac{1}{2} \dfrac{Q^2}{C}$ 可得电容为

$$C = \frac{Q^2}{2W} = 2\pi \varepsilon l \Big/ \ln \frac{R_2}{R_1}$$

则圆柱形电容器单位长度的电容量为

$$C_l = 2\pi \varepsilon \Big/ \ln \frac{R_2}{R_1}$$

7-67 解题过程 如题 7-67 图解(a)所示,正电荷 Q 受到 $-q$ 的吸引力 F_1 沿 Ox 轴负方向;两个 $+q$ 对它的排斥力 F_2 和 F_3 的合力沿 Ox 轴正方向(在垂直于 Ox 方向的合力为零).因此作用在 Q 上的总合力为

$$F = 2 \times \frac{Qq}{4\pi \varepsilon_0 r^2} \cos\theta - \frac{Qq}{4\pi \varepsilon_0 x^2}$$

式中: $\quad r = \sqrt{\left(\dfrac{a}{2}\right)^2 + \left(x - \dfrac{\sqrt{3}}{2}a\right)^2}, \cos\theta = \dfrac{x - \dfrac{\sqrt{3}}{2}a}{r}$

代入 F 的表达式,得到合力 F 作为 x 的函数:

$$F(x) = \frac{Qq}{4\pi \varepsilon_0} \left\{ \frac{2\left(x - \dfrac{\sqrt{3}}{2}a\right)}{\left[\dfrac{a^2}{4} + \left(x - \dfrac{\sqrt{3}}{2}a\right)^2\right]^{3/2}} - \frac{1}{x^2} \right\}$$

原则上,令

$$F(x) = 0$$

可求出电荷 Q 受到零作用力的位置(即电荷 Q 的平衡位置);再令

$$\frac{\mathrm{d}F(x)}{\mathrm{d}x}=0$$

可求出电荷 Q 所受到的最大排斥力的位置. 但这样得出的两方程是超越方程,直接求解比较困难,为此可采用计算机数值解法(程序附在题后),画出 $F(x)$-x 曲线,如题 7-67 图解(b)所示. 从所得出的曲线及利用 MATLAB 的屏幕放大键可以得到 $F=0$ 的位置在 $x=0.94$m,以及最大排斥力的位置在 $x=1.25$m. 由于平衡位置以及最大排斥力的位置与电荷 Q、q 无关,在编程计算时可假定 Qq 的大小等于 $4\pi\varepsilon_0$.

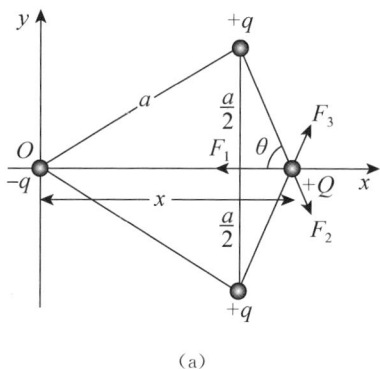

(a)

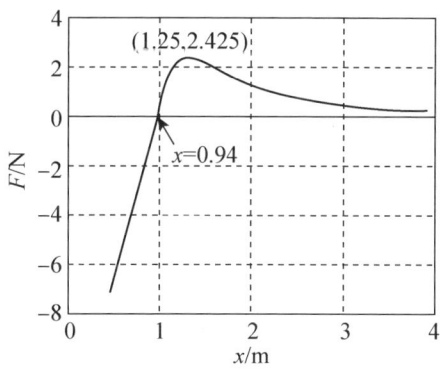

(b)

题 7-67 图解

程序如下：

%点电荷系的静电力计算　　　　　　　　%对 a 赋值,a=1m
a=1;　　　　　　　　　　　　　　　　　%x 的变化范围
x=[0.5:0.01:3.9];　　　　　　　　　　%两正电荷到 Q 的距离
r=sqrt((a/2)^2+(x-a*sqrt(3)/2)^2);　%rx 为 r 与 Ox 轴夹角的余弦 cos(sita)
rx=(x-a*sqrt(3)/2)./r;　　　　　　　%计算三个点电荷的总合力
F=2*rx./(r.^2)-1./(x.^2);　　　　　　%画出总合力对 x 的曲线
plot(x,F,'b',[0,4],[0,0],'k');
grid
xlabel('x/m');ylabel('F/N')

第八章

恒定电流的磁场

本章知识要点

1. 电流、电流密度、电动势的概念.
2. 欧姆定律的内容及其在简单电路中的应用.
3. 毕奥-萨伐尔定律、磁场的高斯定理和安培环路定理的内容及利用它们解决简单恒定磁场的问题.
4. 带电粒子在磁场中的运动规律和安培定律的内容及应用.
5. 顺磁质、抗磁质和铁磁质磁化的宏观特征和微观解释.
6. 有磁介质时的安培环路定理的内容及应用.

知识点归纳

一、恒定电流

1. 电流密度

电流密度是一个矢量,其方向和该点正电荷运动的方向一致,大小等于通过垂直于电流方向的单位面积的电流,记作

$$j = \frac{dI}{dS_\perp}$$

2. 电源的电动势

电源就是将其他形式的能量转换为电能,在电路中能够对自由电荷提供非静电力的装置. 电源的作用是克服静电力,迫使正电荷从低电势处经电源内部返回到高电势处,以维持恒定电流沿着闭合的回路持续流动.

不同的电源,非静电力做功的本领不同,电源电动势是衡量电源中非静电力做功本领的物理量.

电源电动势定义为

$$\varepsilon = \frac{dA}{dq}$$

电源电动势在数值上等于把单位正电荷从负极经过电源内部移到正极所做的功.

3. 欧姆定律

(1) 含源电路的欧姆定律:若干电源和电阻组成的回路的电流为

$$I = \frac{\sum \varepsilon_j}{\sum R_j + \sum R_{ij}}$$

(2) 欧姆定律的微分形式:

$$\boldsymbol{j} = \gamma \boldsymbol{E}$$

■ 二、磁感应强度 $\boldsymbol{B}$

定义 $\boldsymbol{B}$ 的大小: $B = \dfrac{dF_{\max}}{Idl}$,其中 $dF_{\max}$ 为电流元 Idl 在该点受到的最大磁场力. $\boldsymbol{B}$ 的方向为电流元 Idl 在该点受到的磁场力为零时电流元所指的方向,且其满足安培力公式 $d\boldsymbol{F} = Id\boldsymbol{l} \times \boldsymbol{B}$.

磁感应强度 $\boldsymbol{B}$ 是用来描述磁场的基本物理量.

■ 三、毕奥-萨伐尔定律

1. 毕奥-萨伐尔定律

微分形式
$$d\boldsymbol{B} = \frac{\mu_0}{4\pi} \frac{Id\boldsymbol{l} \times \boldsymbol{e}_r}{r^2}$$

积分形式
$$\boldsymbol{B} = \int_L \frac{\mu_0}{4\pi} \frac{Id\boldsymbol{l} \times \boldsymbol{e}_r}{r^2}$$

式中,$Id\boldsymbol{l}$ 是在电流上任取的电流元,$\boldsymbol{e}_r$ 是由 $Id\boldsymbol{l}$ 指向研究场点的单位矢量,r 为 $\boldsymbol{r}$ 的大小.

毕奥-萨伐尔定律是电流激发磁场的基本规律,由它很容易得到运动电荷的磁场.

2. 运动电荷的磁场

$$\boldsymbol{B} = \frac{\mu_0}{4\pi} \frac{q\boldsymbol{v} \times \boldsymbol{e}_r}{r^2}$$

式中,e_r 是从电荷 q 指向研究场点的单位矢量,v 是电荷的运动速度,q 是电荷的电荷量.

四、恒定磁场的高斯定理和安培环路定理

1. 高斯定理

$$\oiint_S \boldsymbol{B} \cdot \mathrm{d}\boldsymbol{S} = 0$$

此定理表明,磁感应线是无头无尾的闭合曲线,即磁场是无源场.

2. 安培环路定理

$$\oint_L \boldsymbol{B} \cdot \mathrm{d}\boldsymbol{l} = \mu_0 \sum_i I_{i(内)}$$

式中,$\sum_i I_{i(内)}$ 是环路 L 包围的所有电流的代数和,当 I_i 与 L 绕行方向满足右手螺旋法则时,$I_i > 0$,反之,$I_i < 0$. 此式表明,恒定磁场是有旋场.

五、带电粒子在电场和磁场中的运动

1. 洛伦兹力

$$\boldsymbol{F} = q\boldsymbol{v} \times \boldsymbol{B}$$

式中,q 为带电粒子的电荷量,是代数量;v 为带电粒子的运动速度.

洛伦兹力对电荷不做功.

2. 霍尔效应

当通有电流的导体或半导体置于与电流垂直的磁场中时,在垂直于电流和磁场的方向,导体或半导体两侧面之间产生一横向电场,这一现象称为霍尔效应.

霍尔电压:
$$U = V_1 - V_2 = R_H \frac{IB}{d}$$

式中,$R_H = -\dfrac{1}{ne}$ 或 $R_H = \dfrac{1}{nq}$ 为霍尔系数,I、B 分别为导电体中的电流和磁感应强度,d 为磁场方向上导体的厚度,n 为载流子浓度,q 为单个载流子的电荷量.

六、磁场对载流导线的作用

1. 磁场对载流导线的作用力——安培力

微分形式:
$$\mathrm{d}\boldsymbol{F} = I\mathrm{d}\boldsymbol{l} \times \boldsymbol{B}$$

积分形式: $$F=\int_L I\mathrm{d}l\times B$$

式中,$I\mathrm{d}l$ 是载流导线上的电流元,B 是 $I\mathrm{d}l$ 所在处的磁感应强度.

2. 均匀磁场对平面载流线圈的作用

合力: $$\sum F=0$$

磁力矩: $$M=m\times B$$

式中,m 是载流线圈的磁矩,$m=NIS e_n$.其中 N 是线圈匝数,I 是线圈中的电流,S 是线圈的面积,且 e_n 的方向与电流环绕方向满足右手螺旋法则.

3. 在国际单位制中,电流的单位安培(A)的定义

在真空中横截面积可忽略的两根相距 1m 的无限长平行直导线内通以等量恒定电流时,若导线间相互作用力在每米长度上为 2×10^{-7} N,则每根导线中的电流为 1A.

七、磁介质的分类

顺磁质($\mu_r>1$)、抗磁质($\mu_r<1$)、铁磁质($\mu_r\gg1$).

八、磁介质的磁化

磁介质被磁化后,在其表面出现磁化电流.

磁介质的磁化机制:在外磁场中,分子固有磁矩沿外磁场方向排列是产生顺磁效应的原因,而分子在外磁场中产生附加磁矩将导致抗磁效应.分子固有磁矩不为零的磁介质,在外磁场中,既有分子固有磁矩的取向变化,又有分子附加磁矩,但以分子固有磁矩的取向变化为主,从而表现出顺磁性;而分子固有磁矩为零的磁介质,在外磁场中,仅有分子附加磁矩,故表现出抗磁性.

九、有磁介质时的安培环路定理　磁场强度

1. 磁化强度

$$M=\frac{\sum m_{分子}+\sum \Delta m_{分子}}{\Delta V}$$

对于顺磁质,$\sum \Delta m_{分子}$ 可以忽略;对于抗磁质,$\sum m_{分子}=0$;对于真空,$M=0$.如果在介质中各点的 M 相同,就称磁介质被均匀磁化.在国际单位制中,M 的单位是 A/m.

2. 有磁介质时的安培环路定理

$$\oint_L \boldsymbol{H} \cdot \mathrm{d}\boldsymbol{l} = \sum_L I_{传}$$

式中，$\sum I_{传}$ 为闭合路径 L 所包围的传导电流的代数和，$\boldsymbol{H}$ 为磁场强度矢量.

在各向同性均匀磁介质中 $\boldsymbol{H} = \dfrac{\boldsymbol{B}}{\mu} = \dfrac{\boldsymbol{B}}{\mu_0 \mu_r}$

十、铁磁质

铁磁质的主要特征为：(1)高磁导率 μ；(2)非线性；(3)具有磁滞现象.

复习思考题解答

8-1-1 解题过程 可能. 将欧姆定律的微分形式 $\boldsymbol{j} = \gamma \boldsymbol{E}$ 代入恒定电流方程 $\nabla \cdot \boldsymbol{j} = 0$，可得 $\nabla(\gamma \boldsymbol{E}) \cdot \boldsymbol{j} = \gamma \nabla \cdot \boldsymbol{E} = 0, \nabla \cdot \boldsymbol{E} = \dfrac{\rho}{\varepsilon_0}$，所以 $\nabla \cdot \boldsymbol{j} = \dfrac{\gamma \rho}{\varepsilon_0}$，因为 $\varepsilon_0 \neq 0, \gamma \neq 0$，所以可得 $\rho = 0$.

8-1-2 解题过程 由欧姆定律的微分形式 $\boldsymbol{j} = \gamma \boldsymbol{E}$ 可知，电流方向与电场线方向一致，A、B 间的电场线分布如答 8-1-2 图所示，所以电流不仅仅在 AB 直线上存在.

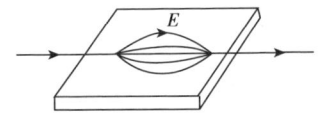

答 8-1-2 图

8-1-3 解题过程 由电荷守恒定律可知通过两杆的电流是相同的. 因为两杆的横截面积不同，所以两杆的电流密度不相同，由公式 $\boldsymbol{j} = \gamma \boldsymbol{E}$ 可知两杆内的电场强度也不同. 如果两杆长度相同，而横截面积不同，则两杆电阻不同，所以两杆上的电压也不同.

8-2-1 解题过程 如答 8-2-1 图所示.

(1)磁场中运动电荷所受的力 $\boldsymbol{F} = q\boldsymbol{v} \times \boldsymbol{B}, \boldsymbol{F} = \boldsymbol{0}$，所以 $\boldsymbol{v} \times \boldsymbol{B} = \boldsymbol{0}$.
则 $\boldsymbol{v}$、$\boldsymbol{B}$ 的夹角为 0，故
$$\boldsymbol{B} = B\boldsymbol{i} \text{ 或 } \boldsymbol{B} = B(-\boldsymbol{i})$$

(2) $\boldsymbol{F} = q\boldsymbol{v} \times \boldsymbol{B} = qvB\boldsymbol{k}$，则
$$\boldsymbol{F} = q\boldsymbol{v} \times \boldsymbol{B} = qv(\boldsymbol{i}) \times B\boldsymbol{j} = qvB\boldsymbol{k}$$

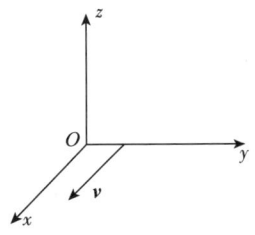

答 8-2-1 图

所以 $\boldsymbol{B} = B\boldsymbol{j}$

(3) $\boldsymbol{F} = F(-\boldsymbol{k}) = -\dfrac{1}{2}qvB\boldsymbol{k}$，则

$$q\boldsymbol{v} \times \boldsymbol{B} = qv\boldsymbol{i} \times (B_x\boldsymbol{i} - B_y\boldsymbol{j}) = qvB_y(-\boldsymbol{k}) = -\dfrac{1}{2}qvB\boldsymbol{k}$$

所以 $B_y = \dfrac{1}{2}B$，$B_x = \dfrac{\sqrt{3}}{2}B$，于是

$$\boldsymbol{B} = \dfrac{\sqrt{3}}{2}B\boldsymbol{i} - \dfrac{1}{2}B\boldsymbol{j}$$

8-2-2 **解题过程** (1)带电质点在磁场中所受力为 $\boldsymbol{F} = q\boldsymbol{v} \times \boldsymbol{B}$，要确定磁场必须确定其大小和方向，只用一次测量无法做到.

(2)如果带电质点满足检验电荷的条件，由 $\boldsymbol{F} = q\boldsymbol{E}$，测量一次即可确定电场强度 $\boldsymbol{E}$.

8-2-3 **解题过程** 当磁铁靠近电视机屏幕时，电子受到磁场作用力其运行轨道发生改变后打在屏幕上，因而电视机屏幕图像变形.

8-3-1 **解题过程** 由毕奥—萨伐尔定律，回路平面各点的 $\boldsymbol{B}$ 的方向相同，均与回路平面垂直，但平面上各点 $\boldsymbol{B}$ 的大小不同.

8-3-2 **解题过程** 因为磁感应线是闭合的曲线，所以磁感应线是不会中断的，边缘处与中部一样多，但是疏密程度不同，而磁感应线的疏密程度代表磁感应强度的大小.

8-3-3 **解题过程** 两根导线在区域2和区域4产生的磁场方向相反，存在磁感应强度为零的点.

8-3-4 **解题过程** 如答 8-3-4 图所示.

(1) $\boldsymbol{B} = \dfrac{\mu_0}{4\pi}\dfrac{q\boldsymbol{v} \times \boldsymbol{r}}{r^3}$，所以以 $\boldsymbol{v}$ 为轴线，垂直于 $\boldsymbol{v}$ 的过球心的圆形面的 $\boldsymbol{B}$ 最强.

(2) $\boldsymbol{v}$ 与球面两交点的 $\boldsymbol{B}$ 为 $\boldsymbol{0}$.

(3) $\oiint_S \boldsymbol{B} \cdot \mathrm{d}\boldsymbol{S} = 0$

穿过球面的磁通量为 0.

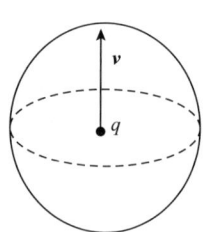

答 8-3-4 图

8-4-1 **解题过程** 安培环路定理为 $\oint_L \boldsymbol{B} \cdot \mathrm{d}\boldsymbol{l} = \mu_0 I$. 如果 $\boldsymbol{B}$ 选取的积分回路具有对称性，$\boldsymbol{B}$ 就可以提到积分号外，则 $\boldsymbol{B}$ 可求，否则 $\boldsymbol{B}$ 不可求. 因为该载流直导线为有限长，所以在邻近两端点处，$\boldsymbol{B}$ 难以确定.

8-4-2 **解题过程** 因为两导线产生的磁场大小近似相等，而方向相反，两磁场的合磁感应强度近似为零，所以能减小杂散磁场.

8-4-3 解题过程 (1) $\oint_{L_1} \boldsymbol{B} d\boldsymbol{l} = \mu_0 I = 8\mu_0$

$\oint_{L_2} \boldsymbol{B} d\boldsymbol{l} = \mu_0 (I_2 - I_1) = 0$

$\oint_{L_3} \boldsymbol{B} d\boldsymbol{l} = \mu_0 I_2 = 8\mu_0$

因为空间磁感应强度为电流在该点激发的磁感应强度矢量和 $\boldsymbol{B} = \boldsymbol{B}_1 + \boldsymbol{B}_2$,所以各点的 $\boldsymbol{B}$ 不相等.

(2) 各点的 $\boldsymbol{B}$ 不为零,只是环路积分等于零.

8-4-4 解题过程 闭合曲面 $S = S' + S_1$,如答 8-4-4 图所示.

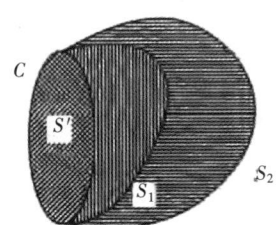

答 8-4-4 图

$$\oiint_S \boldsymbol{B} d\boldsymbol{S} = 0 = \iint_{S'} \boldsymbol{B} d\boldsymbol{S} + \iint_{S_1} \boldsymbol{B} d\boldsymbol{S}$$

所以 $\iint_{S_1} \boldsymbol{B} d\boldsymbol{S} = -\iint_{S'} \boldsymbol{B} d\boldsymbol{S}$

又另一闭合曲面 $S = S' + S_2$,于是

$$\oiint_S \boldsymbol{B} d\boldsymbol{S} = 0 = \iint_{S'} \boldsymbol{B} d\boldsymbol{S} + \iint_{S_2} \boldsymbol{B} d\boldsymbol{S}, \text{即} \iint_{S_2} \boldsymbol{B} \cdot d\boldsymbol{S} = -\iint_{S'} \boldsymbol{B} \cdot d\boldsymbol{S}$$

所以 $\iint_{S_1} \boldsymbol{B} d\boldsymbol{S} = \iint_{S_2} \boldsymbol{B} d\boldsymbol{S}.$

S_1、S_2 均以 C 为边界,所以穿过 S_1、S_2 的磁通量相等.

8-5-1 解题过程 (1) 错误. $\boldsymbol{F} = q\boldsymbol{v} \times \boldsymbol{B}$,$|\boldsymbol{F}| = qv|\boldsymbol{B}| \cdot \sin\theta$,可见洛伦兹力不仅与电荷速度有关,而且与速度方向和磁场方向的夹角有关.

(2) 正确.

(3) 错误. 由公式 $\boldsymbol{F} = q\boldsymbol{v} \times \boldsymbol{B}$ 可知,当电荷量由 q 变为 $-q$,且速度反向时,其受力不变.

(4) 正确.

(5) 错误. 洛伦兹力不做功,所以能量不变,但速度方向改变,所以动量改变.

8-5-2 解题过程 一束质子发生了侧向偏转,可能是电场作用,也可能是磁场作用,或是两者共同作用. 如果该束粒子偏转后运动轨迹是抛物线则是电场作用,如果运动轨迹是圆则是磁场

8-5-3 **解题过程** 由 $F=q\boldsymbol{v}\times\boldsymbol{B}$ 知正电子向左偏,负电子向右偏,因为 $m\dfrac{v^2}{R}=qvB$,所以 $R=\dfrac{mv}{qB}$, $T=\dfrac{2\pi R}{v}=\dfrac{2\pi m}{qB}$.

所以粒子在磁场中受洛伦兹力,圆周运动周期只与粒子的荷质比有关,与速度无关,则两电子同时到出发点.

8-6-1 **解题过程** 带电导体在磁场中受力 $\boldsymbol{F}=\int_L I\mathrm{d}\boldsymbol{l}\times\boldsymbol{B}=I\left(\int_L \mathrm{d}\boldsymbol{l}\right)\times\boldsymbol{B}$,因为磁场均匀,如果要导线不受磁力作用,则要求 $\left(\int_L \mathrm{d}\boldsymbol{l}\right)\times\boldsymbol{B}=\boldsymbol{l}\times\boldsymbol{B}=\boldsymbol{0}$,即导体首尾连线与 $\boldsymbol{B}$ 平行.

8-6-2 **解题过程** 载流线圈在磁场中所受磁力矩为 $\boldsymbol{M}=\boldsymbol{m}\times\boldsymbol{B}$, $\boldsymbol{m}=IS\boldsymbol{e}_n$. S 相同, I 相同,则 m 大小相同; M 是否相同取决于 $\boldsymbol{m}$ 与 $\boldsymbol{B}$ 的夹角是否相同. 若 $\boldsymbol{m}$ 与 $\boldsymbol{B}$ 的夹角为 $\dfrac{\pi}{2}$,则两线圈的磁力矩最大且相等.

线圈在磁场中受合力 $\boldsymbol{F}=I\int_L \mathrm{d}\boldsymbol{l}\times\boldsymbol{B}=I\left(\int_L \mathrm{d}\boldsymbol{l}\right)\times\boldsymbol{B}$,因为 $\int_L \mathrm{d}\boldsymbol{l}=\boldsymbol{0}$,所以 $\boldsymbol{F}=\boldsymbol{0}$. 线圈所受磁力矩为零时,即 $\boldsymbol{m}$ 与 $\boldsymbol{B}$ 的夹角 $\varphi=0$ 或 $\varphi=\pi$ 时,线圈处于稳定位置, $\varphi=0$,两者的 $\boldsymbol{B}$ 方向相同, $\varphi=\pi$,两者的 $\boldsymbol{B}$ 方向相反.

8-6-3 **解题过程** 两根长直载流导线产生相互吸引的磁场力致使两导线沿轴向中心转动.

8-7-1 **解题过程** 电介质的极化机制:若在电介质内任取一物理无限小的体积元(其中有大量的分子),未加电场时,体积元中所有分子的电偶极矩的矢量和 $\sum\boldsymbol{P}$ 等于零,加电场后,电介质发生极化, $\sum\boldsymbol{P}$ 不等于零,所加外电场越强,被极化的程度越大, $\sum\boldsymbol{P}$ 的值也越大.

8-7-2 **解题过程** 当静止时与磁场方向平行者为顺磁质,与磁场方向垂直者为抗磁质.

8-8-1 **解题过程** $\boldsymbol{B}$ 是磁感应强度, $\boldsymbol{H}$ 是磁场强度.

二者联系: $\boldsymbol{H}=\dfrac{\boldsymbol{B}}{\mu_0}-\boldsymbol{M}$,真空中 $\boldsymbol{B}=\mu_0\boldsymbol{H}$.

都是闭合线, $\boldsymbol{B}$ 是基本量, $\boldsymbol{H}$ 是导出量.

二者区别: $\oint_L \boldsymbol{B}\cdot\mathrm{d}\boldsymbol{l}=\mu_0\sum(I_i+I_i')$, I_i 为传导电流, I_i' 为磁化电流

$$\oint_L \boldsymbol{H}\cdot\mathrm{d}\boldsymbol{l}=\sum I_i$$

在各向同性线性电介质中, $\boldsymbol{D}$ 和 $\boldsymbol{E}$ 的关系为 $\boldsymbol{D}=\varepsilon\boldsymbol{E}$,其中 ε 是电介质的电容率,这与 $\boldsymbol{B}=\mu_0\boldsymbol{H}$ 在形式上是相似的,都是描述场的两个物理量通过介质的一个特性参数联系起来. 它们都反映了在有介质存在时,描述场的物理量之间的一种本构关系.

8-8-2 **解题过程** (1)错误. 若闭合曲线内不包围传导电流,只能说明 H 对此环路的环流为零,而不能说明各点的 H 都为零.

(2)正确. 各点的 H 都为零,则对整个环路的环流也为零,根据安培环路定理可以确定环路内传导电流的代数和为零.

(3)正确. 抗磁质与顺磁质都是弱磁质,$M \ll B$,由 $H = \dfrac{B}{\mu_0} - M$,可以认为 H 与 B 是同方向的.

(4)正确. 由磁场高斯定理可知通过以闭合回路 L 为边界的任意曲面的 B 通量均相等.

(5)错误.

8-9-1 **解题过程** 因为条形磁铁的磁极在两端,中间磁力较弱. 因此可以用一根铁棒 A 的一端去接触另一根铁棒 B 的中间,如果与接触 B 两端相比吸引力不强,则 B 为磁铁,如果吸引力相同则 A 是磁铁.

8-9-2 **解题过程** 软磁材料的磁滞回线成细长条形状,其矫顽力小,磁滞特性不显著,主要用于制造变压器、继电器、电磁铁、电机的铁芯;而硬磁材料的磁滞回线所包围的面积比较大,矫顽力大,剩磁也大,磁滞特性显著,主要用于制造电磁式电表、永磁扬声器、耳机、小型直流电机等永磁装置.

习题全解

8-1 **解题过程** (1)由电阻定义得 $R = \dfrac{l}{\gamma S} = \dfrac{2.0}{5.7 \times 10^7 \times 20 \times 80 \times 10^{-6}} = 2.2 \times 10^{-5} \, \Omega$.

(2)由欧姆定律得 $I = \dfrac{U}{R} = \dfrac{50 \times 10^{-3}}{2.2 \times 10^{-5}} = 2.3 \times 10^3 \, \text{A}$.

(3)电流密度 $j = \dfrac{I}{S} = \dfrac{2.3 \times 10^3}{20 \times 80 \times 10^{-6}} = 1.4 \times 10^6 \, \text{A/m}^2$.

(4)棒内的电场强度 $E = \dfrac{U}{l} = \dfrac{50 \times 10^{-3}}{2.0} = 2.5 \times 10^{-2} \, \text{V/m}$.

8-2 **解题过程** 设 Δt 时间内导体球积累的电荷为 Δq,则

$$\Delta q = (I_{\text{in}} - I_{\text{out}}) \Delta t$$

当导体球带电荷量为 Δq 时,取无穷远处为电势零点,导体球电势为

$$V = \dfrac{\Delta q}{4\pi\varepsilon_0 R}$$

式中 R 为导体球半径,于是

$$\Delta t = \frac{\Delta q}{I_{in}-I_{out}} = \frac{4\pi\varepsilon_0 RV}{I_{in}-I_{out}} = \frac{4\pi \times (8.85\times 10^{-12})\times (10\times 10^{-2})\times 1000}{1.0000020-1.0000000}$$
$$= 5.56\times 10^{-3}\,\text{s}$$

8-3 解题过程 (1)R_1 与 R_2 并联,$R_{12} = \dfrac{R_1 R_2}{R_1+R_2} = 2.0\,\Omega$,

干路中电流 $I = \dfrac{\varepsilon_1+\varepsilon_2}{R_{i1}+R_{i2}+R_{12}+R_3+R_4} = 2.0\,\text{A}$,

所以

$I_3 = I_4 = 2.0\,\text{A}$

$I_1 = I\dfrac{R_2}{R_1+R_2} = 0.4\,\text{A},\ I_2 = I-I_1 = 1.6\,\text{A}$

(2)$U_1 = \varepsilon_1 - IR_{i1} = 6.0 - 2\times 0.4 = 5.2\,\text{V}$

$U_2 = \varepsilon_2 - IR_{i2} = 8.0 - 2\times 0.6 = 6.8\,\text{V}$

(3)$U_{AD} = V_A - V_D = \varepsilon_1 - I(R_3+R_4+R_{i1}) = -2.8\,\text{V}$

(4)$U_{BC} = V_B - V_C = -\varepsilon_2 + I(R_{i2}+R_4) = -4.8\,\text{V}$

(5)$V_B = 0$,所以 $V_C = 4.8\,\text{V}, V_A = IR_{12} = 4.0\,\text{V}$,则

$V_D = \varepsilon - IR_{i2} = 6.8\,\text{V}$

8-4 解题过程 (1)$I = \dfrac{\varepsilon_1-\varepsilon_3}{R_{i2}+R_{i1}+R_1+R_2+R_3+R_4} = \dfrac{3}{10} = 0.3\,\text{A}$

考虑包含 ε_3 的这一段含源电路,可得

$V_a - V_b = \varepsilon_2 + I(R_2+R_{i3}+R_4)$
$= 9 + 0.3 \times 5 = 10.5\,\text{V}$

(2)$V_c = V_a, V_d - V_b = \varepsilon_2$,所以

$V_c - V_d = V_a - \varepsilon_2 - V_b = 10.5 - 8 = 2.5\,\text{V}$

(3)c、d 两点连接,设各支路电流方向,如图对回路 1,有

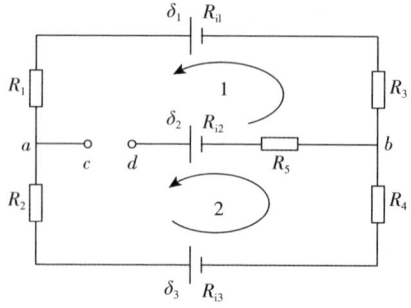

题 8-4 图解

$$I_1(R_1+R_3+R_{i1})+I_3(R_{i2}+R_5)=\varepsilon_1-\varepsilon_2$$

代入电阻 $\qquad 5I_1+4I_3=4 \qquad$ ①

对 A 点 $\qquad I_1+I_2-I_3=0 \qquad$ ②

对回路 2

$$I_3(R_{i2}+R_5)+I_2(R_2+R_4+R_{i3})=\varepsilon_3-\varepsilon_2$$

代入电阻 $\qquad 4I_3+5I_2=1 \qquad$ ③

解式①、式②、式③可得

$$I_3=0.38\text{A}$$

$$U_{AB}=\varepsilon_2+I_3(R_5+R_{i2})$$
$$=8+0.38\times 4=9.52\text{V}$$

8-5 解题过程 (1)根据

$$i=\frac{\mathrm{d}q}{\mathrm{d}t}=\frac{\Delta q}{\Delta t}$$

所以通过的电荷量为

$$\Delta q=i\Delta t=0.50\times 0.1\times 10^{-6}=5.0\times 10^{-8}\text{C}$$

因此加速的电子数目为

$$N=\frac{\Delta q}{e}=\frac{5.0\times 10^{-8}}{1.6\times 10^{-19}}=3.1\times 10^{11}$$

(2)若每秒产生 500 个脉冲,则平均电流为

$$I=\frac{\Delta q\times 500}{1}=2.5\times 10^{-5}\text{A}$$

(3)若使电子能量加速到 500MeV,则加速电压为

$$U=\frac{E_k}{e}=\frac{500\times 10^6\text{eV}}{e}=500\times 10^6\text{V}$$

则加速器输出的平均功率为

$$\overline{P}=IU=2.5\times 10^{-5}\times 500\times 10^6=1.3\times 10^4\text{W}$$

8-6 解题过程 距触地端 1m 处:

$$\vec{j}=\frac{1}{2\pi R^2}\boldsymbol{e}_R, \vec{j}=\gamma\cdot\vec{E}=\frac{1}{\rho}\vec{E}$$

$$U=\int_1^2\vec{E}\cdot\mathrm{d}\vec{l}=\int_1^{1.6}\frac{\rho I}{2\pi R^2}\mathrm{d}R=\frac{\rho I}{2\pi}\left(1-\frac{1}{1.6}\right)$$

$$=\frac{I}{2\pi r}\cdot\left(1-\frac{1}{1.6}\right)=1194\text{V}$$

距触地端 10m 处:

$$U' = \int_{10}^{10.6} \frac{\rho I}{2\pi R^2} \cdot dR = \frac{\rho I}{2\pi}\left(\frac{1}{10} - \frac{1}{10.6}\right)$$

$$= \frac{I}{2\pi \cdot r} \cdot \left(\frac{1}{10} - \frac{1}{10.6}\right)$$

$$= 18\text{V}$$

8-7 解题过程 (1)通过立方体上阴影面积的磁通量为

$$\Phi = \boldsymbol{B} \cdot \boldsymbol{S} = (6\boldsymbol{i} + 3\boldsymbol{j} + 1.5\boldsymbol{k}) \cdot (0.15)^2 \boldsymbol{i} = 0.135\text{Wb}$$

(2)通过立方体六面的总磁通量为

$$\Phi = \oiint \boldsymbol{B} \cdot d\boldsymbol{S} = 0$$

8-8 解题过程 取凹面为半球面的正方向,将 $\boldsymbol{B}$ 分解为与半球面轴线平行的分量 $\boldsymbol{B}_{/\!/}$ 和垂直的分量 $\boldsymbol{B}_\perp$,则

$$\boldsymbol{B} = \boldsymbol{B}_{/\!/} + \boldsymbol{B}_\perp$$

通过半球面的磁通量为

$$\Phi = \boldsymbol{B} \cdot \boldsymbol{S} = (\boldsymbol{B}_{/\!/} + \boldsymbol{B}_\perp) \cdot \boldsymbol{S} = \boldsymbol{B}_{/\!/} \cdot \boldsymbol{S} + \boldsymbol{B}_\perp \cdot \boldsymbol{S}$$

式中, $\boldsymbol{B}_{/\!/} = B\cos\alpha\, \boldsymbol{e}_n$, $\boldsymbol{B}_\perp = B\sin\alpha\, \boldsymbol{e}_\perp$, $\boldsymbol{e}_\perp$ 是垂直于 $\boldsymbol{e}_n$ 的单位矢量,如题 8-8 图解所示.

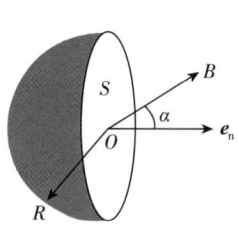
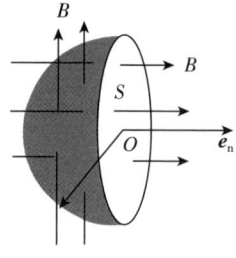

教材习题 8-8 图　　　　题 8-8 图解

$$\boldsymbol{B}_\perp \cdot \boldsymbol{S} = 0$$

所以

$$\Phi = \boldsymbol{B}_{/\!/} \cdot \boldsymbol{S} = B\cos\alpha\, \boldsymbol{e}_n \cdot \boldsymbol{S}$$

式中, $\boldsymbol{e}_n \cdot \boldsymbol{S} = \boldsymbol{S} \cdot \boldsymbol{e}_n = \pi R^2$,就是半球在其轴线上的投影面积.

所以

$$\Phi = \boldsymbol{B} \cdot \boldsymbol{S} = B\pi R^2 \cos\alpha$$

8-9 解题过程 如题 8-9 图解所示, $B_1 = \dfrac{\mu_0 I_1}{2\pi |PI_1|} = \dfrac{4\pi \times 10^{-7} \cdot 10}{2\pi \times 0.5} = 4 \times 10^{-6}\text{T}$

$$B_2 = \frac{\mu_0 I_2}{2\pi |PI_2|} = 4 \times 10^{-6}\text{T}$$

$$B = |\boldsymbol{B}_1 + \boldsymbol{B}_2| = \sqrt{2} B_1 = 5.66 \times 10^{-6}\text{T}$$

$$\theta = \arctan\left(\frac{B_2}{B_1}\right) = \arctan(1) = 45°$$

方向为由 I_2 指向 I_1.

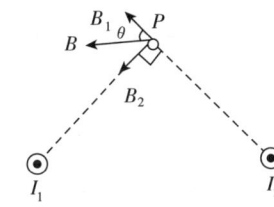

题 8-9 图解

8-10 解题过程 PQ 段在 A 点产生的磁感应强度为 0.

OQ 段在 A 点产生的磁感应强度为

$$B = \frac{\mu_0 I}{4\pi r}(\cos\theta_1 - \cos\theta_2) = \frac{\mu_0 I}{4\pi r}(\cos 60° - \cos 180°)$$

$$= \frac{4\pi \times 10^{-7} \times 20}{4\pi \cdot d \cdot \sin 60°}\left(\frac{1}{2} + 1\right) = \sqrt{3} \times 10^{-4} = 1.7 \times 10^{-4}\,\text{T}$$

方向为垂直于纸面向外.

8-11 解题过程 每段直电流对 O 点的起始角和终止角为 $\beta_1 = -\dfrac{\pi}{3}, \beta_2 = \dfrac{\pi}{3}$, 如题 8-11 图解所示.

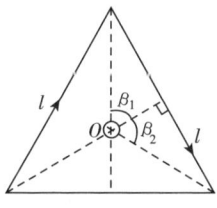

题 8-11 图解

依题意,一段直电流在 O 点产生的磁感强度的大小为

$$B_1 = \frac{\mu_0 I}{4\pi r}(\sin\beta_2 - \sin\beta_1) = \frac{3\sqrt{3}\mu_0 I}{4\pi h}$$

则载流三角形线圈中心 O 点的总磁感应强度大小为

$$B = 3B_1 = \frac{9\sqrt{3}\mu_0 I}{4\pi h}$$

根据右手螺旋法则可知方向垂直于纸面向内,与电流成右手螺旋关系,如题 8-11 图解所示.

8-12 解题过程 图中 P 点磁感应强度可看作左、右两段直导线和中间圆弧导线在 P 点产生的磁感应强度的叠加.

左、右两段直导线在 P 点产生的磁感应强度相同,为

$$B_1 = \frac{\mu_0 I}{4\pi a}(\sin\beta_2 - \sin\beta_1)$$

$$= \frac{\mu_0 I}{4\pi R\cos 60°}\left[\sin\left(-\frac{\pi}{3}\right) - \sin\left(-\frac{\pi}{2}\right)\right]$$

$$= \frac{\mu_0 I}{2\pi R}\left(-\frac{\sqrt{3}}{2} + 1\right)$$

圆弧导线产生的磁感应强度为整个圆环电流在圆心处产生的磁感应强度的 $\frac{1}{3}$,为

$$B_2 = \frac{1}{3}\frac{\mu_0 I}{2R}$$

所以 P 点的磁感应强度为

$$B = 2B_1 + B_2 = 2 \times \frac{\mu_0 I}{2\pi R}\left(-\frac{\sqrt{3}}{2} + 1\right) + \frac{1}{3}\frac{\mu_0 I}{2R}$$

$$= \frac{\mu_0 I}{R}\left(\frac{1}{6} + \frac{1}{\pi} - \frac{\sqrt{3}}{2\pi}\right)$$

8-13 解题过程 如教材习题 8-13 图所示,设两段圆弧电流在 O 点产生的磁感应强度大小分别为 B_1 和 B_2,导线长度分别为 l_1 和 l_2,导线横截面积为 S,电阻率为 ρ,则电流 I_1 和 I_2 的关系为

$$\frac{I_1}{I_2} = \frac{R_2}{R_1} = \frac{\rho\frac{l_2}{S}}{\rho\frac{l_1}{S}} = \frac{l_2}{l_1}$$

即 $\qquad I_1 l_1 = I_2 l_2$

两圆弧电流在 O 点产生的磁感应强度的大小分别为

$$B_1 = \frac{\mu_0 I_1}{4\pi}\int_{l_1}\frac{\mathrm{d}l}{r^2} = \frac{\mu_0 I_1 l_1}{4\pi r^2}$$

$$B_2 = \frac{\mu_0 I_2}{4\pi}\int_{l_2}\frac{\mathrm{d}l}{r^2} = \frac{\mu_0 I_2 l_2}{4\pi r^2} = \frac{\mu_0 I_1 l_1}{4\pi r^2}$$

则 O 点的合磁感应强度为

$$B = B_1 - B_2 = 0$$

8-14 解题过程 A、B 两线圈在各自圆心处产生的磁感应强度分别为

$$\boldsymbol{B}_A = \frac{N_A \mu_0 I_A}{2R_A}\boldsymbol{j} = 3.14 \times 10^{-4}\boldsymbol{j}\,\mathrm{T}$$

$$\boldsymbol{B}_B = \frac{N_B \mu_0 I_B}{2R_B}\boldsymbol{i} = 6.28 \times 10^{-4}\boldsymbol{i}\,\mathrm{T}$$

$\boldsymbol{B}_A$ 与 $\boldsymbol{B}_B$ 垂直,则经过叠加后两线圈公共中心处的磁感应强度的大小为

$$B=\sqrt{B_A^2+B_B^2}=7.0\times 10^{-4}\,\text{T}$$

B 与 x 轴的夹角为 $\quad \alpha=\arctan\dfrac{B_A}{B_B}=26.56°$

8-15 解题过程 如题 8-15 图解所示.

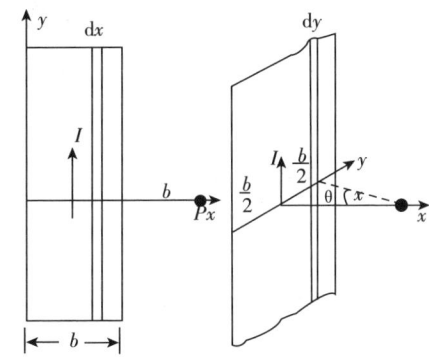

题 8-15 图解

(1) 取宽度为 dx 的一段进行微元分析,则

$$dB=\frac{\mu_0\,dI}{2\pi(2b-x)},\ dI=\frac{I}{b}dx$$

得 $\quad B=\int dB=\int_0^b\dfrac{\mu_0}{2\pi}\dfrac{I}{b}\dfrac{1}{2b-x}dx=\dfrac{\mu_0 I}{2\pi b}\ln 2$

(2) 取宽度为 dy 的一段进行微元分析,则

$$dI=\frac{I}{b}dy,\ dB=\frac{\mu_0\,dI}{2\pi r}=\frac{\mu_0 I\,dy}{2\pi bx/\cos\theta}=\frac{\mu_0 I\cos\theta}{2\pi bx}dy$$

得 $\quad B=B_y=\int dB\cdot\cos\theta=\dfrac{\mu_0 I}{2\pi bx}\int\cos^2\theta\,dy$

$$y=x\tan\theta,\ dy=x\sec^2\theta\,d\theta$$

$$B=\frac{\mu_0 I}{2\pi xb}\int_{\arctan(-b/2x)}^{\arctan(b/2x)}x\,d\theta=\frac{\mu_0 I}{\pi b}\arctan\frac{b}{2x}$$

8-16 解题过程 建立如题 8-16 图解所示的坐标系,将半圆柱形无限长载流薄板无限细分成宽为 $dl=Rd\theta$ 的长直电流,其电流大小为 $dI=\dfrac{I}{\pi R}dl=\dfrac{I}{\pi}d\theta$,在 P 点处产生的磁感应强度为

$$dB=\frac{\mu_0\,dI}{2\pi R}=\frac{\mu_0 I\,d\theta}{2\pi^2 R}$$

由右手螺旋法则判断其方向在与圆柱轴线垂直的 xPy 平面内,与 y 轴夹角为 θ,见题8-16图解,则

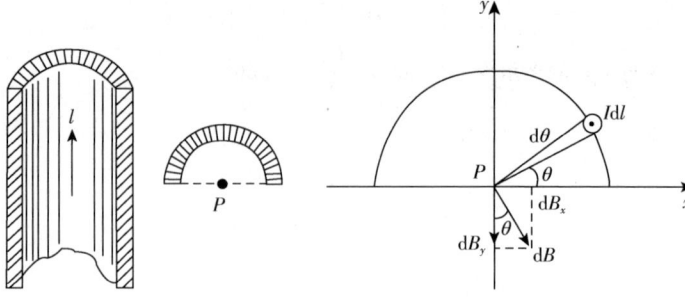

题 8-16 图解

$$dB_x = dB\sin\theta = \frac{\mu_0 I}{2\pi^2 R}\sin\theta d\theta$$

$$dB_y = -dB\cos\theta = -\frac{\mu_0 I}{2\pi^2 R}\cos\theta d\theta$$

$$B_x = \int dB_x = \int_0^\pi \frac{\mu_0 I}{2\pi^2 R}\sin\theta d\theta = \frac{\mu_0 I}{\pi^2 R}$$

$$B_y = \int dB_y = \int_0^\pi \left(-\frac{\mu_0 I}{2\pi^2 R}\right)\cos\theta d\theta = 0$$

则 P 点的合磁感应强度为 $B = B_x = \frac{\mu_0 I}{\pi^2 R} = 6.37 \times 10^{-5}$ T

方向沿 x 轴正向.

8-17 解题过程 如题 8-17 图解所示,以球心 O 为原点建立坐标系 Oxy,在距球心 x 处,沿球面取长为 $dl = Rd\theta$ 的一段微圆弧,该微圆弧上绕有 dN 匝半径为 y 的线圈. 则

$$dN = \frac{N}{\frac{\pi R}{2}}dl = \frac{2N}{\pi}d\theta$$

则通过该圆环的电流为 $dI = IdN = \frac{2NI}{\pi}d\theta$

根据载流圆轴线上磁感应强度的结论,dI 在球心 O 处产生的磁感应强度的大小为

$$dB = \frac{\mu_0 dI y^2}{2(x^2+y^2)^{3/2}} = \frac{\mu_0 NI y^2}{\pi(x^2+y^2)^{3/2}}d\theta$$

将 $x = R\sin\theta, y = R\cos\theta$ 代入上式,得

$$dB = \frac{\mu_0 NI}{\pi R}\cos^2\theta d\theta$$

由于所有圆电流在 O 点处的磁感应强度的方向相同,故 O 点处的合磁感应强度的大小为

$$B = \int dB = \int_0^{\frac{\pi}{2}} \frac{\mu_0 NI}{\pi R} \cos^2\theta d\theta = \frac{\mu_0 NI}{4R}$$

方向沿 x 轴.

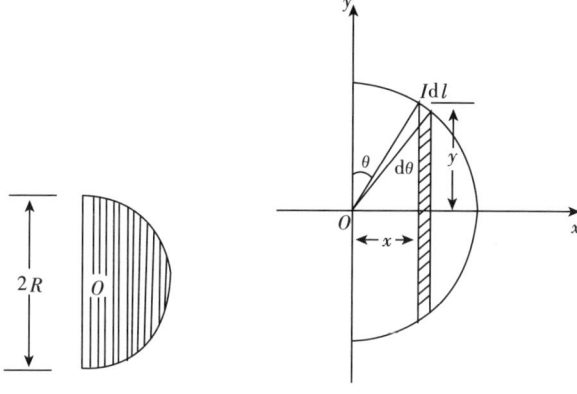

题 8-17 图解

8-18 解题过程 由于螺旋线圈很密,因此可视为同心圆线圈.

在半径 R_1 到 R_2 范围内,半径上单位长度的线圈匝数为

$$n = \frac{N}{R_2 - R_1}$$

在距离中心从 r 到 $r+dr$ 范围内线圈的匝数为

$$ndr = \frac{N}{R_2 - R_1} dr$$

当线圈中的电流为 I 时,它们在中心产生的磁感应强度的方向垂直于纸面向内,大小为

$$dB = \frac{\mu_0}{2r} \cdot I \cdot n \cdot dr = \frac{\mu_0 I \cdot N}{2r(R_2 - R_1)} \cdot dr$$

故圈心 O 处的磁感应强度为

$$B = \frac{\mu_0 IN}{2(R_2 - R_1)} \ln \frac{R_2}{R_1}$$

8-19 解题过程 如题 8-19 图解所示,取距 O 为 r 的一段微元 dr 进行分析.

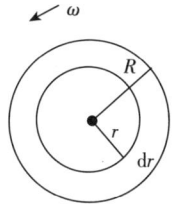

题 8-19 图解

电荷面密度 $\sigma = \dfrac{q}{\pi R^2}$，半径为 r，宽为 dr 的圆带上所带电荷量为 $dq = \sigma 2\pi r dr$，则

$$dI = \dfrac{dq}{t}, \quad t = \dfrac{2\pi}{\omega}$$

$$dI = \dfrac{\omega}{2\pi}\sigma 2\pi r dr$$

$$dB = \dfrac{\mu_0 dI}{2r} = \dfrac{\mu_0 \omega \sigma dr}{2}$$

$$B = \int_0^R \dfrac{\mu_0 \omega \sigma dr}{2} = \dfrac{\mu_0 \omega \sigma R}{2} = \dfrac{\mu_0 \omega q}{2\pi R}$$

8-20 解题过程　均匀带电的闭合回路绕 O 点转动相当于半径分别为 a 和 b 的半圆电流和宽为 $(b-a)$ 的环面电流，圆心 O 点的磁感应强度为它们在 O 点产生的磁感应强度的叠加，所以有

$$I_1 = \dfrac{dq}{dt} = \dfrac{\lambda dl}{dt} = \lambda v = \lambda a \omega$$

$$I_2 = \dfrac{dq}{dt} = \lambda b \omega$$

磁感应强度 B_1 为

$$B_1 = \dfrac{1}{2} \dfrac{\mu_0 I_1}{2a} = \dfrac{\mu_0 \lambda \omega}{4}$$

磁感应强度 B_2 为

$$B_2 = \dfrac{1}{2} \dfrac{\mu_0 I_2}{2b} = \dfrac{\mu_0 \lambda \omega}{4}$$

宽为 $(b-a)$ 的环面电流为

$$dI_3 = \dfrac{\omega 2\lambda dr}{2\pi} = \dfrac{\lambda \omega dr}{\pi}$$

磁感应强度 B_3 为

$$B_3 = \int dB_3 = \int \dfrac{\mu_0 dI_3}{2r} = \int_a^b \dfrac{\mu_0 \lambda \omega}{2\pi r} dr = \dfrac{\mu_0 \lambda \omega}{2\pi} \ln \dfrac{b}{a}$$

所以圆心 O 点的磁感应强度为

$$B = B_1 + B_2 + B_3 = \dfrac{\mu_0 \lambda \omega}{2\pi} \ln \dfrac{b}{a} + \dfrac{\mu_0 \lambda \omega}{2}$$

8-21 解题过程　(1) $B = B_1 + B_2 = 2 \times \dfrac{\mu_0 I_1}{2\pi \left(\dfrac{d}{2}\right)} = \dfrac{2 \times 4\pi \times 10^{-7} \times 20}{\pi \times 40 \times 10^{-2}}$

$$= 4.0 \times 10^{-5} \text{ T}$$

(2) 设距 I_1 为 x 处的磁感应强度为 B，则

$$B = \frac{\mu_0 I_1}{2\pi x} + \frac{\mu_0 I_2}{2\pi(d-x)}$$

所以

$$\Phi = \oiint \boldsymbol{B} \cdot \mathrm{d}\boldsymbol{S} = \int_{r_1}^{r_1+r_2} \left[\frac{\mu_0 I_1}{2\pi x} + \frac{\mu_0 I_2}{2\pi(d-x)} \right] l\,\mathrm{d}x = \frac{\mu_0 I_1 l}{\pi} \ln\left(\frac{d-r_1}{r_1}\right)$$

$$= 2.2 \times 10^{-6}\,\mathrm{Wb}$$

8-22 解题过程 (1) 如题 8-22 图解(a) 所示, 在导线截面内以中心为圆心, r 为半径作团合回路 L, 运用安培环路定理, 有

$$\oint_L \boldsymbol{B} \cdot \mathrm{d}\boldsymbol{l} = B 2\pi r = \mu_0 \frac{I}{\pi R^2} \pi r^2$$

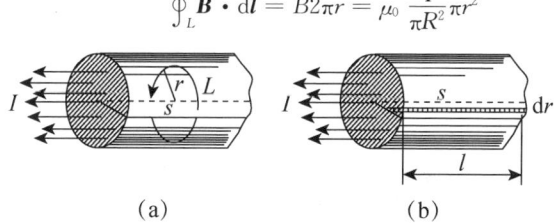

(a)   (b)

题 8-22 图解

得导线内磁感应强度为

$$B = \frac{\mu_0 I r}{2\pi R^2}, \quad r < R$$

式中, R 为导线截面半径. $\boldsymbol{B}$ 与 L 的绕向一致.

如题 8-22 图解(b) 所示, 在平面 S 上取长为 l, 宽为 $\mathrm{d}r$ 的面积元 $\mathrm{d}\boldsymbol{S}$, 有

$$\mathrm{d}\Phi = \boldsymbol{B} \cdot \mathrm{d}\boldsymbol{S} = B\mathrm{d}S\cos 0° = B\mathrm{d}S = Bl\,\mathrm{d}x$$

通过矩形面积的磁通量为

$$\Phi = \int_S \boldsymbol{B} \cdot \mathrm{d}\boldsymbol{S} = \int_0^R Bl\,\mathrm{d}r = \frac{\mu_0 I l}{2\pi R^2} \int_0^R r\,\mathrm{d}r = \frac{\mu_0 I l}{4\pi}$$

上式中, 令 $l = 1\mathrm{m}$, 得通过导线 $1\mathrm{m}$ 长的 S 平面内的磁通量为

$$\Phi = \frac{\mu_0 I l}{4\pi} = \frac{4 \times 3.14 \times 10^{-7} \times 10 \times 1}{4 \times 3.14} = 1.0 \times 10^{-6}\,\mathrm{Wb}$$

(2)

① 电流密度分布.

电流密度 j 随径向距离 r 线性变化, 即 $j = j_0 \dfrac{r}{R}$, 其中 j_0 是在导线边缘 ($r = R$) 处的电流密度.

② 电流分布.

总电流 I 可以通过积分电流密度 j 得到:

$$I = \int_0^R j \cdot 2\pi r \mathrm{d}r = \int_0^R j_0 \frac{r}{R} \cdot 2\pi r \mathrm{d}r = j_0 \frac{2\pi}{R} \int_0^R r^2 \mathrm{d}r = j_0 \frac{2\pi}{R} \left[\frac{r^3}{3}\right]_0^R = j_0 \frac{2\pi R^2}{3}$$

③ 磁感应强度计算.

使用安培环路定理,对于一个半径为 r 的圆形环路,磁感应强度 B 为

$$B \cdot 2\pi r = \mu_0 I_{\text{enc}}$$

式中,I_{enc} 是环路内部的电流. 对于 $r < R$, I_{enc} 是从 0 到 r 的电流密度积分:

$$I_{\text{enc}} = \int_0^r j_0 \frac{r'}{R} \cdot 2\pi r' \mathrm{d}r' = j_0 \frac{2\pi}{R} \int_0^r r'^2 \mathrm{d}r' = j_0 \frac{2\pi}{R} \left[\frac{r'^3}{3}\right]_0^r = j_0 \frac{2\pi r^3}{3R}$$

因此,磁感应强度 B 为

$$B = \frac{\mu_0 I_{\text{enc}}}{2\pi r} = \frac{\mu_0 j_0 \frac{2\pi r^3}{3R}}{2\pi r} = \frac{\mu_0 j_0 r^2}{3R}$$

④ 磁通量计算.

磁通量 Φ 是磁感应强度 B 通过面积 S 的积分:

$$\Phi = \int_S B \cdot \mathrm{d}A = \int_0^R B \cdot 2\pi r \mathrm{d}r = \int_0^R \frac{\mu_0 j_0 r^2}{3R} \cdot 2\pi r \mathrm{d}r = \frac{2\pi \mu_0 j_0}{3R} \int_0^R r^3 \mathrm{d}r$$

$$= \frac{2\pi \mu_0 j_0}{3R} \left[\frac{r^4}{4}\right]_0^R = \frac{2\pi \mu_0 j_0 R^3}{12}$$

⑤ 总电流密度.

由于 $j_0 = \frac{I}{2\pi R}$, 代入上式得

$$\Phi = \frac{2\pi \mu_0 \frac{I}{2\pi R} R^3}{12} = \frac{\mu_0 I R^2}{12}$$

因此,通过导线长度为 1m 的 S 平面内的磁通量为 $\frac{\mu_0 I R^2}{12}$.

8-23 解题过程 设电流面密度为 σ,则

$$\sigma = \frac{I}{\pi(R_2^2 - R_1^2)}$$

以半径为 r 的圆为积分路径,则

$$\oint \boldsymbol{B} \cdot \mathrm{d}\boldsymbol{l} = \mu_0 I', \quad B \cdot 2\pi r = \mu_0 I'$$

$$I' = \sigma S = \frac{I}{\pi(R_2^2 - R_1^2)} \cdot \pi(r^2 - R_1^2)$$

所以

$$B = \frac{\mu_0 I(r^2 - R_1^2)}{2\pi r(R_2^2 - R_1^2)}$$

当 $R_1 = 0$ 时

$$B = \frac{\mu_0 I r}{2\pi R_2^2}$$

当 $r = R_2$ 时 $$B = \frac{\mu_0 I}{2\pi R_2}$$

等效于电流集中在轴线上的磁感应强度.

8-24 解题过程 (1)由磁场中的安培环路定理得

$$\oint \boldsymbol{B} \cdot \mathrm{d}\boldsymbol{l} = \mu_0 I', \frac{I'}{\pi r^2} = \frac{I}{\pi R_1^2}$$

$$I' = \frac{r^2}{R_1^2} I, B \cdot 2\pi r = \mu_0 \frac{r^2}{R_1^2} I$$

所以 $$B = \frac{\mu_0 r I}{2\pi R_1^2} \quad (r < R_1)$$

(2) $\oint \boldsymbol{B} \cdot \mathrm{d}\boldsymbol{l} = \mu_0 I, B \cdot 2\pi r = \mu_0 I, B = \dfrac{\mu_0 I}{2\pi r} \quad (R_1 < r < R_2)$

(3) $\oint \boldsymbol{B} \cdot \mathrm{d}\boldsymbol{l} = \mu_0 \left(I - \dfrac{r^2 - R_2^2}{R_3^2 - R_2^2} I \right), B \cdot 2\pi r = \mu_0 \dfrac{R_3^2 - r^2}{R_3^2 - R_2^2} I$

所以 $$B = \frac{\mu_0 I}{2\pi r} \frac{R_3^2 - r^2}{R_3^2 - R_2^2} \quad (R_2 < r < R_3)$$

(4) $\oint \boldsymbol{B} \cdot \mathrm{d}\boldsymbol{l} = \mu_0 I = 0, B \cdot 2\pi r = 0$,所以

$$B = 0 \quad (r < R_3)$$

8-25 解题过程 (1)空心部分可以看作有电流密度与大圆柱相同的两反向电流通过,则 O 点的磁场等效为大圆柱体的磁场与小圆柱体反向磁场的叠加,于是

$$\oint \boldsymbol{B}_O \cdot \mathrm{d}\boldsymbol{l} = \mu_0 I'$$

设电流面密度为 σ,则

$$\sigma = \frac{I}{\pi(R^2 - r^2)}$$

所以 $$I' = \frac{\pi r^2 I}{\pi(R^2 - r^2)} = \frac{r^2 I}{R^2 - r^2}$$

$$\oint \boldsymbol{B}_O \cdot \mathrm{d}\boldsymbol{l} = \mu_0 I'$$

$$B_O \cdot 2\pi d = \frac{\mu_0 r^2 I}{R^2 - r^2}$$

$$B_O = \frac{\mu_0 r^2 I}{2\pi d (R^2 - r^2)} = \frac{4\pi \times 10^{-7} \times 31 \times (5 \times 10^{-4})^2}{2\pi \times 5 \times 10^{-3} (0.01^2 - 0.0005^2)}$$

$$= 3.1 \times 10^{-6} \text{ T}$$

$$\oint \boldsymbol{B}_{O'} \mathrm{d}\boldsymbol{l} = \mu_0 I''$$

$$I'' = \sigma\pi d^2 = \frac{Id^2}{R^2 - r^2}$$

所以

$$B_{O'} \cdot 2\pi d = \frac{\mu_0 I d^2}{R^2 - r^2}$$

$$B_{O'} = \frac{\mu_0 I d}{2\pi(R^2 - r^2)} = \frac{4\pi \times 10^{-7} \times 31 \times 0.05}{2\pi(0.01^2 - 0.0005^2)}$$

$$= 3.1 \times 10^{-4} \text{ T}$$

(2)
$$B_O = \frac{\mu_0 r^2 I}{2\pi d(R^2 - r^2)} = \frac{4\pi \times 10^{-7} \times 31 \times (5 \times 10^{-4})^2}{2\pi \times 5 \times 10^{-3}(0.01^2 - 0.0005^2)}$$

$$= 3.1 \times 10^{-6} \text{ T}$$

$$B_{O'} = \frac{\mu_0 I d}{2\pi(R^2 - r^2)} = \frac{4\pi \times 10^{-7} \times 31 \times 0.05}{2\pi(0.01^2 - 0.0005^2)}$$

$$= 3.1 \times 10^{-4} \text{ T}$$

8-26 【解题过程】如题 8-26 图解所示，由安培环路定理得

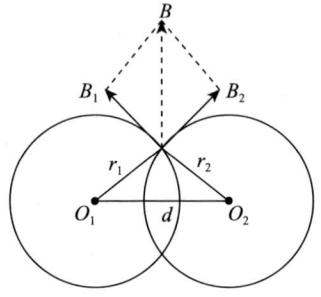

题 8-26 图解

$$B_1 = \frac{\mu_0}{2\pi r_1} \cdot \frac{I}{S} \cdot \pi r_1^2 = \frac{\mu_0 I}{2S} r_1$$

$$B_2 = \frac{\mu_0}{2\pi r_2} \cdot \frac{I}{S} \cdot \pi r_2^2 = \frac{\mu_0 I}{2S} r_2$$

取垂直于纸面向外的单位矢量 $\vec{k}$，$\vec{d}$ 沿 O_1O_2 指向 O_2，则

$$\vec{B_1} = \frac{\mu_0 I}{2S} \vec{k} \times \vec{r_1}$$

$$\vec{B_2} = \frac{\mu_0 I}{2S} (-\vec{k}) \times \vec{r_2}$$

$$\vec{B} = \vec{B_1} + \vec{B_2} = \frac{\mu_0 I}{2S} \vec{k} \times (\vec{r_1} - \vec{r_2}) = \frac{\mu_0 I}{2S} \times \vec{k} \cdot \vec{d}$$

8-27 【解题过程】在螺线管中取一厚为 dr 的密绕的导线薄层，此薄层在 O 点产生的磁感应强度为

$$dB = \frac{\mu_0}{2} n \cdot I(\cos\theta_1 - \cos\theta_2) = \mu_0 n I \cos\theta_1$$

式中, n 为单位长度的匝数, $n = \dfrac{N}{(R_2-R_1)l} \mathrm{d}r$, $\cos\theta_1 = \dfrac{\dfrac{l}{2}}{\sqrt{r^2+\left(\dfrac{l}{2}\right)^2}}$, 则

$$\mathrm{d}B = \dfrac{\mu_0 NI \mathrm{d}r}{l(R_2-R_1)} \cdot \dfrac{\dfrac{l}{2}}{\sqrt{r^2+\left(\dfrac{l}{2}\right)^2}}$$

O 点的磁感应强度为

$$B = \int_{R_1}^{R_2} \dfrac{\mu_0 NI}{l(R_2-R_1)} \cdot \dfrac{\dfrac{l}{2}}{\sqrt{r^2+\left(\dfrac{l}{2}\right)^2}} \mathrm{d}r = \dfrac{\mu_0 NI}{2(R_2-R_1)} \ln \dfrac{R_2+\sqrt{R_2^2+\left(\dfrac{l}{2}\right)^2}}{R_1+\sqrt{R_1^2+\left(\dfrac{l}{2}\right)^2}}$$

8-28 【解题过程】设

$$\boldsymbol{F} = q\boldsymbol{v}\times\boldsymbol{B}$$

由题意知 $\boldsymbol{B}$ 沿 Oz 轴负方向.

所以 $F_2 = -qv_2 \times B_z$, $B_z = \dfrac{-4\times10^2}{4\times10^{-9}\times2\times10^6} = -5\times10^4\,\mathrm{T}$, 则

$$\boldsymbol{B} = B_z\boldsymbol{k} = -5\times10^4\boldsymbol{k}\,\mathrm{T}$$

$$|\boldsymbol{F}_1| = |q\boldsymbol{v}_1\times\boldsymbol{B}| = qv_1 B\sin135°$$

$$= 4.0\times10^{-9}\times3\times10^6\times(-5\times10^4)\times\left(\dfrac{-\sqrt{2}}{2}\right)$$

$$= 424.2\,\mathrm{N}$$

8-29 【解题过程】作用在质子上的合力

$$\boldsymbol{F}_1 = q\boldsymbol{E}_1 + q\boldsymbol{v}\times\boldsymbol{B}$$

$$= (1.60\times10^{-19}\,\mathrm{C})\times(4.0\,\mathrm{V/m})\boldsymbol{i} + (1.60\times10^{-19}\,\mathrm{C})\times(2000\,\mathrm{m/s})\times(-2.5\times10^{-3}\,\mathrm{T})(\boldsymbol{j}\times\boldsymbol{i})$$

$$= 6.4\times10^{-19}\boldsymbol{i}\,\mathrm{N} + 8\times10^{-19}\boldsymbol{k}\,\mathrm{N}$$

$$|\boldsymbol{F}_1| = \sqrt{(6.4\times10^{-19})^2+(8\times10^{-19})^2} \approx 1.024\times10^{-18}\,\mathrm{N}$$

8-30 【解题过程】(1) 如题 8-30 图解所示.

$$v_y = v\sin\theta = 5.0\times10^6\,\mathrm{m/s}$$

$$R = \dfrac{mv_y}{qB} = \dfrac{1.67\times10^{-27}\times5.0\times10^6}{1.6\times10^{-19}\times1.5}$$

$$= 3.48\times10^{-2}\,\mathrm{m}$$

(2) $T = \dfrac{2\pi m}{qB}$, 螺距为

$$d = v_x \cdot T = v_x \cdot \frac{2\pi m}{qB} = 1 \times 10^7 \times \frac{\sqrt{3}}{2} \times \frac{2\pi \times 1.67 \times 10^{-27}}{1.6 \times 10^{-19} \times 1.5} = 0.38 \text{ m}$$

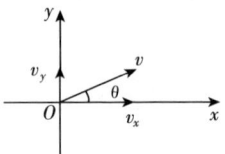

题 8-30 图解

(3)旋转频率 $f = \dfrac{1}{T} = \dfrac{qB}{2\pi m} = \dfrac{1.6 \times 10^{-19} \times 1.5}{2\pi \times 1.67 \times 10^{-27}} = 2.28 \times 10^7 \text{ s}^{-1}$

8-31 证明 设离子经电场加速后,在磁场入口处的速度为 v,根据动能定理有

$$\frac{mv^2}{2} = Uq \qquad ①$$

当速率为 v 的离子垂直进入均匀磁场后,受磁场力作用做匀速圆周运动,有

$$\frac{mv^2}{R} = Bqv$$

其中 $R = \dfrac{x}{2}$,得 $v = \dfrac{Bqx}{2m}$ ②

将式②代入式①得 $m = \dfrac{B^2 q}{8U} x^2$

命题得证.

8-32 解题过程 (1)霍尔电势差为

$$U = \bar{v} B \cdot b$$

得 $\bar{v} = \dfrac{U}{Bb} = \dfrac{1.0 \times 10^{-5}}{1.5 \times 1 \times 10^{-2}} = 6.7 \times 10^{-4} \text{ m/s}$

(2)设每立方米载流子数为 n,导体厚为 d,则

$$I = ne\bar{v} db, \quad U = \frac{IB}{ned}$$

所以 $n = \dfrac{BI}{eUd} = \dfrac{1.5 \times 3}{1.6 \times 10^{-19} \times 1 \times 10^{-5} \times 1 \times 10^{-5}} = 2.8 \times 10^{29} \text{ m}^{-3}$

(3)给定电流和磁场方向,霍尔电压极性如题 8-32 图解所示.

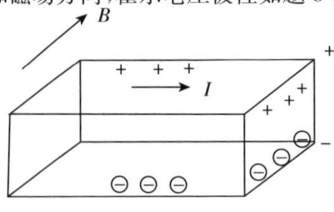

题 8-32 图解

8-33 解题过程 根据带电粒子回转半径与粒子运动速率的关系,有

$$p = mv = R \cdot B \cdot e = 3.5 \times 20 \times 1.6 \times 10^{-19} = 1.12 \times 10^{-17} \text{ kg} \cdot \text{m/s}$$

$$E_k = \frac{1}{2}mv^2 = \frac{p^2}{2m} = \frac{(1.12 \times 10^{-17})^2}{2 \times 1.67 \times 10^{-27}} = 3.59 \times 10^{-8} \text{ J}$$

8-34 解题过程 如题 8-34 图解所示,建立坐标系,则

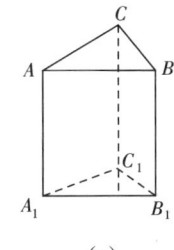
(a)
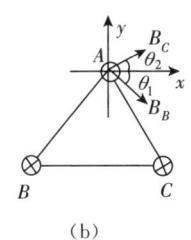
(b)

题 8-34 图解

$$B_B = \frac{\mu_0 I}{2\pi l}(\theta_1 = 30°), \quad B_C = \frac{\mu_0 I}{2\pi l}(\theta_2 = 30°)$$

A 点的磁感应强度为 $B = 2B_B \cos 30° = \frac{\mu_0 I}{\pi l} \frac{\sqrt{3}}{2}$

$$= \frac{4\pi \times 10^{-7} \times 10}{\pi \times 10 \times 10^{-2}} \times \frac{\sqrt{3}}{2} = 3.46 \times 10^{-5} \text{ T}$$

导线上每 1cm 上的作用力为

$$F = BlI = 3.46 \times 10^{-5} \times 1 \times 10^{-2} \times 10 = 3.46 \times 10^{-6} \text{ N}$$

方向为垂直于该导线,指向另两导线平面.

8-35 证明 如题 8-35 图解所示,令 $\boldsymbol{B} = B(-\boldsymbol{k})$,则

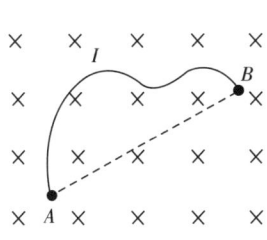
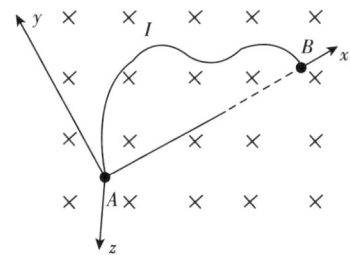

题 8-35 图解

$$I\text{d}\boldsymbol{l} = I\text{d}x\boldsymbol{i} + I\text{d}y\boldsymbol{j}$$

$$\text{d}\boldsymbol{F} = I\text{d}\boldsymbol{l} \times \boldsymbol{B} = \begin{bmatrix} \boldsymbol{i} & \boldsymbol{j} & \boldsymbol{k} \\ I\text{d}x & I\text{d}y & 0 \\ 0 & 0 & -B \end{bmatrix} = BI\text{d}x\boldsymbol{j} - BI\text{d}y\boldsymbol{i}$$

$$F = BI\left[\int_0^l dx\, \boldsymbol{j} - \int_0^0 dy\, \boldsymbol{i}\right] = BI|AB| \cdot \boldsymbol{j}$$

命题成立.

8-36 解题过程 设正方形各边长度为 l,质量为 m. 由题 8-36 图解可知,重力对 OO' 轴的力矩为

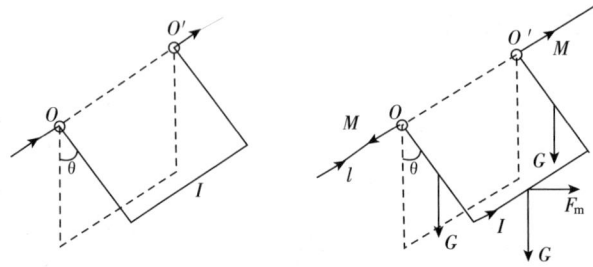

题 8-36 图解

$$M_G = 2mg\, \frac{l}{2}\sin\theta + mgl\sin\theta = 2\rho l^2 S g\sin\theta$$

方向由 O 指向 O'.

正方形两斜边所受安培力等值反向且与转轴 OO' 平行,均不对 OO' 轴产生力矩,水平边所受安培力的大小为

$$F_m = IlB$$

方向如题 8-36 图解所示.

对 OO' 的力矩大小为

$$M_m = F_m l\cos\theta = Il^2 B\cos\theta$$

方向由 O' 指向 O.

平衡时,有 $\quad M_G = M_m$

故 $\quad B = \dfrac{2S\rho g}{I}\tan\theta = 9.35\times 10^{-3}\,\text{T}$

8-37 证明 (1)如题 8-37 图解所示,以 O 点为原点建立坐标系,该坐标原点位于导轨的轴线上,可知 $\boldsymbol{B}$ 的方向垂直于纸面向外,导电物体的宽度为 d,流过的电流为 I,受磁场力的大小为

$$F = \int dF = \int IB\, dy \qquad ①$$

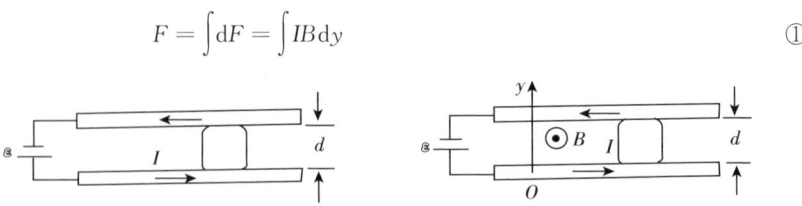

题 8-37 图解

式中，
$$B = \frac{\mu_0 I}{4\pi}\left(\frac{1}{y} + \frac{1}{d+2r-y}\right) \quad ②$$

将式 ② 代入式 ① 得

$$F = \int I^2 \cdot \frac{\mu_0}{4\pi}\left(\frac{1}{y} + \frac{1}{d+2r-y}\right)\mathrm{d}y$$

$$= \frac{\mu_0 I^2}{4\pi}\int_r^{r+d}\left(\frac{1}{y} + \frac{1}{d+2r-y}\right)\mathrm{d}y$$

$$= \frac{\mu_0 I^2}{2\pi}\ln\frac{d+r}{r}$$

F 的方向向右.

(2) 已知条件：

弹丸获得的动能 $E_k = 33\text{MJ} = 33\times 10^6 \text{J}$.

导轨间距 $d = 10\text{cm} = 0.1\text{m}$.

导轨半径 $r = 2.5\text{cm} = 0.025\text{m}$.

轨道长度 $L = 20\text{m}$.

首先，我们需要计算弹丸获得的动能与磁场力的关系。弹丸的动能 E_k 可以通过磁场力 F 和轨道长度 L 来计算，即 $E_k = F \cdot L$.

将已知的动能 E_k 和轨道长度 L 代入上述公式，可以解出磁场力 F：

$$F = \frac{E_k}{L} = \frac{33\times 10^6 \text{J}}{20\text{m}} = 1.65\times 10^6 \text{N}$$

接下来，将(1)中磁场力 F 的表达式代入，解出电流 I：

$$1.65\times 10^6 = \frac{\mu_0 I^2}{2\pi}\ln\frac{0.1+0.025}{0.025}$$

解这个方程以求得 I：

$$I^2 = \frac{1.65\times 10^6 \cdot 2\pi}{\mu_0 \ln\frac{0.125}{0.025}}$$

计算 I^2：

$$I^2 = \frac{1.65\times 10^6 \cdot 2\pi}{4\pi\times 10^{-7} \cdot \ln 5}$$

$$= \frac{1.65\times 10^6 \cdot 2}{4\times 10^{-7} \cdot \ln 5}$$

$$= \frac{3.3\times 10^6}{4\times 10^{-7}\ln 5}$$

$$= \frac{3.3\times 10^6}{4\times 10^{-7}\times 1.6094}$$

$$= \frac{3.3 \times 10^6}{6.4376 \times 10^{-7}}$$

$$= 5.12 \times 10^{12}$$

$$I = \sqrt{5.12 \times 10^{12}}$$

$$\approx 7.16 \times 10^6 \text{ A}$$

因此,电源需要提供的电流大小约为 7.16×10^6 A.

8-38 解题过程 依题意左段导线受力大小为

$$F_{左} = I_2 B_1 l = \frac{\mu_0 I_1 I_2 l}{2\pi d}$$

方向向左,如题 8-38 图解所示.

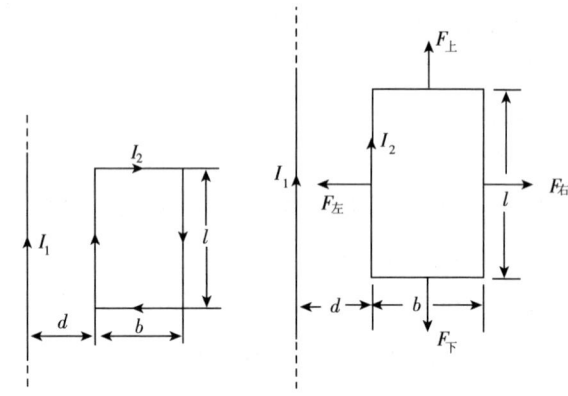

题 8-38 图解

右段导线受力大小为

$$F_{右} = I_2 B_1' l = \frac{\mu_0 I_1 I_2 l}{2\pi (d+b)}$$

方向向右.

则线圈所受合力的大小为

$$F = F_{左} - F_{右} = \frac{\mu_0 I_1 I_2}{2\pi} l \left[\frac{1}{d} - \frac{1}{(d+b)} \right] = 7.2 \times 10^{-4} \text{ N}$$

合力的方向向左.

8-39 解题过程 (1)由对称性可知,I_1 对 I_2 的安培力只有 x 方向的分量.

取微元 $\mathrm{d}\theta$ 进行分析,$\mathrm{d}l = R\mathrm{d}\theta$,$\mathrm{d}l$ 处的磁感应强度为

$$B = \frac{\mu_0 I_1}{2\pi R \cos \theta}$$

$$\mathrm{d}F = I_2 B \mathrm{d}l = \frac{\mu_0 I_1 I_2 R}{2\pi R \cos \theta} \mathrm{d}\theta$$

$$dF_x = dF\cos\theta = \frac{\mu_0 I_1 I_2}{2\pi} d\theta$$

$$F = \int dF_x = \frac{\mu_0 I_1 I_2}{2\pi} \int_0^{2\pi} d\theta = \mu_0 I_1 I_2$$

(2)取圆上某一电流元进行微元分析,如题 8-39 图解所示,电流元处的磁感应强度为

$$B' = \frac{\mu_0 I_1}{2\pi(d+R\cos\theta)}$$

$$dF = I_2 dl B' = \frac{\mu_0 I_1 I_2 R d\theta}{2\pi(d+R\cos\theta)}$$

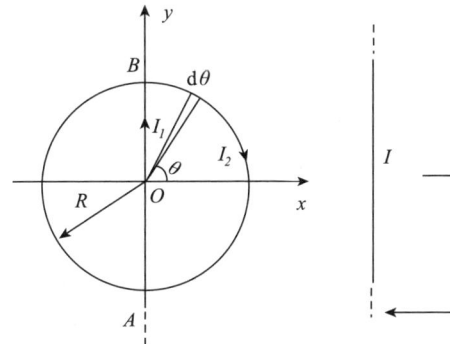

题 8-39 图解

由对称性知 I_2 在 y 方向上的合力为零,故

$$F = F_x = \int dF\cos\theta = \int_0^{2\pi} \frac{\mu_0 I_1 I_2 R\cos\theta d\theta}{2\pi(d+R\cos\theta)} = \mu_0 I_1 I_2 \left(1 - \frac{d}{\sqrt{d^2-R^2}}\right)$$

8-40 解题过程 磁悬浮列车的行驶速度为

$$v = 400 \text{ km/h} = \frac{400\times10^3}{3600} \text{ m/s} = 111 \text{m/s}$$

在磁悬浮列车行驶过程中,车内磁体极性与车外钢轨内的线圈对齐时两极性相同,当运行至下一个线圈时极性仍相同,即半个周期的变化,磁悬浮列车行驶 10m.

所以 $\dfrac{10}{0.5T} = v$, $T = 20/v$

又因为 $f = 1/T$

所以 $f = \dfrac{1}{T} = \dfrac{v}{20} = \dfrac{400\times10^3}{20\times3600} = 5.56\text{Hz}$

8-41 解题过程 如题 8-41 图解所示.

(1) 在线圈上取一 dθ 的微元进行分析：

$$dl = R d\theta$$

$$d\boldsymbol{F} = I d\boldsymbol{l} \times \boldsymbol{B} dF$$

$$= BI dl \sin\alpha = BI dl \cos\theta = BIR\cos\theta d\theta$$

$$dM = dF \cdot R\cos\theta = BIR^2 \cos^2\theta d\theta$$

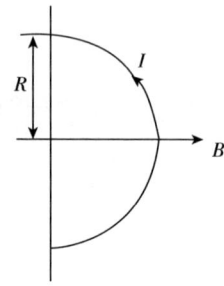

题 8-41 图解

$$M = \int dM = \int_{-\frac{\pi}{2}}^{\frac{\pi}{2}} BIR^2 \cos^2\theta d\theta$$

$$= BIR\left[\int_{-\frac{\pi}{2}}^{\frac{\pi}{2}} \frac{1}{2} d\theta + \frac{1}{2}\int_{-\frac{\pi}{2}}^{\frac{\pi}{2}} \cos 2\theta d\theta\right]$$

因为 $\boldsymbol{M} = \boldsymbol{m} \times \boldsymbol{B}$，所以

$$M = I \cdot SB = I \cdot \frac{1}{2}\pi R^2 \cdot B = \frac{\pi}{2} R^2 \cdot BI$$

$$= \frac{\pi}{2} BIR^2 = 7.85 \times 10^{-2} \text{ N} \cdot \text{m}$$

(2) 线圈在磁场中磁力矩做的功等于电流与磁通量变化量的乘积，因为

$$\Phi_1 = 0, \Phi_2 = \frac{\pi R^2}{2} B$$

$$\Delta\Phi = \frac{1}{2}\pi R^2 B$$

所以磁力矩做的功为

$$A = \Delta\Phi \cdot I = \frac{\pi}{2} IBR^2 = 7.85 \times 10^{-2} \text{ J}$$

8-42 解题过程 依题意线圈受磁力矩大小为

$$M = mB\sin\alpha = mB\sin 60° = ISB\sin 60°$$

$$= 0.1 \times 0.06 \times 0.08 \times 0.5 \times \frac{\sqrt{3}}{2}$$

$$= 2.08 \times 10^{-4} \text{ N} \cdot \text{m}$$

则外力矩应与其大小相等,方向相反.

8-43 解题过程 (1)由磁矩计算式有

$$m = NISe_n = 100 \times 30 \times 2 \times \pi \left(\frac{15}{2} \times 10^{-3}\right)^2 = 1.06 \text{ A} \cdot \text{m}^2$$

(2)螺线管所受力矩最大值为

$$M_{\max} = m \times B(m \text{ 与 } B \text{ 正交}) = mB = 1.06 \times 4 = 4.24 \text{ N} \cdot \text{m}$$

8-44 解题过程 (1) 在 P 点处取 $I_1 \mathrm{d}l$,I_2 在此处产生的磁感应强度为 $B_2 = \dfrac{\mu_0 I_2}{2\pi r}$,所以 $\mathrm{d}F = \dfrac{\mu_0 I_2}{2\pi r} \cdot I_1 \mathrm{d}l \sin\theta$,方向垂直于纸面向外. $\mathrm{d}F$ 对 Oy 轴的力矩为

$$\mathrm{d}M = \mathrm{d}F \cdot r \cdot \sin\theta = \frac{\mu_0 I_2 I_1}{2\pi r} \cdot \sin^2\theta \cdot r \cdot \mathrm{d}l = \frac{\mu_0 I_1 I_2}{2\pi} \sin^2\theta \mathrm{d}l$$

方向竖直向下.

又 $\mathrm{d}l = R \cdot \mathrm{d}(2\theta) = 2R \mathrm{d}\theta$,故整个线圈所受磁力矩为

$$M = \int \mathrm{d}M = \int_{-\frac{\pi}{2}}^{\frac{\pi}{2}} \frac{\mu_0 I_1 I_2}{2\pi} \sin^2\theta \cdot 2R \mathrm{d}\theta = \frac{1}{2} \mu_0 I_1 I_2 R$$

方向竖直向下.

(2) 因为 $\vec{B}$ 与 $I \cdot \mathrm{d}\vec{l}$ 始终同向,所以 $F = 0$,$M = 0$,线圈不动.

8-45 解题过程 (1) 绕 AB 边转动时:

$$A = I_2(\Phi_f - \Phi_i)$$
$$= -I_2(|\Phi_f| + |\Phi_i|)$$
$$\Phi_f = \int B \cdot \mathrm{d}S = \int_{b-a}^{b} \frac{\mu_0 I_1}{2\pi x}[x - (b-a)]\mathrm{d}x$$
$$= \frac{\mu_0 I_1}{2\pi} \int_{b-a}^{b} \left(1 - \frac{b-a}{x}\right)\mathrm{d}x$$
$$= \frac{\mu_0 I_1}{2\pi}\left[a - (b-a)\ln\frac{b}{b-a}\right]$$

所以 $A = -I_2 \cdot \dfrac{\mu_0 I_1}{2\pi}\left[(a+b)\ln\dfrac{a+b}{b} - (b-a)\ln\dfrac{b}{b-a}\right]$

$$= -\frac{\mu_0 I_1 I_2}{2\pi} \cdot \left[(a+b)\ln\frac{a+b}{b} - (b-a)\ln\frac{b}{b-a}\right]$$

(2) 绕 BC 边转动时:

$$A = I_2(\Phi_f - \Phi_i),\Phi_f < 0,\Phi_i > 0$$
$$A = -I_2(|\Phi_f| + |\Phi_i|)$$
$$= -I_2 \cdot |\Phi_{ABA'C}|$$
$$= -I_2 \cdot \int B \cdot \mathrm{d}S = -I_2 \cdot \int_a^{a+b} \frac{\mu_0 I_1 \cdot a}{2\pi x}\mathrm{d}x$$

$$=-\frac{\mu_0 I_1 I_2 a}{2\pi}\ln\frac{a+b}{a}$$

(3)绕 AC 边转动时：

$$A=-I_2(|\Phi_f|+|\Phi_i|)=-I_2\int_b^{a+b}\frac{\mu_0 I_1}{2\pi x}\cdot 2(a+b-x)\mathrm{d}x$$

$$=-\frac{\mu_0 I_1 I_2}{\pi}\left[(a+b)\ln\frac{a+b}{a}-a\right]$$

8-46 解题过程　(1)以扇形载流线圈 abcd 所在的平面与载流长直导线的垂直交点 O 为坐标原点，沿径向在 ab 边上半径为 r 处取电流元 $I\mathrm{d}\vec{r}$，该电流元在 I_1 产生的磁场中所受的安培力为 $\mathrm{d}\vec{F}=I\mathrm{d}\vec{r}\times\vec{B}_r$，因此载流线圈的 ab 边所受的安培力为 $\vec{F}_{ab}=\int_{R_1}^{R_2}I\mathrm{d}\vec{r}\times\vec{B}$，$\vec{F}_{ab}$ 的方向垂直于纸面向外．

$$F_{ab}=\int_{R_1}^{R_2}B_r I\mathrm{d}r=\int_{R_1}^{R_2}\frac{\mu_0 I_1 I_2}{2\pi}\mathrm{d}r=\frac{\mu_0 I_1 I_2}{2\pi}\ln\frac{R_2}{R_1}$$

同理可得

$$F_{cd}=\frac{\mu_0 I_1 I_2}{2\pi}\ln\frac{R_2}{R_1}$$

方向垂直于纸面向内．

由于 ab 上各电流元的方向与其所在处磁感应强度 B_r 的方向相同，故

$$F_{ad}=F_{bc}=0$$

(2) $\vec{F}_{ab}$ 和 $\vec{F}_{cd}$ 的作用效果是使扇形载流线圈 abcd 绕子轴转动．

电流元 $I\mathrm{d}\vec{r}$ 所受安培力 $\mathrm{d}\vec{F}=I\mathrm{d}\vec{r}\times\vec{B}_r$，对 O 点的力矩 $\mathrm{d}\vec{M}=\vec{r}\times\mathrm{d}\vec{F}$，在子轴上的分量为

$$\mathrm{d}M_{\vec{f}}=\mathrm{d}M\cdot\sin\frac{\theta}{2}=I\mathrm{d}rB_r\cdot\sin\frac{\theta}{2}\cdot r\cdot\sin\frac{\theta}{2}$$

$$=\frac{\mu_0 I_1 I_2}{2\pi}\sin\frac{\theta}{2}\mathrm{d}r$$

故磁力矩为

$$M=\int_{R_1}^{R_2}\frac{\mu_0 I_1 I_2}{2\pi}\sin\frac{\theta}{2}\mathrm{d}r=\frac{\mu_0 I_1 I_2}{2\pi}\sin\frac{\theta}{2}(R_2-R_1)$$

8-47 解题过程　依题意，均匀磁化棒内的磁场强度、磁感应强度及磁化强度满足下式：

$$H=\frac{B}{\mu_0}-M$$

式中，磁化强度为 $M=\dfrac{\sum m}{V}$

设 H、B、M 三者方向相同，有

$$H=\frac{B}{\mu_0}-\frac{|\sum m|}{V}$$

得 $H = -7.20 \times 10^5$ A/m

式中,"$-$"表示 H 与 B 方向相反.

8-48 解题过程 (1) $H_0 = \dfrac{NI}{l} = \dfrac{200 \times 100 \times 10^{-3}}{0.10} = 200$ A/m

$B_0 = \mu_0 H_0 = 4\pi \times 10^{-7} \times 200 = 2.5 \times 10^{-4}$ T

(2) $H = H_0 = 200$ A/m

$B = \mu_0 \mu_r H = \mu_r B_0 = 4200 \times 2.5 \times 10^{-4} = 1.06$ T

(3) $B_0 = \mu_0 H_0 = 2.5 \times 10^{-4}$ T

$B = B_0 + B'$

由磁化电流产生的磁场为

$B' = B - B_0 = 1.06 - 2.5 \times 10^{-4} = 1.06$ T

$B_0 \ll B'$,传导电流产生的磁场是微不足道的,在高磁导率的物质中,磁场主要是由磁化电流产生的.

8-49 解题过程 (1) 因为 $B = \dfrac{\mu IN}{l}$, $H = \dfrac{B}{\mu}$, 所以

$H = \dfrac{NI}{l} = 2.0 \times 10^4$ A/m

(2) $M = \dfrac{B}{\mu_0} - H = \dfrac{1.0}{4\pi \times 10^{-7}} - 2.0 \times 10^4 = 7.76 \times 10^5$ A/m

(3) 因为 $B = \mu_0 \mu_r H$, $\chi_m = \mu_r - 1$, 所以

$\chi_m = \dfrac{M}{H} = \dfrac{7.76 \times 10^5}{2.0 \times 10^4} = 38.8$

(4) 磁化面电流为 $I_S = \alpha_S l = Ml = 3.1 \times 10^5$ A

对每匝导线: $i_S = \dfrac{I_S}{N} = 775$ A

相对磁导率为 $\mu_r = \chi_m + 1 = 39.8$

8-50 解题过程 (1) $r < R_1$, 由环路定理可知

$\oint H \cdot dl = \dfrac{I}{\pi R_1^2} \cdot \pi r^2$

$2\pi r H = I \dfrac{r^2}{R_1^2}$, $H = \dfrac{Ir}{2\pi R_1^2}$, $B = \mu_1 H = \dfrac{\mu_1 Ir}{2\pi R_1^2}$

$R_1 < r < R_2$ 时: $2\pi r H = I$

$H = \dfrac{I}{2\pi r}$, $B = \mu_2 H = \dfrac{\mu_2 I}{2\pi r}$

$r > R_2$ 时: $H = \dfrac{I}{2\pi r}$, $B = \mu_0 H = \dfrac{\mu_0 I}{2\pi r}$

(2)设 R_1 处磁化面电流线密度为 α_S.

导线表面为 $\alpha_{S_1} = M_1 = \dfrac{B_1}{\mu_0} - H_1$

介质表面为 $\alpha_{S_2} = M_2 = \dfrac{B_2}{\mu_0} - H_2$

两个磁化电流方向相反，$H_1 = H_2$，所以

$$\alpha_S = \alpha_{S_2} - \alpha_{S_1} = \dfrac{1}{\mu_0}(B_2 - B_1) = \dfrac{(\mu_2 - \mu_1)I}{2\pi\mu_0 R_1}$$

在 R_2 处，磁介质表面的磁化面电流线密度为

$$\alpha'_S = M' = \dfrac{B'}{\mu_0} - H' = \dfrac{\mu_2 I}{2\pi R_2 \mu_0} - \dfrac{I}{2\pi R_2} = \dfrac{(\mu_2 - \mu_0)I}{2\pi R_2 \mu_0}$$

8-51 解题过程　设铁芯中的磁场强度均匀分布.

(1)根据有磁介质时的安培环路定理，得铁芯中磁场强度为

$$H_1 = \dfrac{NI_1}{2\pi r}$$

磁感应强度为 $B_1 = \mu_1 H_1 = \mu_0 \mu_{r_1} H_1 = \dfrac{N\mu_0 \mu_{r_1} I_1}{2\pi r}$

磁通量为 $\Phi_{m1} = B_1 S = \dfrac{N\mu_0 \mu_{r_1} I_1}{2\pi r} S = 4.48 \times 10^{-4} \text{ Wb}$ ①

(2)由式①得 $I_2 = \dfrac{\Phi_{m2} 2\pi r}{N\mu_0 \mu_{r_2} S} = 0.43 \text{ A}$

*8-52 解题过程　$(1)\dfrac{dB}{dx} = -\dfrac{3\mu_0 IR^2}{2}\left[R^2 + \left(\dfrac{r}{2} + x\right)^2\right]^{-\frac{5}{2}}\left(\dfrac{r}{2} + x\right) + \left[R^2 + \left(\dfrac{r}{2} - x\right)^2\right]^{-\frac{5}{2}}\left(\dfrac{r}{2} - x\right).$

(2)仅当 $r = R$ 时在轴线中点附近磁场变化率几乎为零，其他情况则随位置几乎线性增大，参考程序如下：

%亥姆霍兹线圈磁场的变化率

clear

mu0=4 * pi * 10^(-7); I=1; R=0.2; N=1000;　　%设定电流线圈的各参考量

A=mu0 * I * N * R^2/2;

r_1=R; r_2=0.9 * R; r_3=1.1 * R;　　%假设两线圈分别等于、小于和大于 R

x=[0:0.001:0.1 * R];　　%设定位置步长为 0.001

dx=0.001　　%仅计算轴线中点附近的磁场(0~0.1R)

Bx1=-3 * A * ((R^2+(r1/2+x).^2).^(-5/2). * (r1/2+x)-(R^2+(r1/2-x).^2).^(-5/2). * (r1/2-x))

　　　　　　　　　　　　%计算 r=R 时的磁场变化率

Bx2=−3*A*((R^2+((r2/2+x).^2).^(−5/2).*(r2/2+x)−(R^2+(r2/2−x).^2).^(−5/2).*(r2/2−x));

％计算 r=0.9R 时的磁场变化率

Bx3=−3*A*((R^2+(r3/2+x).^2).^(−5/2).*(r3/2+x)−(R^2+(r3/2−x).^2).^(−5/2).*(r3/2−x));

％计算 r=1.1R 时的磁场变化率

plot(x,Bx1,'b',x,Bx2,'k',x,Bx3,'k:');

％画出两线圈间磁场大小的曲线图

xlabel('距离/m');ylabel('B 的变化率/T/m');

运算结果如题 8-52 图解所示.

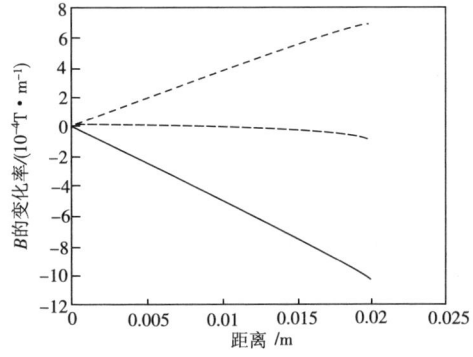

题 8-52 图解

第九章

电磁感应　电磁场理论

本章知识要点

1. 楞次定律、法拉第电磁感应定律的内容及意义.
2. 动生电动势和感生电动势产生的原因及相关计算.
3. 自感、互感的意义及相应系数的计算.
4. 磁场能量的概念.
5. 位移电流假说的内容及全电流定律.
6. 麦克斯韦方程组的形式.

知识点归纳

一、电磁感应现象

当通过回路所包围面积的磁通量发生变化时,回路中就要产生感应电动势的现象,称为电磁感应现象.

二、楞次定律

在闭合回路中,感应电流的方向总是使得它所激发的磁场来阻止引起感应电流的磁通量的变化.楞次定律也是能量守恒和转换定律在电磁感应现象中的具体表现.

三、法拉第电磁感应定律

回路中产生的感应电动势与通过回路所包围面积的磁通量的变化率成正比,其数学表达式为

$$\varepsilon_i = -\frac{d\Phi}{dt}$$

对该定律的理解应明确以下几点:

(1)感应电动势的大小只取决于磁通量随时间的变化率 $\frac{d\Phi}{dt}$,因而具有瞬时性. 感应电动势与磁通量 Φ 本身无关,也与磁通量的变化无直接关系,$\Delta\Phi$ 大,ε_i 不一定大.

(2)式中的"—"号代表感应电动势的方向,公式表明 ε_i 总是与磁通量的变化率 $\frac{d\Phi}{dt}$ 的正负符号相反.

四、动生电动势

磁场不随时间变化,仅由于导体回路的整体或局部运动切割磁感应线而产生的感应电动势,叫作动生电动势,引起动生电动势的非静电力是洛伦兹力,一般的表达式为

$$\varepsilon_i = \int_a^b (\boldsymbol{v} \times \boldsymbol{B}) \cdot d\boldsymbol{l}$$

当 $\varepsilon_i > 0$ 时,表示积分终点 b 为高电势.

当 $\varepsilon_i < 0$ 时,表示积分终点 b 为低电势.

在计算动生电动势时应注意以下两点:

(1)注意两个角度——$\boldsymbol{v}$ 与 $\boldsymbol{B}$ 的夹角 θ,以及 $(\boldsymbol{v} \times \boldsymbol{B})$ 与 $d\boldsymbol{l}$ 的夹角 α. 当 $\boldsymbol{v} /\!/ \boldsymbol{B}$ 时,$\theta = 0$ 或 π,则 $\varepsilon_i = 0$,以及 $(\boldsymbol{v} \times \boldsymbol{B})$ 的方向与 $d\boldsymbol{l}$ 垂直时,$\varepsilon_i = 0$.

(2)如果各段线元的运动速度不同,或各线元所在处的磁场不同,则应该对各线元进行积分来求总电动势.

一般也可以采用大小和方向分开处理的方法.

五、感生电动势

当一段导体或一个导体回路相对于参考系静止时,由于磁场随时间变化,在导体内也会产生感应电动势的现象,这种感应电动势称为感生电动势,其表达式为

$$\varepsilon_i = \oint_L \boldsymbol{E}_{\text{感}} \cdot \mathrm{d}\boldsymbol{l} = -\iint_S \frac{\partial \boldsymbol{B}}{\partial t} \cdot \mathrm{d}\boldsymbol{S}$$

式中,面积分的区间 S 是以环路 L 为周界的曲面,$\boldsymbol{E}_{\text{感}}$ 是感生电场的场强. 由于 $\boldsymbol{E}_{\text{感}}$ 的电场线是闭合线,因此也称为有旋电场(或称为涡旋电场).

六、自感应

回路中电流变化时所激发的变化磁场在自身回路中产生的感应电动势称为自感电动势.
在回路的几何形状不变和周围空间磁介质不变的情况下,穿过回路所包围面积的磁通量与通过回路自身的电流成正比,即

$$\Phi = LI$$

自感电动势为

$$\varepsilon_L = -L \frac{\mathrm{d}I}{\mathrm{d}t}$$

以上两式是计算线圈自感系数 L 的基本公式.
长螺线管的自感系数 $L = \mu n^2 V$.

七、互感应

两个邻近的线圈回路,当一个回路中电流发生变化时,在另一回路中产生的感应电动势称为互感电动势.
回路 1 中的电流 I_1 所激发的磁场穿过回路 2 的磁通量 Φ_{21} 与 I_1 成正比,即

$$\Phi_{21} = M_{21} I_1$$

同理

$$\Phi_{12} = M_{12} I_2$$

比例系数 $M_{12} = M_{21} = M$ 称为互感系数,M 仅取决于两个线圈的形状、匝数、相对位置及磁介质的情况,与线圈中是否通有电流无关.
互感电动势为

$$\begin{cases} \varepsilon_{21} = -M \dfrac{\mathrm{d}I_1}{\mathrm{d}t} \\ \varepsilon_{12} = -M \dfrac{\mathrm{d}I_2}{\mathrm{d}t} \end{cases}$$

八、磁场的能量和能量密度

一个自感系数为 L 的线圈通有电流 I 时所具有的磁场能量（简称磁能）为

$$W_m = \frac{1}{2}LI^2$$

磁能存在于磁场所波及的全部磁场空间. 磁能密度为

$$w_m = \frac{1}{2}BH = \frac{B^2}{2\mu}$$

$$W_m = \int_V w_m \mathrm{d}V = \int_V \frac{B^2}{2\mu} \cdot \mathrm{d}V$$

九、位移电流假说

1. 位移电流

"位移电流"是一种假设，它不是电荷的流动，其本质是变化的电场，通过电场中某曲面的位移电流等于穿过该曲面的电位移通量的时间变化率，即

$$I_d = \frac{\mathrm{d}\Psi_D}{\mathrm{d}t} = \int_S \frac{\partial \boldsymbol{D}}{\partial t} \cdot \mathrm{d}\boldsymbol{S} \quad （\boldsymbol{D} \text{为电位移矢量}）$$

2. 位移电流密度

电场中某点的位移电流密度为该点处电位移矢量的时间变化率，即

$$\boldsymbol{j}_d = \frac{\mathrm{d}\boldsymbol{D}}{\mathrm{d}t}$$

3. 全电流

传导电流 I 和位移电流 I_d 相加的合电流，即 $I_全 = I + I_d$，叫作全电流.

注意：传导电流不总是连续的，如在电容器的两极板之间，传导电流中断；位移电流也一样，如在导线内，可能只有传导电流，而无位移电流，但全电流总是连续的.

十、全电流定律

变化的电场即位移电流与传导电流在激发磁场方面是等效的，它们都是激发磁场的源. 在磁场中沿任一闭合回路，磁场强度 H 的线积分在数值上都等于穿过以该闭合回路为边线的任意曲面的全电流，即

$$\oint \boldsymbol{H} \cdot \mathrm{d}\boldsymbol{l} = \sum (I + I_\mathrm{d})$$

该方程称为全电流定律.

十一、位移电流和传导电流的异同

1. 相同点

两者在产生磁场方面是一样的.

2. 不同点

(1) 来源不同.

传导电流是由电荷定向移动形成的,而位移电流是将变化的电场看成电流,不存在电荷的定向运动.

(2) 电流定义不同.

传导电流: $$I = \frac{\mathrm{d}q}{\mathrm{d}t}$$

位移电流: $$I_\mathrm{d} = S\frac{\mathrm{d}D}{\mathrm{d}t} = \frac{\mathrm{d}\Psi_D}{\mathrm{d}t}$$

(3) 传导电流能产生焦耳热,而位移电流不产生焦耳热(位移电流可通过其他形式发热,如使分子间相互摩擦发热等,但与传导电流产生焦耳热的机制不同,不遵循焦耳—楞次定律).

十二、麦克斯韦方程组

麦克斯韦总结电场(包括静电场和有旋电场)、磁场(包括由传导电流产生的和位移电流产生的)的性质,得出

麦克斯韦方程组(积分形式)
$$\begin{cases} \oint_S \boldsymbol{D} \cdot \mathrm{d}\boldsymbol{S} = \sum q \\ \oint_S \boldsymbol{B} \cdot \mathrm{d}\boldsymbol{S} = 0 \\ \oint_L \boldsymbol{E} \cdot \mathrm{d}\boldsymbol{l} = -\iint_S \frac{\partial \boldsymbol{B}}{\partial t} \cdot \mathrm{d}\boldsymbol{S} \\ \oint_L \boldsymbol{H} \cdot \mathrm{d}\boldsymbol{l} = I + \iint_S \frac{\partial \boldsymbol{D}}{\partial t} \cdot \mathrm{d}\boldsymbol{S} \end{cases}$$

(1) 第一式中 q 为自由电荷. 由于有旋电场 E_r 的电场线是闭合的,其穿过任一闭合曲面的 D 通量一定为零.

(2) 第二式中无论是传导电流还是位移电流产生的磁场的磁感应线均是闭合的,故穿过任一闭合曲面的磁通量总为零.

(3) 第三式中由于静电场为保守力场,其 E 的环流为零,故此式右端为有旋电场强度的环流的结果.

(4) 第四式是全电流定律.

十三、麦克斯韦方程组的微分形式

$$\oint_S \boldsymbol{D} \cdot \mathrm{d}\boldsymbol{S} = \sum q = \iiint_V \rho \mathrm{d}V$$

$$\oint_S \boldsymbol{B} \cdot \mathrm{d}\boldsymbol{S} = 0$$

$$\oint_L \boldsymbol{E} \cdot \mathrm{d}\boldsymbol{l} = -\frac{\mathrm{d}\Phi}{\mathrm{d}t} = -\iint_S \frac{\partial \boldsymbol{B}}{\partial t} \cdot \mathrm{d}\boldsymbol{S}$$

$$\oint_L \boldsymbol{H} \cdot \mathrm{d}\boldsymbol{l} = I + I_\mathrm{d} = \iint_S \boldsymbol{j} \cdot \mathrm{d}\boldsymbol{S} + \iint_S \frac{\partial \boldsymbol{D}}{\partial t} \cdot \mathrm{d}\boldsymbol{S}$$

十四、电磁场

变化的磁场激发有旋电场,而变化的电场激发有旋磁场,变化的电场和磁场不是彼此独立的,它们相互联系、相互激发,组成一个统一的电磁场.

电磁场具有能量、质量、动量、角动量等,这些都是物质的表现,因此电磁场也是一种物质,场与实物一样都遵守能量守恒、动量守恒、角动量守恒等物质运动的普遍规律.

复习思考题解答

9-1-1 解题过程 (1)(a)中无感应电动势,因为线圈中没有磁通量的变化.

(b)中有感应电动势,电动势为顺时针方向.

(2)(c)中有感应电动势,电动势为顺时针方向.

(d)中有感应电动势,电动势为顺时针方向.

(e)中无感应电动势,因为线圈中没有磁通量的变化.

(3)(f)中有感应电动势,电动势为顺时针方向.

(4)(g)中有感应电动势,从右向左看为逆时针方向.

(5)1中电流增大时,2中感应电动势为逆时针方向.

1中电流减小时,2中感应电动势为顺时针方向.

9-1-2 解题过程 (1)两次插入时,磁通量的变化量 $\Delta\Phi$ 是相同的.

$$\varepsilon = \frac{\Delta\Phi}{\Delta t} = \frac{\mathrm{d}\Phi}{\mathrm{d}t} \quad I = \frac{\varepsilon}{R} \quad q = \int I \mathrm{d}t = \int \frac{\varepsilon}{R} \mathrm{d}t = \int \frac{1}{R} \mathrm{d}\Phi = \frac{\Delta\Phi}{R}$$

所以 q 相同.

(2)手推磁铁的力所做的功等于感应电动势做的功,即

$$W = \int \frac{\varepsilon^2}{R} \mathrm{d}t = \int \frac{1}{R}\left(\frac{\mathrm{d}\Phi}{\mathrm{d}t}\right)^2 \mathrm{d}t = \int \frac{1}{R} \frac{\mathrm{d}\Phi^2}{\mathrm{d}t} = q \cdot \frac{\mathrm{d}\Phi}{\mathrm{d}t}$$

$\dfrac{\mathrm{d}\Phi}{\mathrm{d}t}$ 与插入速度 v 成正比,所以两次做功不相同.

(3)若插入一不闭合金属环,环中有感应电动势,但环中没有电流产生.

9-1-3 解题过程 磁铁进入铜管上部,铜管产生感应电流,其激发的磁场对磁铁施加阻力,磁铁做加速度减小的变加速直线运动,此时感应电流一直增大,阻力也增大,当阻力大小与磁铁重力相等时,磁铁做匀速直线运动,即磁铁在铜管中部做匀速直线运动.当在铜管下部时,磁铁对铜管的磁通量减小,磁铁受到的拉力越来越小,磁铁此时做加速度增加的变加速直线运动.

9-2-1 解题过程 (1)~(6)所有情况下矩形线圈 $abcd$ 中产生的感应电动势均不为零.

9-2-2 解题过程 关系曲线如答 9-2-2 图所示.

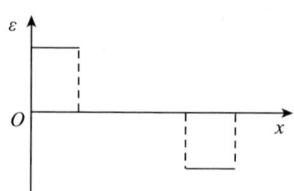

答 9-2-2 图

9-2-3 解题过程 导体处在静电场中与导体在磁场中运动两者没有联系,$E=0$ 是静电平衡条件,磁场中不存在此规律,所以在静电场中与磁场中,导体内部电场不同是很正常的. 棒做匀速直线运动不需要外力维持.

9-3-1 解题过程 磁铁静止时,只对质子施加洛伦兹力,洛伦兹力不做功,所以动能不变,磁铁运动使空间产生有旋电场,电场力使粒子动能发生变化.

9-3-2 解题过程 将铜片拉出时,通过铜的磁通量减小,形成涡流回路,如主教材思考题 9-3-2 图所示,磁场对铜的力向左,这就是阻力的来源,把铜片推入也可分析得出同样的结论.

9-3-3 解题过程 P 点附近的 B 不会马上变化,导体薄片的感生电流产生的电场形成一磁场阻止 B 变化.

9-3-4 解题过程 L_1 处于磁场区域范围之内,$\frac{\partial B}{\partial t} \neq 0$,$L_2$ 在磁场区域范围之外,$\frac{\partial B}{\partial t} = 0$,感生电场 E_i 不为零. 若回路是导线环,则环中有感应电流产生.

$$\oint_{L_1} \boldsymbol{E}_i \cdot d\boldsymbol{l} = -\iint \frac{d\boldsymbol{B}}{dt} \cdot d\boldsymbol{S} = -\frac{dB}{dt}\pi r^2$$

$$E_i \cdot 2\pi r = -\frac{dB}{dt}\pi r^2$$

所以
$$E_i = -\frac{dB}{dt} \cdot \frac{r}{2}$$

设 L_1 环上两点相距为 L,则 $\Delta U = E_i \times L = -\frac{dBrL}{dt\ 2}$,$PQ$、$MN$ 两点沿方向与感生电场方向垂直,所以 P 与 Q 电势相等,M 与 N 电势相等,但 P 与 N 的电势不相等.

在磁场外 $E_i \cdot 2\pi r = -\frac{dB}{dt} \cdot \pi R^2$

$$E_i = -\frac{dB}{dt} \cdot \frac{R^2}{2r}$$

所以 PN 上 $E_1 = -\frac{dB}{dt} \cdot \frac{R^2}{2r_1}$

QM 上 $E_2 = -\frac{dB}{dt} \cdot \frac{R^2}{2r_2}$

$$\oint_{L_2} \boldsymbol{E}_i \cdot d\boldsymbol{l} = -\iint \frac{d\boldsymbol{B}}{dt} \cdot d\boldsymbol{S} = 0$$

9-4-1 解题过程 自感电动势 $\varepsilon_L = \left|\frac{d\Phi}{dt}\right| = L\left|\frac{dI}{dt}\right|$,所以 $L = \left|\frac{d\Phi}{dI}\right|$,如果要求线圈自感为零,则使通过线圈的磁通量为零即可. 故可以采用双线密绕法,把导线从中点对折,绕在线圈上,通电时两股导线中电流大小相等,产生大小相等方向相反的磁场,通过线圈的总磁通量为零.

9-4-2 解题过程 自感电动势 $\varepsilon_L = \left|\frac{d\Phi}{dt}\right| = L\left|\frac{dI}{dt}\right|$,在开关接通的瞬间,电流虽然为零,但是电流的变化率却是最大的,此时自感电动势最大.

9-4-3 解题过程 在电源 ε 作用下,自感电动势 $\varepsilon_L = L\frac{dI}{dt} = -\varepsilon l^{-\frac{R}{L}t}$.

所以自感电动势不可能大于电源电动势,零输入响应瞬时电流可大于稳定电流.

9-4-4 解题过程 两线圈同心正交放置时互感最小,同心同轴放置时互感最大,分别如答 9-4-4 图 (a)和(b)所示.

$$\text{(a)} \qquad \text{(b)}$$

答 9-4-4 图

9-4-5 解题过程 两螺线管中有互感存在. 因为两螺线管不是正交或者相距无限远,所以它们之间的互感系数不为零,存在互感.

9-5-1 解题过程 磁能密度 $w_\mathrm{m} = \dfrac{B^2}{2\mu}$,螺线环内磁感应强度 $B = \dfrac{\mu NI}{2\pi r}$,所以 $w_\mathrm{m} = \dfrac{\mu N^2 I^2}{8\pi^2 r^2}$,从公式中可以看出在半径小的地方磁能密度大.

9-5-2 解题过程 $W_\mathrm{m} = \dfrac{1}{2}LI^2$ 表示自感回路周围空间磁场的磁能与回路电流的关系;$W_\mathrm{m} = \dfrac{1}{2}\dfrac{B^2}{\mu_0}V$ 表示磁感应强度为 B 的磁场空间的磁能.

9-6-1 解题过程 位移电流就是变化的电场,其定义是:通过电场空间某截面电位移通量的时间变化率,即

$$I_\mathrm{d} = \frac{\mathrm{d}\Psi_D}{\mathrm{d}t} = S\frac{\mathrm{d}D}{\mathrm{d}t}$$

全电流是位移电流与传导电流之和,全电流总是连续的.
位移电流与传导电流的区别:
传导电流是由导体内部电荷定向运动形成的,而位移电流则是电场和介质的极化随时间的变化率.
传导电流存在于导体中,而位移电流可以在真空、介质和导体中.
传导电流热效应遵从焦耳-楞次定律,而位移电流在真空中没有热效应,在介质中也不遵从焦耳-楞次定律.

$$\oint \boldsymbol{H} \cdot \mathrm{d}\boldsymbol{l} = I + I_\mathrm{d} = \iint_S \boldsymbol{j} \cdot \mathrm{d}\boldsymbol{S} + \iint_S \frac{\partial \boldsymbol{D}}{\partial t} \cdot \mathrm{d}\boldsymbol{S}$$

$I_\mathrm{d} = \iint_S \boldsymbol{j}_\mathrm{d} \cdot \mathrm{d}\boldsymbol{S}, \boldsymbol{j}_\mathrm{d} = \dfrac{\mathrm{d}\boldsymbol{D}}{\mathrm{d}t}$ 即位移电流密度.

9-6-2 解题过程 因为位移电流是在空间分布的且关于中轴对称,由安培环路定理可知 $\oint \boldsymbol{H} \cdot \mathrm{d}\boldsymbol{l} = \iint_S \left(\boldsymbol{j} + \dfrac{\mathrm{d}\boldsymbol{D}}{\mathrm{d}t}\right) \cdot \mathrm{d}\boldsymbol{S}$,越靠近轴线中心则 $\mathrm{d}S$ 越小,而 $\dfrac{\mathrm{d}\boldsymbol{D}}{\mathrm{d}t}$ 不变,所以磁场越弱.

而传导电流是束缚在导线中的,$H \cdot 2\pi r = I$,I 不变,则 r 越小,H 越大.

9-6-3 解题过程 静电场是由静电荷激发的有源电场,是保守场. 而真空中的电场是由电荷激发的电场和变化磁场激发的电场的合电场,尤其是变化磁场所激发的电场是无源有旋的,不是保守场.

9-6-4 解题过程 恒定电流的磁场是由传导电流激发的,而一般的磁场是由全电流激发的,但是磁感应线是闭合的、无源的,它对任意闭合曲面的净磁通量都是零.

习题全解

9-1 解题过程 (1)根据电磁感应公式 $E = \dfrac{\Delta \Phi}{\Delta t}$,代入欧姆定律 $I = \dfrac{E}{R}$,根据 $dq = I dt$,有 $dq = \dfrac{\Delta \Phi}{\Delta t R}$.

$\Delta t = \dfrac{\Delta \Phi}{R}$,所以 $q = \sum dq = \dfrac{1}{R} \sum \Delta \Phi$

$$q = \dfrac{1}{R}[\Phi(0) - \Phi(t_1) + \cdots + \Phi(t_n) - \Phi(t)]$$

消除中间项得

$$q(t) = \dfrac{1}{R}[\Phi(0) - \Phi(t)]$$

(2)如果 $\Phi(t) = \Phi(0)$,只能说明 $q(t) = 0$.

磁通量在两时刻相等,不能判断磁通量的变化率是否都为零,也就不能判断通过电阻 R 的感应电流是否都为零,所以感应电流不一定都为零.

(3)根据电磁感应公式 $E = \dfrac{\Delta \Phi}{\Delta t} = \dfrac{d\Phi}{dt}$,将单位换算后代入得

$$E = \dfrac{d(6t^2 + 7t + 1)}{dt} \times 10^{-3} = (12t + 7) \times 10^{-3} \text{V}$$

代入 $t = 2\text{s}$,得

$$E = 3.1 \times 10^{-2} \text{V}$$

方向根据楞次定律判断,磁通量是变大的,那么感应电流产生的磁场会阻碍磁通量变大,外磁场方向垂直于纸面向内,感应电流产生的磁场方向就向外,电流方向就为逆时针,通过电阻 R 的电流方向就是从左到右.

9-2 解题过程

$$\varepsilon = \dfrac{d\Phi}{dt}$$

$$\Phi = \int_{d_1}^{d_1+l_2} B_1 \,\mathrm{d}S - \int_{d_2}^{d_2+l_2} B_2 \,\mathrm{d}S$$

$$= \int_{d_1}^{d_1+l_2} \frac{\mu_0 I}{2\pi r} l_1 \,\mathrm{d}r - \int_{d_2}^{d_2+l_2} \frac{\mu_0 I}{2\pi r} l_1 \,\mathrm{d}r$$

$$= \frac{\mu_0 I l_1}{2\pi} \ln \frac{d_1+l_2}{d_1} - \frac{\mu_0 I l_1}{2\pi} \ln \frac{d_2+l_2}{d_2}$$

$$= \frac{\mu_0 I l_1}{2\pi} \ln \frac{(d_1+l_2)d_2}{(d_2+l_2)d_1}$$

所以 $\quad \varepsilon = \dfrac{\mathrm{d}\Phi}{\mathrm{d}t} = \dfrac{\mu_0 l_1}{2\pi} \ln \dfrac{(d_1+l_2)d_2}{(d_2+l_2)d_1} \dfrac{\mathrm{d}I}{\mathrm{d}t}$

9-3 解题过程　通过线框的磁通量 = 右侧 − 左侧

$$B = \frac{\mu_0 I}{2\pi x}$$

$$\mathrm{d}\Phi = B \cdot \mathrm{d}S = \frac{\mu_0 I}{2\pi x} b \,\mathrm{d}x$$

$$\Phi = \int_a^{3a} \frac{\mu_0 I}{2\pi x} \cdot b \cdot \mathrm{d}x = \frac{I \mu_0 b}{2\pi} \ln 3$$

由电磁感应定律得感应电动势为

$$\varepsilon_i = \left| \frac{\mathrm{d}\Phi}{\mathrm{d}t} \right| = \frac{\mu_0 A b}{2\pi} \ln 3$$

方向为逆时针.

9-4 解题过程　因为 $b \gg a$，所以可将通过小线圈的 B 视为相等,等于在轴线上的 B,于是

$$B = \frac{\mu_0 I R^2}{2(R^2+x^2)^{\frac{3}{2}}} \quad (R=b)$$

因为 $x \gg R$,有 $B = \dfrac{\mu_0 I b^2}{2x^3}$,所以

$$\varepsilon = \left| -\frac{\mathrm{d}\Phi}{\mathrm{d}t} \right| = \frac{\mu_0}{2}(+3)\frac{ISb^2}{x^4}$$

$$= \frac{3}{2}\mu_0 \frac{Ia^2 b^2}{x^4} \pi V$$

若忽略 $x \gg R$,则

$$\varepsilon' = \frac{3}{2}\mu_0 \frac{I\pi a^2 b^2 \cdot v \cdot x}{(b^2+x^2)^{\frac{3}{2}}}$$

9-5 解题过程　如题 9-5 图解所示,在某个时刻 t,导线 cd 滑动至离线框左端 x 处,取线框面元 $\mathrm{d}S = x \cdot \mathrm{d}y$,长直导线在面元处的磁感应强度 $B = \dfrac{\mu_0 I}{2\pi y}$,通过该面元的磁通量

$$d\Phi = B \cdot dS = \frac{\mu_0 I}{2\pi y} \cdot x dy$$

在时刻 t 穿过线框的磁通量为

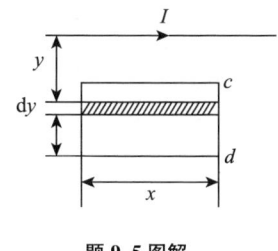

题 9-5 图解

$$\Phi = \int d\Phi = \int_a^{a+b} \frac{\mu_0 I}{2\pi y} x dy = \frac{\mu_0 I x}{2\pi} \ln \frac{a+b}{a}$$

$$= \frac{\mu_0 I_0 x}{2\pi} \ln \frac{a+b}{a} \cdot e^{-\lambda t}$$

线框中的感应电动势为

$$\varepsilon = -\frac{d\Phi}{dt} = \frac{\mu_0 I_0}{2\pi} \cdot \frac{d(xe^{-\lambda t})}{dt} \cdot \ln \frac{a+b}{a} = \frac{\mu_0 I_0}{2\pi} \ln \frac{a+b}{a} \cdot \left[x(-\lambda) e^{-\lambda t} + \frac{dx}{dt} e^{-\lambda t} \right]$$

故 $\varepsilon = \frac{\mu_0 I_0}{2\pi} \cdot v \cdot \ln \frac{a+b}{a} (e^{-\lambda t} - \lambda t e^{-\lambda t})$

9-6 解题过程 动生电动势为

$$\varepsilon = Blv = Bv(L_{PM} + L_{MN} \cos 30°)$$

$$= 2.5 \times 10^{-2} \times 1.5 \times 10 \times 10^{-2} \left(1 + \frac{\sqrt{3}}{2}\right)$$

$$= 7.0 \times 10^{-3} \text{ V}$$

P 的电势高, N 的低。

9-7 解题过程 长直导线在线圈平面里激发的是非均匀磁场，方向为垂直于线面向内。

AC 边：速度方向与 AC 边的摆放位置同向，$\varepsilon_{AC} = \int (v \times B) \cdot dl = 0$

AB 边：$\varepsilon_{AB} = \int vB \cdot \sin \frac{\pi}{2} \cdot dl = v \cdot \frac{\mu_0 I}{2\pi b} \cdot L_{AB} = \frac{v \mu_0 I}{2\pi b} a \cdot \tan \theta$，方向 $A \rightarrow B$

BC 边：$\varepsilon_{BC} = \int d\varepsilon_{BC} = \int -vB \tan \theta dx = \int -\frac{\mu_0 Iv}{2\pi} \tan \theta \frac{dx}{x} = -\frac{\mu_0 Iv}{2\pi} \ln \frac{a+b}{b} \tan \theta$

方向 $C \rightarrow B$

整体 $\varepsilon = \varepsilon_{AB} + \varepsilon_{BC} + \varepsilon_{AC} = \frac{\mu_0 Iv}{2\pi} \left(\frac{a}{b} - \ln \frac{a+b}{b}\right) \tan \theta$，方向为顺时针。

9-8 解题过程 $\varepsilon_{OP} = \int_{OP} (v \times B) dl$

$$= \int_l v \cdot B \cdot \sin 90° \cdot \cos \alpha \cdot dl$$

$$= \int_l (l \cdot \sin \theta \cdot \omega) B \cos(90° - \theta) dl$$

$$= \omega B \sin^2 \theta \int_0^L l \cdot dl = \frac{1}{2} B \omega l^2 \cdot \sin^2 \theta$$

由矢量 ($v \times B$) 的方向可知端点 P 的电势较高.

9-9 解题过程 整个线圈,既是一个电源又是一个闭合回路,设该回路电阻为 R,电流为 I,则

$$I = \frac{4\varepsilon_{bc}}{R} = \frac{\pi B \omega r^2}{R}$$

由欧姆定律:$U_{bc} = -\varepsilon_{bc} + I \cdot \frac{R}{4}$

$$\varepsilon_{bc} = \int_{bc} v \times B \cdot dl = \int \omega r' B \cdot \sin\theta \cdot dl = \omega r^2 B \int_0^{\frac{\pi}{2}} \frac{1-\cos 2\theta}{2} d\theta = \frac{\pi}{4} \omega^2 r B$$

故 $U_{bc} = 0$,所以 b 点电势 $= c$ 点电势,则

$$\varepsilon_{bd} = \int_0^{\frac{\pi}{4}} \omega r^2 \sin^2\theta d\theta = \left(\frac{\pi}{8} - \frac{1}{4}\right) B\omega r^2$$

$$U_{bd} = -\varepsilon_{bd} + I \cdot \frac{R}{8} = \frac{1}{4} B\omega r^2 > 0$$

故 b 点电势高于 d 点电势,即 c 点电势高于 d 点电势.

9-10 解题过程 (1)设导线上电动势为 ε,则

$$\varepsilon = \int_k (v \times B) \cdot dl = Blv = 0.5 \times 0.5 \times 4 = 1V$$

(2)电阻 R 上消耗的功率为

$$P = \frac{U^2}{R} = \frac{1}{0.2} = 5W$$

(3)回路中的电流为

$$I = \frac{U}{R} = \frac{\varepsilon}{R} = \frac{1}{0.2} = 5A$$

MN 上的安培力为

$$F = BlI = 0.5 \times 0.5 \times 5 = 1.25N$$

9-11 解题过程 (1)

$$\varepsilon_{PQ} = \int (v_1 \times B) \cdot dl = Blv_1 = 2 \times 1 \times 4 = 8V$$

$$\varepsilon_{MN} = \int (v_2 \times B) \cdot dl = Blv_2 = 2 \times 1 \times 2 = 4V$$

方向如题 9-11 图解所示.

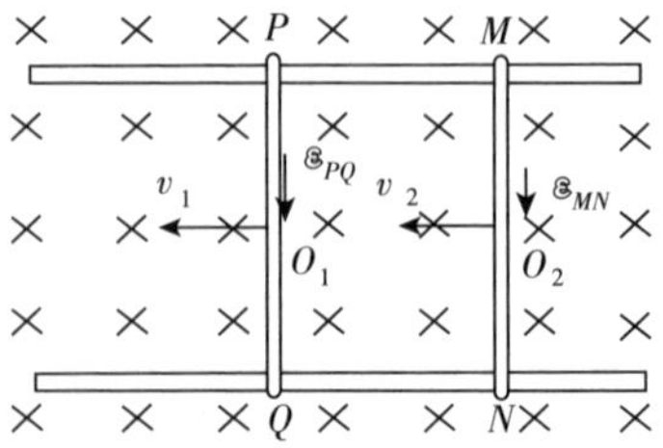

题 9-11 图解

(2)设回路中的电流为 I,则

$$I = \frac{\varepsilon_{PQ} - \varepsilon_{MN}}{R_{PQ} + R_{MN}} = \frac{8-4}{8} = 0.5 \text{A}$$

所以 $U_{PQ} = -IR_{PQ} + \varepsilon_{PQ} = 6\text{V}$

$U_{MN} = +IR_{MN} + \varepsilon_{MN} = 6\text{V}$

(3) $U_{O_1 O_2} = V_{O_1} - V_{O_2} = -\frac{\varepsilon_{PQ}}{2} + \frac{\varepsilon_{MN}}{2} + \frac{R}{2} I \times 2 = 0$

9-12 解题过程 每秒转 3600 转，所以 $f = 60\text{Hz}, \omega = 2\pi f = 120\pi$，则

$$\Phi = \mathbf{B} \cdot \mathbf{S} = B \frac{\pi r^2}{2} \cos 2\pi ft$$

$$\varepsilon = -\frac{d\Phi}{dt} = B \cdot \frac{\pi r^2}{2} \cdot 2\pi f \cdot \sin 2\pi ft = B\pi^2 r^2 f \sin 2\pi ft$$

所以 $\varepsilon_{\max} = B\pi^2 r^2 f = 0.5\pi^2 \times 0.1^2 \times 60 = 2.96\text{V}$

$$I_{\max} = \frac{\varepsilon_{\max}}{R} = 2.96 \times 10^{-3} \text{A}$$

9-13 解题过程 取一长方体进行分析．

其电阻为 $R = \frac{1}{\gamma} \frac{l}{S} = \frac{l}{\gamma dl} = \frac{1}{\gamma d}$

$\varepsilon = Blv = Blr\omega$

$I = \frac{\varepsilon}{R} = Blr\omega\gamma d$

此长方体受到的安培力为

$F = BlI = B \cdot Blr\omega\gamma d \cdot l = B^2 \cdot l^2 r\omega\gamma d$

因为安培力产生的力矩阻止圆盘运动，所以圆盘会慢下来．

9-14 解题过程 设感生电动势为 ε，则

$$\varepsilon = n\frac{d\Phi}{dt}$$

$\Phi = \mu_0 nI \cdot S = 4\pi \times 10^{-7} \times 800 \times 5 \times \pi(0.01)^2 = 1.58 \times 10^{-6} \text{Wb}$

$\varepsilon = 30 \times \frac{1.58 \times 10^{-6}}{0.01} = 4.74 \times 10^{-3} \text{V}$

9-15 解题过程 由磁场中的安培环路定理得

$$\oint \mathbf{E} \cdot d\mathbf{l} = -\oiint \frac{\partial \mathbf{B}}{\partial t} \cdot d\mathbf{S}$$

当 $r < R$ 时，在磁场区域内有

$$E \cdot 2\pi r = -\frac{\partial B}{\partial t} \pi r^2$$

所以 $E = -\dfrac{\partial B}{\partial t} \cdot \dfrac{r}{2}$.

如题 9-15 图解所示,当 $r > R$ 时,有

$$E \cdot 2\pi r = -\dfrac{\partial B}{\partial t} \cdot \pi R^2$$

$$E = -\dfrac{\partial B}{\partial t} \dfrac{R^2}{2r}$$

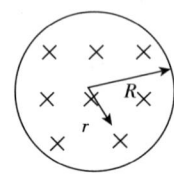

题 9-15 图解

因为 $0.1\text{m} < \dfrac{0.50}{2}\text{m}$,所以距中心 0.1m 处的感生场强为

$$E = 1.0 \times 10^{-2} \times \dfrac{0.1}{2} = 5.0 \times 10^{-4} \text{V/m}$$

距中心 0.5 m 处的感生场强为

$$E = 1.0 \times 10^{-2} \times \dfrac{(0.25)^2}{2 \times 0.5} = 6.25 \times 10^{-4} \text{V/m}$$

距中心 1m 处的感生场强为

$$E = 1.0 \times 10^{-2} \times \dfrac{(0.25)^2}{2 \times 1} = 3.13 \times 10^{-4} \text{V/m}$$

9-16 解题过程 设距 O 为 r 处的感生电场强度为 E,则

$$\oint \boldsymbol{E} \cdot \mathrm{d}\boldsymbol{l} = -\oiint \dfrac{\partial \boldsymbol{B}}{\partial t} \cdot \mathrm{d}\boldsymbol{S}$$

$$E \cdot 2\pi r = -\dfrac{\partial B}{\partial t} \pi r^2$$

$$E = -\dfrac{\partial B}{\partial t} \dfrac{r}{2} \quad (r < R)$$

方向如题 9-16 图解所示,所以 A 处电子的加速度为

$$a = \dfrac{qE}{m} = -\dfrac{\partial B}{\partial t} \cdot \dfrac{r}{2} \dfrac{q}{m}$$

$$= 10^{-2} \times \dfrac{5 \times 10^{-2}}{2} \times \dfrac{1.6 \times 10^{-19}}{9.1 \times 10^{-31}}$$

$$= 4.4 \times 10^7 \text{m/s}^2$$

方向如题 9-16 图解所示,C 处电子距 O 与 A 同为 r.

C 处电子的加速度也为 $4.4\times10^7\,\mathrm{m/s^2}$,方向如题 9-15 图解所示,$O$ 处电场强度为 0,电子获得的加速度为零.

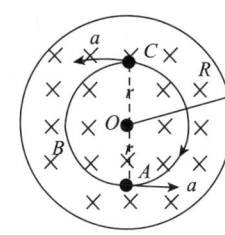

题 9-16 图解

9-17 解题过程 (1) △OAD, $S_{\triangle OAD} = \dfrac{1}{2}\cdot\dfrac{\sqrt{3}}{2}a\cdot a = \dfrac{\sqrt{3}}{4}a^2$,所以

$$\varepsilon_{\text{感}1} = \dfrac{\mathrm{d}\Phi}{\mathrm{d}t} = -\dfrac{\mathrm{d}B}{\mathrm{d}t}\cdot S_{\triangle OAD} = -\dfrac{\sqrt{3}}{4}a^2\cdot\dfrac{\mathrm{d}B}{\mathrm{d}t}$$

$$= \int_{DA}\vec{E}_{AB}\cdot\mathrm{d}\vec{l}$$

故 $\varepsilon_{AD} = \dfrac{\sqrt{3}}{4}a^2\dfrac{\mathrm{d}B}{\mathrm{d}t}$,方向为 $A\rightarrow D$.

(2) △OBC,有效面积 $S_{OAD\text{扇}} = \dfrac{1}{2}\times\dfrac{\pi}{3}a^2$,故

$$\varepsilon_{\text{感}2} = -\dfrac{\pi}{6}a^2\dfrac{\mathrm{d}B}{\mathrm{d}t}$$

故 $\varepsilon_{BC} = \dfrac{\pi}{6}a^2\cdot\dfrac{\mathrm{d}B}{\mathrm{d}t}$,方向为 $B\rightarrow C$.

(3) 由于 AB、DC 均在磁场外,故 $\varepsilon_{AB} = \varepsilon_{DC} = 0$.

(4) 梯形闭合回路:

$$\varepsilon = \varepsilon_{BC} - \varepsilon_{AD} = \left(\dfrac{\pi}{6} - \dfrac{\sqrt{3}}{4}\right)a^2\dfrac{\mathrm{d}B}{\mathrm{d}t}$$

方向为逆时针.

9-18 解题过程 连接 Ob、Oc 分别构成 △abO 和 △Ocd,回路方向为逆时针,由法拉第电磁感应定律得回路电动势为

$$\varepsilon = -\dfrac{\mathrm{d}\Phi}{\mathrm{d}t} = \dfrac{-\mathrm{d}}{\mathrm{d}t}\iint_S\vec{B}\cdot\mathrm{d}\vec{S} = \dfrac{\mathrm{d}B}{\mathrm{d}t}\cdot S$$

因为 $\varepsilon_{Oa} = \varepsilon_{Od} = \varepsilon_{Ob} = \varepsilon_{Oc} = 0$,故

$$\varepsilon_{bc} = \varepsilon_{Ob} = \dfrac{l^2}{2}\dfrac{\mathrm{d}B}{\mathrm{d}t},\text{方向为 }c\rightarrow d$$

$$\varepsilon_{ab} = \varepsilon_{\Omega ab} = \frac{l^2}{4}\frac{\mathrm{d}B}{\mathrm{d}t}, \text{方向为 } b \to a$$

$$\varepsilon_{cd} = \varepsilon_{\Omega dc} = \frac{l^2}{4}\frac{\mathrm{d}B}{\mathrm{d}t}, \text{方向为 } d \to c$$

$$\varepsilon_{da} = 0$$

整个回路的感应电动势为

$$\varepsilon_{abcd} = \varepsilon_{bc} + \varepsilon_{ab} + \varepsilon_{cd} + \varepsilon_{da} = l^2 \frac{\mathrm{d}B}{\mathrm{d}t}$$

方向为逆时针.

9-19 解题过程 设绕 N 匝后 $L = 6.0 \times 10^{-3}\,\mathrm{H}$,则

$$L = \mu_0 \frac{N^2}{l}\pi r^2$$

$$N = \sqrt{\frac{lL}{\mu_0 \pi r^2}} = \sqrt{\frac{6.0 \times 10^{-3} \times 0.6}{4\pi \times 10^{-7} \times \pi}} \frac{1}{0.025} = 1.2 \times 10^3$$

9-20 解题过程 设其自感系数为 L,磁链为 Φ_N,$\Phi_N = N\mu_0 nIS$,则

$$L = \frac{\Phi_N}{I} = N\mu_0 nS = \frac{\mu_0 N^2}{2\pi r}\cdot S = \frac{4\pi \times 10^{-7} \times 250^2}{2\pi \times 0.1} \times 6 \times 10^{-4}$$

$$= 7.5 \times 10^{-5}\,\mathrm{H}$$

$$\Phi_N = LI = 2.25 \times 10^{-4}\,\mathrm{Wb}$$

所以 $$\Phi = \frac{\Phi_N}{N} = \frac{2.25 \times 10^{-4}}{250} = 9 \times 10^{-7}\,\mathrm{Wb}$$

即磁链为 $2.25 \times 10^{-4}\,\mathrm{Wb}$,磁通量为 $9 \times 10^{-7}\,\mathrm{Wb}$.

9-21 解题过程 设距中心 r 处的磁感应强度为 B,线圈中电流为 I,则

$$\oint \boldsymbol{B} \cdot \mathrm{d}\boldsymbol{l} = \mu_0 I$$

$$B \cdot 2\pi r = \mu_0 NI$$

所以 $$B = \frac{\mu_0 NI}{2\pi r}$$

$$\Phi_N = N\Phi = N\oiint B\mathrm{d}S = N\int_{R_1}^{R_2} \frac{\mu_0 NI}{2\pi r} \cdot h\mathrm{d}r$$

$$= \frac{\mu_0 N^2 Ih}{2\pi}\ln\frac{R_2}{R_1}$$

所以 $$L = \frac{\Phi_N}{I} = \frac{\mu_0 N^2 h}{2\pi}\ln\frac{R_2}{R_1}$$

9-22 解题过程 设回路中的电流为 I,取坐标如题 9-22 图解所示.

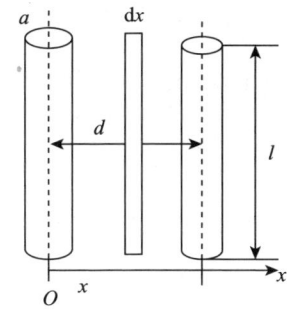

题 9-22 图解

对非均匀磁场,取一小面元如题 9-22 图解所示,则

$$B = B_1 + B_2 = \frac{\mu_0 I}{2\pi}\left(\frac{1}{x} + \frac{1}{d-x}\right)$$

$$\Phi = \int_a^{d-a} Bl \cdot dx = \int_a^{d-a} \frac{\mu_0 I}{2\pi}\left(\frac{1}{x} + \frac{1}{d-x}\right)dx$$

$$= \frac{\mu_0 I}{2\pi}[\ln x - \ln(x-d)]_a^{d-a} = \frac{\mu_0 I}{2\pi} \cdot 2 \cdot \ln\frac{d-a}{a}$$

$$= \frac{\mu_0 I}{\pi}\ln\frac{d-a}{a}$$

9-23 解题过程 $B = \mu_0 n I = \mu_0 \dfrac{I}{l}$

$$W = w_m V = 2 \cdot \frac{1}{2}\frac{B^2}{\mu_0} \cdot \pi a^2 l + \frac{1}{2}\frac{B^2}{\mu_0}l^2 d$$

$$= \frac{1}{2}\mu_0 I^2 d + \frac{\mu_0 I^2}{l}\pi a^2$$

根据 $W = \dfrac{1}{2}LI^2$,得

$$L = \mu_0 d + \frac{2\mu_0 \pi a^2}{l}$$

故该器件的自感系数为 $\dfrac{2\mu_0 \pi a^2}{l} + \mu_0 d$.

9-24 解题过程 (1)线圈 B 在线圈 A 中产生的磁场设为 B_A,则

$$B_A = N_B \cdot \frac{\mu_0 I}{2r_B}$$

线圈 A 中的磁链为 $\Phi_{N_A} = N \cdot \Phi_A = N_A B_A \cdot S = \dfrac{N_A N_B \mu_0 I S}{2r_B}$

所以 $M = \dfrac{\Phi_{N_A}}{I} = \dfrac{N_A N_B \mu_0 S}{2r_B} = \dfrac{50\times 100\times 4\pi\times 10^{-7}\times 4\times 10^{-4}}{2\times 0.2}$

$$= 6.28 \times 10^{-6} \, \text{H}$$

(2) $\dfrac{d\Phi_{N_A}}{dt} = M \dfrac{dI_B}{dt} = 6.28 \times 10^{-6} \times (-50) = -3.14 \times 10^{-4} \, \text{Wb/s}$

所以 $\quad \dfrac{d\Phi_A}{dt} = \dfrac{d\Phi_{N_A}}{dt} \cdot \dfrac{1}{N_A} = -6.28 \times 10^{-6} \, \text{Wb/s}$

所以线圈 A 内的磁通量以 $6.28 \times 10^{-6} \, \text{Wb/s}$ 的速度减小.

(3) $\quad \varepsilon_A = -\dfrac{d\Phi N_A}{dt} = 3.14 \times 10^{-4} \, \text{V}$

9-25 解题过程 设(a)中长直导线中的电流为 I,距导线 r 处的磁感应强度为

$$B = \dfrac{\mu_0 I}{2\pi r}$$

通过线圈的磁通量为

$$\Phi = \oiint \boldsymbol{B} \cdot d\boldsymbol{S} = \int_b^{2b} \dfrac{\mu_0 I}{2\pi r} l \, dr = \dfrac{\mu_0 I l}{2\pi} \ln 2$$

磁链为 $\quad \Phi_N = N \cdot \Phi = \dfrac{N\mu_0 I l}{2\pi} \ln 2$

所以 $\quad M = \dfrac{N\mu_0 l}{2\pi} \ln 2 = 2.77 \times 10^{-6} \, \text{H}$

(b)中通过线圈的磁通量为 0,互感系数为 0.

9-26 解题过程 直导线中有电流 I,则有 $B = \dfrac{\mu_0 I}{2\pi r}$,通过螺线环的磁通量为

$$\Phi = N \cdot \int \vec{B} \cdot d\vec{S} = \dfrac{\mu_0 N I h}{2\pi} \int_{R_1}^{R_2} \dfrac{1}{r} \, dr = \dfrac{\mu_0 N I h}{2\pi} \ln \dfrac{R_2}{R_1}$$

$$M = \dfrac{\Phi}{I} = \dfrac{\mu_0 N h}{2\pi} \ln \dfrac{R_2}{R_1}$$

故它们的互感系数为 $\dfrac{\mu_0 N h}{2\pi} \ln \dfrac{R_2}{R_1}$.

9-27 解题过程 因为 $b \gg a$,故小线圈产生的磁场的磁感应强度为

$$B = \dfrac{\mu_0 I b^2}{2(b^2 + l^2)^{\frac{3}{2}}}$$

$$\varepsilon = \left| -\dfrac{d\Phi}{dt} \right| = \dfrac{1}{2} \dfrac{\mu_0 b^2 S}{(b^2 + l^2)^{\frac{3}{2}}} \cdot \dfrac{dI}{dt}$$

$$= \dfrac{1}{2} \dfrac{\mu_0 b^2 \pi a^2}{(b^2 + l^2)^{\frac{3}{2}}} I_0 \lambda \cdot e^{\lambda t}$$

故大线圈中的感应电动势为 $\dfrac{\mu_0 a^2 b^2 \pi I_0 \lambda}{2(b^2 + l^2)^{\frac{3}{2}}} e^{\lambda t}$.

9-28 解题过程 (1) 在电感线圈充电过程中,电路中的电流公式为

$$i = \frac{\varepsilon}{R}(1 - e^{-t/\tau_L})$$

式中,ε 是电动势,R 是电阻.
根据公式:

$$e^{-t/\tau_L} = 1 - \frac{iR}{\varepsilon}$$

代入已知数值,得

$$-\frac{t}{\tau_L} = \ln\left(1 - \frac{2.00 \times 10^{-3} \times 10.0 \times 10^3}{50.0}\right) = -0.5108$$

求得时间常数 τ_L:

$$\tau_L = \frac{-t}{-0.5108} = \frac{5.00 \times 10^{-3}}{0.5108} = 9.79 \times 10^{-3} \text{ s}$$

线圈的自感系数 L 为

$$L = \tau_L \cdot R = 9.79 \times 10^{-3} \times (10.0 \times 10^3) = 97.9 \text{ H}$$

(2) 在该时刻,线圈中存储的磁能 W_m 为

$$W_m = \frac{1}{2}Li^2 = \frac{1}{2} \times 97.9 \times (2.00 \times 10^{-3})^2 = 1.96 \times 10^{-4} \text{ J}$$

9-29 解题过程 设无限长直载流导线为圆柱形导体,半径为 R,由安培环路定理得

$$B = \begin{cases} \dfrac{\mu_0 r}{2\pi R^2} \cdot I & (r < R) \\ \dfrac{\mu_0}{2\pi r} \cdot I & (r > R) \end{cases}$$

导线内的磁能密度为

$$w_m = \frac{B^2}{2\mu_0} = \frac{1}{2\mu_0}\left(\frac{\mu_0 r}{2\pi R^2}I\right)^2 = \frac{\mu_0 I^2 r^2}{8R^4 \pi^2}$$

在导线内长为 l 的同轴薄圆柱体积元 $dV = 2\pi r l \cdot dr$,其磁能为

$$dW_m = w_m \cdot dV = \frac{\mu_0 I^2 l}{4\pi R^4} \cdot r^3 \cdot dr$$

长为 l 的导线的磁能为

$$W_m = \int dW_m = \frac{\mu_0 I^2 l}{4\pi R^4}\int_0^R r^3 dr = \frac{\mu_0 I^2}{16\pi R^4}R^4 l = \frac{\mu_0 I^2 l}{16\pi}$$

则单位长度导线内所储存的磁能为 $\dfrac{\mu_0 I^2}{16\pi}$.

9-30 解题过程

$$w_m = \frac{B^2}{2\mu_0}$$

$$W_m = \int_V w_m dV = \int_R^{R+h} \frac{B^2}{2\mu_0} 4\pi r^2 dr$$

$$= \frac{2\pi B^2}{3\mu_0}[(R+h)^3 - R^3]$$

$$= \frac{2\pi \times (0.5\times 10^{-4})^2}{3\times 4\pi \times 10^{-7}}[(12.4\times 10^6)^3 - (6\times 10^6)^3]$$

$$= 6.9\times 10^{18} \text{ J}$$

9-31 解题过程 根据安培环路定理可得各个区域的磁感应强度为

$$r < a, B = \frac{\mu_0 I}{2\pi a^2} \cdot r$$

$$a < r < b, B = \frac{\mu_0 I}{2\pi r}$$

$$b < r < c, B = \frac{\mu_0 I}{2\pi r} \frac{c^2 - r^2}{c^2 - b^2}$$

磁能密度为

$$w_m = \frac{1}{2} \cdot B \cdot H = \frac{1}{2\mu_0} \cdot B^2$$

磁能为

$$W = \int_V \cdot w_m dV = \frac{1}{2\mu_0} \cdot \int_V B^2 \cdot dV$$

当 $r < a$ 时,$W_1 = \frac{1}{2\mu_0} \cdot \frac{\mu_0^2 I^2}{4\pi^2 a^4} \cdot \int_V r^2 \cdot dV$

$$= \frac{\mu_0 I^2}{8\pi^2 a^4} \int_0^a l \cdot 2\pi \cdot r^3 dr$$

$$= \frac{\mu_0 I^2}{8\pi^2 a^4} \cdot 2\pi l \cdot \frac{1}{4}a^4$$

$$= \frac{\mu_0 I^2 l}{16\pi}$$

当 $a < r < b$ 时,$W_2 = \frac{\mu^2 I^2}{4\pi^2} \cdot \frac{1}{2\mu} \cdot \int_a^b \frac{1}{r^2} \cdot 2\pi r \cdot l \cdot dr$

$$= \frac{\mu I^2 l}{8\pi^2} \cdot 2\pi \cdot \ln\frac{b}{a}$$

$$= \frac{\mu I^2 l}{4\pi} \ln\frac{b}{a} = \frac{\mu_0 \mu_r I^2 l}{4\pi} \ln\frac{b}{a}$$

当 $b < r < c$ 时,$W_3 = \frac{1}{2\mu_0} \cdot \left[\frac{\mu_0 I}{2\pi(c^2-b^2)}\right]^2 2\pi \cdot l \cdot \int_b^c \frac{(c^2-r^2)^2}{r^2} \cdot r dr$

$$= \frac{\mu_0 I^2 l}{16\pi(c^2-b^2)^2}\left(4c^4 \ln\frac{c}{b} - 3b^4 + 4b^2 c^2 - b^4\right)$$

由 $W = \frac{1}{2}LI^2l$，得

$$L = \frac{2W}{I^2 l} = \frac{\mu_0}{8\pi} + \frac{\mu_0 \mu_r}{2\pi}\ln\frac{b}{a} + \frac{\mu_0}{8\pi(c^2-b^2)^2}\left(4c^4\ln\frac{c}{b} - 3b^4 + 4b^2c^2 - b^4\right)$$

电缆储存的磁能为

$$W = W_1 + W_2 + W_3$$

$$= \frac{\mu_0 I^2 l}{16\pi} + \frac{\mu_0 \mu_r I^2 l}{4\pi}\ln\frac{b}{a} + \frac{\mu_0 I^2 l}{16\pi(c^2-b^2)^2}\left(4c^4\ln\frac{c}{b} - 3b^4 + 4b^2c^2 - b^4\right)$$

9-32 解题过程 $B = \mu\dfrac{N}{2\pi r}\cdot I$，则

$$\Phi_m = N\int_S \boldsymbol{B}\cdot \mathrm{d}\boldsymbol{S} = N\int_{R_1}^{R_2}\mu\cdot\frac{NIh}{2\pi r}\mathrm{d}r$$

$$= \frac{\mu N^2 Ih}{2\pi}\cdot\ln\frac{R_2}{R_1}$$

$\mu = \mu_0 \cdot \mu_r$，故

$$\Phi_m = \frac{\mu_0 \mu_r N^2 Ih}{2\pi}\ln\frac{R_2}{R_1}, \quad L = \frac{\mu_0 \mu_r N^2 h}{2\pi}\ln\frac{R_2}{R_1}$$

磁场能 $W = \dfrac{1}{2}L\cdot I^2 = \dfrac{\mu_0 \mu_r N^2 h}{4\pi}I^2\ln\dfrac{R_2}{R_1}$.

9-33 证明 对于平行板电容器，$D = \sigma$，σ 为极板电荷面密度.

又因为 $\Psi = DS = \sigma S = Q$，且

$$C = \frac{Q}{U}$$

所以位移电流为 $I_d = \dfrac{\mathrm{d}\Psi}{\mathrm{d}t} = C\dfrac{\mathrm{d}U}{\mathrm{d}t}$

$$j_d = \frac{\mathrm{d}D}{\mathrm{d}t} = \frac{\mathrm{d}\sigma}{\mathrm{d}t}$$

对于圆柱形电容器：

$$D = \frac{\lambda}{2\pi r}, \Psi = DS = \frac{\lambda}{2\pi r}\cdot 2\pi rl = \lambda l = Q$$

同理 $I_d = C\dfrac{\mathrm{d}U}{\mathrm{d}t}, j_d = \dfrac{\mathrm{d}D}{\mathrm{d}t} = \dfrac{1}{2\pi r}\dfrac{\mathrm{d}\lambda}{\mathrm{d}t}$

平行板电容器的位移电流密度的大小、方向处处相同，圆柱形电容器的位移电流密度则与半径 r 有关.

9-34 解题过程 设 $U_0 = 174000\text{V}$，则

$$U = U_0 \sin(2\pi ft + \varphi)$$

$$I_d = C\frac{dU}{dt} = CU_0\frac{d}{dt}\sin(2\pi ft+\varphi) = 2\pi fCU_0\cos(2\pi ft+\varphi)$$

$$I_{d\max} = 2\pi fCU_0 = 2\pi \times 50 \times 1.0 \times 10^{-12} \times 1.74 \times 10^5$$

$$= 5.47 \times 10^{-5} \text{ A}$$

9-35 【解题过程】 设两极板间任一点 P 距中轴距离为 r，则由

$$\oint \boldsymbol{H} \cdot d\boldsymbol{l} = \frac{d\Psi}{dt}$$

得

$$H \cdot 2\pi r = \frac{d\Psi}{dt}$$

$$\Psi = DS = \sigma S = \frac{q}{\pi R^2} \cdot \pi r^2 = \frac{qr^2}{R^2}$$

所以

$$H \cdot 2\pi r = \frac{r^2}{R^2}\frac{dq}{dt} = \frac{r^2}{R^2}q_0\omega\cos\omega t$$

$$H = \frac{q_0\omega r}{2\pi R^2}\cos\omega t$$

9-36 【解题过程】 (1)

$$I = \frac{U}{R} = \frac{U_0}{R}\sin\omega t$$

(2)

$$I_d = j_d \cdot S = \frac{\partial D}{\partial t} \cdot S = \frac{d\sigma}{dt} \cdot S$$

又因为

$$q = \sigma S$$

有

$$\frac{d\sigma}{dt} \cdot S = \frac{dq}{dt} = C\frac{dU}{dt} \text{ 且 } C = \frac{\varepsilon_0 S}{d}$$

所以

$$I_d = \frac{\varepsilon_0 S U_0}{d}\frac{d}{dt}\sin\omega t = \frac{\varepsilon_0 S U_0 \omega}{d}\cos\omega t$$

(3)

$$I_\text{全} = I_d + I = \frac{\varepsilon_0 S U_0 \omega}{d}\cos\omega t + \frac{U_0}{R}\sin\omega t$$

(4) 传导电流产生的磁场强度为

$$H_1 = \frac{I}{2\pi r} = \frac{U_0}{2\pi rR}\sin\omega t$$

位移电流产生的磁场强度为

$$H_2 = \frac{r}{2\pi R^2} \cdot I_d = \frac{\varepsilon_0 r U_0 \omega}{2d}\cos\omega t$$

极板间距轴线 r 处的磁场强度为

$$H = H_1 + H_2 = \frac{U_0}{2\pi rR}\sin\omega t + \frac{\varepsilon_0 r U_0 \omega}{2d}\cos\omega t$$

*9-37 **解题过程** 如题9-37图解所示，在圆面上取一半径为 R 的环，其面积为 $dS = 2\pi R \cdot dR$，环上任一面元的法线方向与场强方向之间的夹角为 φ，电场强度的大小为

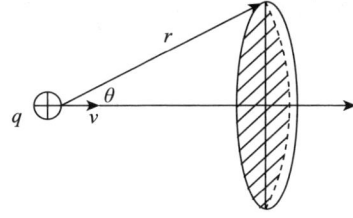

题 9-37 图解

$$E = \frac{q}{4\pi\varepsilon_0 r^2} = \frac{q}{4\pi\varepsilon_0(z^2+R^2)}$$

通过环的电通量为

$$d\Phi_e = \boldsymbol{E} \cdot d\boldsymbol{S} = EdS\cos\varphi\left(\cos\varphi = \frac{z}{r}\right)$$

故

$$d\Phi_e = \frac{qz \cdot R \cdot dR}{2\varepsilon_0 r^3} = \frac{qz}{2\varepsilon_0} \cdot \frac{R \cdot dR}{(z^2+R^2)^{\frac{3}{2}}}$$

通过圆的电通量为

$$\Phi_e = \frac{qz}{2\varepsilon_0} \cdot \int_0^a R \cdot \frac{dR}{(z^2+R^2)^{\frac{3}{2}}}$$

$$= \frac{q}{2\varepsilon_0}\left(\frac{z}{|z|} - \frac{z}{\sqrt{z^2-a^2}}\right)$$

电位移通量为

$$\Phi_D = \varepsilon_0 \Phi_e = \frac{q}{2} \cdot \left(\frac{z}{|z|} - \frac{z}{\sqrt{z^2+a^2}}\right)$$

在轴上的任何一点圆的半径越大，通过圆的电位移通量越大.

当 q 以速度 v 向 O 运动时，可认为圆面以 $\dfrac{dz}{dt} = -v$ 的速度向电荷运动.

因此，通过此圆面的位移电流为

$$I_d = \frac{d\Phi_D}{dt} = -\frac{q}{2}\left[\frac{\sqrt{z^2+a^2}(-v) - \dfrac{z^2(-v)}{\sqrt{z^2+a^2}}}{z^2+a^2}\right]$$

即 $I_d = \dfrac{q}{2}\dfrac{a^2 v}{(z^2+a^2)^{\frac{3}{2}}}$，位移电流的大小和圆的半径有关.

取圆的边界作为回路，回路上的磁场大小都相等，根据全电流定律，有 $H \gt 2\pi a = I + I_d$，由于传导电流 $I = 0$，故 $H \cdot 2\pi a = I_d$.

磁感应强度 $B = \mu_0 \cdot H = \mu_0 \dfrac{I_d}{2\pi a} = \dfrac{q\mu_0}{2} \cdot \dfrac{av}{2\pi(z^2+a^2)^{\frac{3}{2}}} = \dfrac{q\mu_0 av}{4\pi(z^2+a^2)^{\frac{3}{2}}}$

根据毕奥 - 萨伐尔定律可得 $\vec{B} = \dfrac{\mu_0 q\vec{v} \times \vec{r}}{4\pi r^3}$，故大小为 $B = \dfrac{\mu_0 qva}{4\pi r^3}$.

*9-38 【解题过程】 参考程序：略.

运算结果如题 9-38 图解所示.

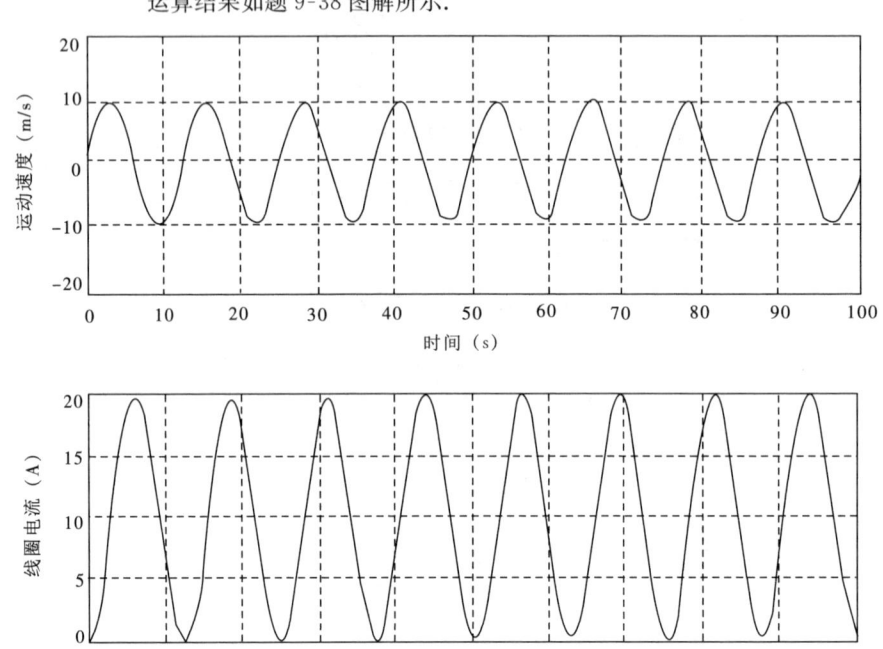

题 9-38 图解

（1）运动速度与线圈内电流均按正弦规律随时间变化.

（2）振荡周期随 L 的增加而增大.